JN258120

# 触発するゴフマン

## やりとりの秩序の社会学

中河伸俊・渡辺克典――編

GOFFMANESQUE IN THE 21ST CENTURY

新曜社

# はじめに

## ——触発し続けるゴフマン

渡辺克典・中河伸俊

## 1　本書のねらいと特色

アーヴィング・ゴフマンという社会学者は，この国では，その業績の大きさに比して不遇な扱いを受けているといっていいだろう。国外に目を向けるなら，彼の知的遺産への関心と評価は，没後の追悼の時期はもちろんのこと，今に至るまで衰えをみせていない。たとえば英語圏では，2000年代以降，80年代・90年代に書かれたゴフマンについての諸論考を集成した4巻の論文集［Fine & Smith 2000］が刊行され，彼の社会学についての入門書［Smith 2006］や研究書［Scheff 2006］，論集［Trevino 2003; Jacobsen 2009; Winkin & Leeds-Hurwitz 2013］が，“続々と”といいたくなるペースで刊行されている[1]。2014年2月刊行の『*Symbolic Interaction*』誌上ではゴフマンのバイオグラフィー等を掲載した特集が組まれ（37巻1号），ウェブ上でもゴフマン・アーカイブズ（EGA）が公開されている（第1章参照）。もちろん，英語では彼の著作のほぼ全点が現在も入手可能であり（主要著作の再刊には新たに解題者による序が付けられている），また，フランス語，ドイツ語[2]，イタリア語，スペイン語といった欧米圏だけでなく，中国のようなアジア圏でも翻訳がすすんでいる[3]。

ひるがえって，日本では，1980年代から90年代にかけてのちょっと

［1］このうち，Fine & Smith［2000］，Smith［2006］，Scheff［2006］については，第1章を参照のこと。なお，本稿執筆中にJacobsen & Kristiansen［2014］が刊行された。

したブームのあと，今世紀に入って，ゴフマンの社会学への関心は収縮してきたようにみえる。90年代初頭の『ゴフマン世界の再構成』［安川 1991］の刊行は画期的なものだったし，ヴァンカンによる行き届いた評伝［Winkin 1988］の邦訳のおかげで（1999年），ゴフマンの学的な歩みとその個人史的背景を手軽に知ることができるようになった。しかし，彼の著作の邦訳は全11冊のうち半ばの前期の6冊で足踏みしており[4]，『儀礼としての相互行為』は改訳され，『行為と演技』『スティグマの社会学』『出会い』『集まりの構造』は再版されて入手可能だが，ゴフマン初期の重要な論文集である『アサイラム』は本稿執筆時点ではまだ再版されていない。さらに，ゴフマンの社会学についての理解が今ほど進んでいない時点での訳業であるためやむを得ない面もあるが，訳書のうちあるものは，手放しで推奨できる水準にあるとはいいにくい。また，ゴフマンの業績の理論的検討や，彼の概念装置を経験的研究に生かす試みも，ひところに比べて少なくなってき

［2］各国語での訳書以外に，彼の社会学への入門書がフランス語［Nizet & Rigaux 2005］，および，ドイツ語［Raab 2008］で書かれており（前者のスペイン語訳も翌2006年に刊行），さらに，研究書も仏・独で上梓されている［Joseph 1998; Lübcke 2011 など］。

［3］また，ゴフマン自身の遺産の評価・継承とは別の話だが，彼の娘のアリス・ゴフマンが，その博士論文をもとにして書いた『オン・ザ・ラン』［Goffman 2014］が『ニューヨーク・タイムズ』紙の書評欄で大きく取り上げられるという形で，鮮烈なアカデミックデビューを果たしたことは記憶に新しい。著作の内容は，シカゴ学派のモノグラフの伝統の再興ともいうべき，都市のアンダークラスのアフリカンアメリカンの若者たちのライフスタイルの優れた（しかもきわめて時宜を得た）エスノグラフィーであり，つまり，父親が決してしなかった（シェットランド諸島でのフィールドにもとづく博士論文も『アサイラム』も通常の意味でのエスノグラフィーとはいいにくい）ことを娘がしたともいえる。同書に推薦文を寄せた学派の長老，ハワード・ベッカーが，同門の仲間の娘の研究を読みながら目を細める姿が目に浮かぶ。

［4］現在，彼の主著のひとつと目される『フレーム分析』の翻訳作業が進められているという。それがこの国でのゴフマン社会学のブレークスルーのきっかけになることを願いつつ，早期の刊行を待ちのぞみたい。

ているという印象を受ける。

本書の一番のねらいは，そうした現況に一石を投じ，彼の社会学的業績への関心を呼び覚ますための呼び水の役目を果たすことである。この間の日本の社会学の大きな流れのひとつに理論（誇大な？）から調査への軸足の移行があり，それに見合う形で，いわゆる質的調査やエスノグラフィックな探究がクローズアップされるようになってきている。しかし，質的調査の方法論が未成熟な中でそうした動きがすすむとすれば，下手をすれば，海図のない航海（もっと悪くいえば，自儘な知的漂流）の多発をもたらしかねない。このような局面で，都市人類学的なフィールドワークを通じての自然主義的観察（naturalistic observation）という方法に準拠しつつ，人びとの相互行為秩序をテーマに，説得力に富む分析や洞察を数多く提示してきたゴフマンから，私たちが学べることは少なくないだろう。そう考えるとき，この国での現在のゴフマンのネグレクトは，とてももったいないと思われる。

以上のようなねらいにもとづいて編まれた本書の特色として，ここでは取りあえず 4 つの点を挙げておきたい。（A）ゴフマンの遺産が経験的研究にどのように使えるのか（および使われているのか）という関心に重きを置いて編まれたこと。先行の『ゴフマン世界の再構成』では，ゴフマンの「理論」の解明が重視され，そのエンピリカルな含みについてはあまり論じられなかった。本書では，量的調査に比して「粗野な」質的な調査によってこそ可能になったゴフマンのエスノグラフィーの方法論の特徴とその成果を，具体的なデータ分析を用いて明らかにしようと試みる。(B) ゴフマンとエスノメソドロジー／会話分析（EM/CA）との学的なつながりや違いに目を向けていること。『ゴフマン世界の再構成』にも，また英米の“主流の”社会学者によるゴフマン論の大方［たとえば Scheff 2006］にも，彼の社会学と同時代的に発展してきた EM/CA への目配りが少ない。しかし，日常的な相互行為とコミュニケーションの社会学的研究において，ゴフマンが EM/CA の先達であり，また両者の間に入り組んだ相互影響やライバル関係があったことは，いまではよく知られている。本書では，方法論の整備が進んでいる［Francis & Hester 2004; 前田ほか 2007; 酒井ほか 2009］EM/CA をいわば補助線にして，それとの対比から，ゴフマンの方法論上の特徴を明らかにしようと試みる。（C）『フレーム分析』をゴフマンに立ち戻って取り上げていること。このゴフマンの大著は，先行のゴフマン論ではともすれば敬して遠ざけられ，その意義や実用性の十分な検討はまだ行われていない。本書では，フレーム分析の発想の基本的な構図を再確認するとともに，社会運動論やメディア研究などで一定の成功を収めてきたフレーミングの概念を，ゴフマンの本来の企図に沿って，相互行為論の文脈の中に戻す道筋を探る。（D）ゴフマンの遺産の意義を学際的に眺望すること。彼の影響は，社会学だけでなく人類学，言語学，コミュニケーション研究，社会心理学，人間行動学などにも及んでいる。本書では，人類学者と言語学者から寄稿を受け，他の学問分野でゴフマンがどのように受容されてきたかを垣間見る。

## 2　本書の構成

本書は，相互に多方向的につながりあう長短11の論考によって構成されている。そのうち初めの 3 つの章は，これまでのゴフマン研究の蓄積を咀嚼して書かれた導入部（もしくは入門的なパート）であり，建造物に喩えれば本書全体の基礎に当たる。

第 1 章の速水奈名子「アーヴィング・ゴフマンの社会学――理論内在的分析と現代的展開」では，ゴフマンの学的なバイオグラフィーと，ゴフマンと古典社会学理論やエスノメソドロジーとの関係が概観されたあと，ゴフマンの理論の 5 つの特徴（デュルケム的な社会的事実を前提にする，自然主義的観察法をとる，「集まり」を研究対象にする，社会秩序と相互行為秩序を区分する，状況を参照枠にした「逸脱論的」発想）を明らかにする。さらに，彼の記述が修辞的でキイ概念がメタファー的に使われることが指摘され，さらに，彼をめぐる近年の研究動向が明らかにされる。第２章の渡辺克典「ゴフマネスク・エスノグラフィー」は，前の章でも触れられたゴフマンの記述スタイルの特徴をさらに掘り下げて，ケネス・バークの「不調和によって得られるパースペクティヴ」モデルの意図的な利用として位置づける。それは，相互行為秩序の研究という新しい領域の立ち上げの中で当時の科学主義に移行し始めていた社会調査の間隙を縫っておこなうための戦略であり，フィクショナルなものを含む多様な資料を利用する「粗野な経験主義」は，実験室外でおこなわれる実験であったととらえられる。第３章の芦川晋「自己に生まれてくる隙間――ゴフマン理論から読み解く自己の構成」では，ひと頃はとくに自己論の文脈で論じられたゴフマンが，結局「自己（self)」をどのように捉えていたのかが，「イメージとしての自己」と「プレーヤーとしての自己」という二種類の自己の隙間，およびその隙間を担保する「より広い社会」，といったキイワード群が導く構図に沿って綿密に読み解かれる。

これに続く８つの章では，以上を踏まえて，ゴフマンの理論と方法についての多面的な掘り下げや検討がおこなわれる。第４章から第７章までの４つの論考では，とくにEM/CAの視角を援用もしくは参照しながら，ゴフマンのエンピリカルな研究における使い勝手が吟味される。第４章の鶴田幸恵「「他者の性別がわかる」という，もうひとつの相互行為秩序――FtXの生きづらさに焦点を当てて」は，ゴフマンとガーフィンケルの洞察の両立可能性を，実用を通じて示す試みである。具体的には，公共の場における性別の読み取りという行ないの仕組みが，トランスジェンダー当事者が経験する一瞥をめぐる困惑を手掛かりにして考察される。第５章の平本毅「会話分析の「トピック」としてのゴフマン社会学」では，ゴフマンの「面子作業」と会話分析における選好（優先）構造という発想とのつながりに代表されるような，ゴフマン社会学とEM/CAの類縁関係と相違点を整理し，ゴフマンが経験的な分析の指針となるような「地図」を提供しなかったと指摘したあと，にもかかわらずゴフマンの洞察は，会話分析の“トピック”形成の局面で活かされてきたし，今後も活かされるだろうと示唆する。第6章の中河伸俊「フレーム分析はどこまで実用的か」は，ゴフマンのフレーム分析アプローチの基礎概念を再訪したあと，それを実用しようとするときに直面するいくつかの困難を指摘し，それに対処する方策を探る。第7章の南保輔「引用発話・再演・リハーサル――フレームの複合性と経験の自在性」は，フレーム分析の実用性を例証する論考である。マージョリー・グッドウィンおよび自身による引用・再演・リハーサルの事例から，経験の構造の複合性・重層性が私たちの社会生活の基本的な特徴であり，そうした特徴を解明するのにフレーム分析の発想がきわめて有効であることが示される。

次の2つの章は，都市社会学と医療社会学の研究関心の文脈でゴフマンの遺産の意義や活かし方を検討する論考であり，そして最後の2つの章では，言語学と人類学へのゴフマンの影響が論じられる。第8章の永井良和「「ふつうの外見」と監視社会」では，ゴフマンが「ふつうの外見」や「儀礼的無関心」といった概念によって切り拓いた公共空間における相互行為秩序についての視座が，近代化と都市化の歴史的な過程の考察に有効であることが，近代日本の諸事例を参照しつつ示される。第9章の天田城介「修理屋モデル＝医学モデルへのハマらなさこそが極限状況を招く――アイデンティティの機能的差異をも論じたゴフマン」は，精神病院のフィールドワークにもとづいて著された論集『アサライム』においてこれまで論じられることが少なかった「医療モデル」をテーマにした巻末論文の再評価の試みである。ここでは，ゴフマンが活写した入院患者の「アイデンティティの亀裂」という現象が，精神医療に携わる専門職の活動への「修繕サービス」モデルの適用の一帰結として“機能論的”に考察されていることの画期性が論じられる。第10章の滝浦真人「ゴフマンと言語研究――ポライトネスをめぐって」では，ゴフマンの影響下に生まれ語用論の分野で成功を収めたブラウンとレヴィンソンのポライトネス理論をゴフマンのフェイス（面子）論と対比しながらとらえ，前者はルーツである後者の視点を平板化するという犠牲を払っており，自己と他者の相互参照的な関係に目配りし対人距離を変動しうるダイナミックなものとして捉える後者には，理論化の難易はともかくより豊かな可能性があると指摘される。最後の第11章の高田明「ゴフマンのクラフトワーク――その言語人類学における遺産」では，ゴフマンのパイオニア的な位置が論文「無視されている状況（The Neglected Situation）」で再確認されたあと，社会的状況，関わり（engagement），参与枠組みという３つのキイワードを手がかりに，チャールズ・グッドウィンやオックス，デュランテ，マージョリー・グッドウィンといったゴフマンの影響を受けた言語人類学者の研究の成果が整理され紹介される。

以上が本書の概要であるが，それに加えて，本書の各章は相互に多方向的につながりあっており，たとえば，第１章で取り上げられた「身体」をめぐる議論は，第４章や第８章と密接に関連しており，また第３章の自己論は，第９章の「アイデンティティの亀裂」の話と重ね合わせて考察することができるだろう。第６章と第７章はもちろんのこと，第７章と第11章も連動している。したがって，読者は，この本の最初から順に読む必要はない。各自の関心に沿っていずれかの章から読み始めて，それと関連する章へ，またそれと関連する章へと行ったり来たりしながら読み進めていただいてかまわない。

しかしその一方で，紙幅の都合もあり，論じたかったトピックをいくつも積み残すことになった。たとえば，ゴフマンの面子維持作業（face work）論を拡張したホックシールドらの感情維持作業（emotion work）の研究［Hochschild 1983］や，彼の公共の場面での相互行為秩序についての考え（第８章参照）を応用したガードナーのパブリックハラスメントの研究［Gardner 1995］，そしてもちろん，スティグマと排除を取り扱う差別論や障害学，身体の社会学などがそれである。そうした積み残しを含めて，本書の不十分さ，不徹底さは，この「一石」がこの先２つ目，３つ目の石を呼び起こすことを通じて補われていくだろうと信じたい。

## 3　訳語について

訳語については，人名や定訳など一部の翻訳については統一をはかったが，原則として執筆者による訳語を優先した。一部の訳語については，初出のみ原語を示している。本書末尾に索引を作成しているので，用語などについてはそちらを参照していただきたい。

目　次

装幀——加藤賢一

第１章

# アーヴィング・ゴフマンの社会学

## ――理論内在的分析と現代的展開

速水奈名子

## 1　はじめに　ゴフマン社会学の成立

第二次世界大戦後の社会学に，新たな地平を切り開いた「異才の」社会学者，アーヴィング・ゴフマン（1922-1982）。彼は生涯にわたって，日常生活における相互行為が人びとによっていかに経験され，そして組織化されるのか，その分析枠組みを探求し続けた。本章では，彼が提起した社会学理論の構造と，その現代的応用可能性について考察を深めていく。ゴフマンは，人びとの行為が決して社会構造や心理学的な特性に還元して分析できるものではないと考え，従来の行為論とは違った角度から――相互行為状況が独自に有する秩序のあり方を考察することから――，独創的な社会学理論を構築した。また彼は，相互行為独自の構造分析を，ドラマ論やゲーム論，そして時には動物行動学といった，多彩な観点を取り入れることから展開している。ここでは，このようなゴフマン理論の構造を分析することから，その応用可能性を検討していくが，それらの作業に入る前に，ひとまずゴフマンの社会学者としての経歴を簡単に確認しておきたい。

ゴフマンは，アメリカ，シカゴ大学出身の社会学者として広く知られているが，出生地はカナダ，アルバータ州のマンヴィルであり，この地においてユダヤ系ウクライナ人の両親から生を受けている。その後，移民局による統制や両親の仕事の都合から，住居をカナダ，マニトバ州のドーフィン，そしてウィニペグへと移したが，知的好奇心が芽生える青年期には，地元ウィニペグのマニトバ大学において，社会学ではなく化学を学んでいた。

しかし1944年に，ゴフマンは突如，オンタリオ州のトロント大学に転学し，自らの専攻を社会学に転向したといわれている。ゴフマンがこのような選択をした理由について，ゴフマン研究者のY. ヴァンカンは，「（ゴフマンが）会員であったオタワの「カナダ国立映画制作庁」（National Film Board of Canada）での活動を通じて知り合いになった，製作者のD. ロングから，社会学を学んではどうかという誘いを受けたことが，一つの大きなきっかけになったのではなかろうか」［Winkin 1998＝1999］と，言及している[1]。ロングからの強い影響，そして何よりゴフマン自身の「人間行動分析」に対する強い知的好奇心から，彼は23歳の時に社会学を学ぶことを決意する。

トロント大学では，C. W. N. ハートーやR. バードウィステルといった，人類学者から強い影響を受けることになるが，特にゴフマンはキネシクス[2]の創始者であるバードウィステルによる参与観察を基調とした授業に魅了され，文化と身体の関係性について考えを深めたといわれている［Winkin 1998=1999］。

翌年の1945年に，ゴフマンは大学院生としてアメリカに渡り，以降，この地を拠点に社会学理論の構築に専念していく。渡米後，彼はマージナルな環境で培った感性をもとに，独創的な社会学理論を提起していった。ゴフマンは，バードウィステルらの勧めにより，シカゴ大学に入学することを選択したが，彼が修士課程の学生として入学した1945年は，同大学が最も成熟しつつある時代であり，「シカゴ学派」の第三世代とされる，E. ヒューズやW. ウォーナー，そしてH. ブルーマーらの主導のもと，アメリカにおける社会学の中心的役割を

---

［1］デニス・ロングはトロント（カナダ）出身の社会学者。コロンビア大学に学び，後にニューヨーク大学社会学部教授。パーソンズ理論を「現代社会における社会化過剰の人間観」（1961年）において批判した。

［2］キネシクス（kinesics）とは，バードウィステルによって考案された，身体表出を含めたコミュニケーション論を指している。

担っていた。シカゴ大学社会学部は1892年の創設以来，アメリカ社会における資本主義の発展がもたらした，多くの社会問題を分析するための経験的調査研究，すなわちエスノグラフィーにもとづいたモノグラフ研究のメッカであった[3]。当時，シカゴには J. デューイや G. H. ミードから受け継いだ「プラグマティズム」の思想が伝統的に定着しており，そこでは人びとの日常的な生活文化や常識を哲学的な問いとして捉える風土があったということができるだろう。

ちょうどその頃，ハーバード大学では，T. パーソンズ，K. クラックホーンらの主導のもとに，社会構造，文化，パーソナリティの理論を統合して行為の総合理論を構築するという試みがなされていた。当時のハーバード大学社会学部は，シカゴ大学とは異なり，ヨーロッパにおいて構築された社会学理論の内在的研究および，それらの統合を目指したグランド・セオリーの構築が進められていた。

また，シカゴ，ハーバード大学と並んで，コロンビア大学社会学部も，R. マートンによる「中範囲の理論」――一般理論と特殊理論（特定の事象のみを説明する理論）の両者を媒介し，分析手続きのパラダイム（たとえば機能分析のパラダイム）を理論化したもの――をはじめとした，理論と経験とを相互交流させるための研究が進められ，大学内に設置された応用社会研究所は世界的に注目を集めていた[4]。

［3］シカゴ大学が創設された当初から1929年まで，同大学における社会学と人類学は同一の学部に属していた。

［4］1940年代から60年代にかけてのアメリカ社会学会の様子をよく知る J. ガスフィールドによって記された以下のエピソードは，当時の大学ごとの「カラー」を明瞭に示しているので，ここで確認しておきたい。「われわれはよくこう言っていたものである。飲酒についてハーバードの学生が学位論文を書くとすればおそらくそのタイトルは，『西欧の社会システムにおける文化的緊張緩和の様式』とでもなるだろう。コロンビアの学生なら，『全国のサンプルシステムにみるアルコール使用の潜在的機能』といったタイトル。そしてシカゴの学生なら『55番街のバー，ジミーズにおける社会的相互作用』となるだろう，と」[Gusfield 1995]。

このように，ゴフマンが大学院生であった頃のアメリカ社会学界は，これら三大学の個性が分かれており，各大学が互いに刺激を受けあいつつ，それぞれの独自の研究分野を発展させていたということができる[5]。このような環境のなかで教育を受けたゴフマンは，ひとまず，経験的調査研究を志向するシカゴ大学の学生として，エスノグラフィーを基調とした日常生活における相互行為の分析に関心を寄せていた。しかし，ゴフマンはこのような伝統を心得つつも，同時に個別的な経験の分析を越えた，いわゆる「普遍的な」理論を構築していくことに興味を持っていたようである。より正確にいうと，彼は日常的な相互行為を観察することから，それを可能にするメカニズムを理論化することに大きな関心を寄せていたということができる。

以下では，ゴフマンがいかなる社会学的思考のもとに，自らの理論を構築しようとしたのか，彼の理論にみることができる古典社会学理論との関係性を検討することを通じて，確認していきたい。

## 2　古典社会学とゴフマン理論

ゴフマンは大学院生時代を，シカゴ大学において過ごしたが，当時，同大学社会学部において教鞭をとっていた，第二世代にあたるR.パークをはじめとした研究者たちは，ドイツ留学を通じてG.ジンメルによる諸理論を学んでおり――特に都市社会学理論に深く精通していた――，彼らは帰国後，それらを英訳し，主要な社会学理論のひとつとしてアメリカに広く浸透させた。

また一方で，シカゴ大学社会学部には伝統的に，プラグマティズムの思想にもとづいた科学的方法論が定着していた。周知のとおり同大

[5] 今日，アメリカにおける各大学の社会学部においては，当時のような個性はほとんどみられないが，カリフォルニア大学バークレー校を中心とした西海岸における大学の社会学部が，唯一「エスノメソドロジーのメッカ」としての個性を有している [Lidz 2007]。

学社会学部は，これまで数多くのすぐれたモノグラフを世に送り出してきたが，それらの多くは G. H. ミードから受け継がれた，プラグマティズムの科学的方法論を基調とした，継続的なエスノグラフィーをもとに作成されたものであった［Cook 1993］。また，ミードの思想は弟子の C. W. モリスによって『精神・自我・社会』として体系化された後，G. ブルーマーによって受け継がれ，理論のさらなる定式化が進められた。

シカゴ大学において社会学的思考を培ったゴフマンは，当然，これらの思想に通じていたと思われる。しかし，ゴフマンは上述の思想に共通した主要概念である「相互行為」を分析の対象としたものの，相互行為状況を独自のシステムとして捉え，それを機能主義的な観点から考察する，という「特殊な」方向から自らの理論を構築していくことになる。以下は，ゴフマンが博士論文に記した一節である。

> 私の考えでは，ある対象を研究するにあたっては，各対象にまず正面から取り組み，対象をそれ自体一個の完結したシステムと考えることからはじめなければならない。このバイアスが現代の文学上の構造主義にも認められるとしても，私が依拠する源泉は，それとは関係なく，デュルケームとラドクリフ＝ブラウンの機能主義である。この立場こそ学位論文で，対面的相互行為をそれ自体，一個独立の領域として取り扱うように私を導いたものである［Goffman 1953］。

このように，ゴフマンは自らの理論の源泉が E. デュルケームと A. ラドクリフ＝ブラウンの機能主義に基づいた思考に依っていることを公言している。ゴフマンは相互行為という，いわゆる「ミクロな」レベルに限定しつつも，相互行為状況という完結したシステムのなかで，相互行為秩序がいかなる機能のもとで維持されているのかを分析することに専念した。さらにゴフマンは，博士論文のなかでパーソンズ理論にも触れている[6]。彼は，パーソンズによって提唱されたグランド・セオリーからは距離を置いていたが，パーソンズが相互行為をひとつの独立した社会システムとして分類する方法には関心を示し，自らの理論に援用している[7]。ここから，ゴフマン理論の根底にはデュルケーム，パーソンズ理論から着想を得た機能主義的な発想が流れているということができるだろう。

このように確認してくると，ゴフマン理論は相互行為論をもとに展開された理論というよりも，むしろ「構造主義的な」立場から構成されたものであるように見受けられるが，この点についてもここで少し言及しておきたい。

先に確認した引用からも明らかなように，ゴフマン自身は自らの立場を「構造主義者」とは位置づけていなかった[8]。パーソンズ理論に引き付けて考えると，ここでの「構造」は制度化された価値や規範のパターンを指しており，この全体としての構造を維持するための機能として，制度的役割が想定されている。ゴフマンは積極的に構造という概念を用いないが，彼の理論における構造と機能の関係をあえて説明すると，前者は状況ごとに立ち現われてくる「状況的規範」を，そして後者は「状況的役割」を指しているということができるだろう。

---

[6]「社会的相互行為を，社会の組織化あるいは社会的秩序というひとつの独立した単位として分類する仕方は，タルコット・パーソンズの『社会システム』(1951) に由来している」[Goffman 1953]。

[7] 同じ「相互行為」という概念であっても，パーソンズとゴフマンが想定する同概念には以下のような相違がある。パーソンズにおいては，分析的リアリズムに基づいたシステム理論の大枠として，一方に集合的価値が，他方に個人意識があり，その中間項として社会システムとしての相互行為の場があるが，このような構成をとることで，彼はデュルケームや M. ウェーバーのいった，集合的価値と個人精神やエートスとの関係を，相互行為論によって媒介しようとしていた。つまり，同理論における相互行為は，集合的価値が個人へと至る「通過点」としての役割と，3つのシステム全体を維持するための一機能を担っている，ということができる。それに対して，ゴフマンは相互行為には相互行為秩序を巡る独自の構造があり，それを内在的に研究することに意義があると考えていた。

ここで重要なことは，この状況的規範はパーソンズ理論における規範概念のように，社会的行為を一方向的に規定するものとしては想定されておらず，行為者間の相互行為を通じて形成される「ワーキング・コンセンサス」[Goffman 1953] をもとに，立ち現われてくるものとして捉えられている点である。つまり，ゴフマンは「構造」をアプリオリなものとして想定しつつも，日常的な行為がそれによって常に一方向的に規定されると考えるのではなく，相互行為のあり方によってフレクシブルにその内容――状況的規範のあり方――も変容していくと考えていたのである。

ここまで確認してきたように，ゴフマンは博士論文を皮切りに，独自の理論を展開したが，晩年には現象学的社会学やエスノメソドロジーが考察の対象とした「一次的構成体」を巡る理論，すなわち行為者の現実構成に関わる認知論的考察を深めていくことになる。その際，彼の理論は必ずしも機能主義的な立場をとるものではなくなっていく。社会学に現象学の観点を取り入れ，ウェーバーの行為論を再考したA. シュッツは，観察者（社会学者）の立場からではなく，行為者自身の現実認識を分析することの重要性を唱えた。また――パーソンズの弟子にして――，現象学的社会学の重要性を指摘し，社会的認知に関わる考察を深めたH. ガーフィンケルは，エスノメソドロジーを提唱し，シュッツと同じく行為者の立場から，現実が構成される過程を分析するためのフレームワークを構築した。このような一次的構成体に

［8］ゴフマンは，K. デンジンとM. ケラーが『フレーム分析』の書評論文において，ゴフマンを「構造主義者」と位置づけたことに対して [Denzin & Keller 1981]，自らがその範疇に与しないことを明確にし，人類学における構造主義者の代表格とされるC. レヴィ＝ストロースの立場（構造をシンボルの対立と相関のシステムとして捉えた）を「言葉上の巧みなごまかし（verbal sleights of hand)」と表現している [Goffman 1983b]。ゴフマンは構造としてのシンボル・システムが言語のみならず，社会・文化現象をも規定する要因になると考えていたレヴィ＝ストロースの立場を「構造決定論者」として批判的に捉えていた。

関わる理論や分析枠組みが，分析的リアリズムを基調としたグランド・セオリーのオルタナティブとして提起されていくなかで，ゴフマンは行為者の日常的現実がいかに組織化されるのか，その詳細を「フレーム」という社会的装置をもって説明しようとした。ゴフマン理論は，この時代を境にして社会学理論の伝統に則った相互行為儀礼の分析や，社会的自己の分析などから徐々に遠ざかり，当時，エスノメソドロジストらによって開拓されつつあった，認識論や認知に関わる哲学的な問いへとシフトしていくことになる。

ここまでごく簡単にではあるが，社会学史の流れに即したかたちでゴフマン理論の位置づけを検討してきた。同理論は，シカゴの伝統を受け継ぎつつも，デュルケームやパーソンズをはじめとした社会学理論の内在的研究を志向したものであった。彼はこのようなスタンスに立ちながら，当時，未開拓の領域であった相互行為の構造を分析するための理論的枠組みを構築したのである。さらに晩年には，現象学的社会学やエスノメソドロジーという領域において深められつつあった，社会的認知論に深い関心を示し，独自の観点からそれらを考察するための分析枠組みを提起していくことになる。

## 3 「捉えがたい」ゴフマン理論の全体像

ゴフマンは一定の状況における対面的相互行為――直接，身体的に相互の面前に居合わせる時に諸個人が互いの行為に及ぼす影響［Goffman 1959=1974］――に焦点を合わせた，社会学的分析枠組みを構築したが，その際，多くの特徴的なメタファーを用いて，独創的な社会学理論を提起している。ドラマトゥルギカル・アプローチに基づいた相互行為分析をおこなった『行為と演技』から，参与観察を基調に，全制的施設内における多様な志向にもとづいた相互行為分析をおこなった『アサイラム』，社会的弱者再生産のメカニズムを分析した『スティグマ』，広告データよりジェンダーバイアスの分析をおこなった『ジェンダー広告』，そして現実の組織化について考察を深めた『フレーム分析』など，彼が関心を寄せた分析対象は著作ごとに変容しており，「ほとんどすべて統合された研究というよりもむしろエッセイの寄せ集めである。読者はどこから読んでも構わない」といった感じを与えかねない［Giddens 1987=2000］。このような意味から，ゴフマン理論を総合的に分析するという作業には，多くの困難が伴うように思われるし，また，その学史的位置づけを明確にすることにも，それほど意味がないようにも感じられるかもしれない。

しかし，ゴフマンはその場に応じて，断片的な理論を書き残したのでは当然なく，彼の理論には一貫した分析のスタイルが存在している。ここではまず，このようなゴフマン理論の特徴を確認していくことにしよう。

### 3-1　ゴフマン理論にみる五つの特徴

ここでは，ゴフマン理論に見られる５つの特徴を確認することを通じて，その基本構造を検討していきたい。

ゴフマンの著作全体を通じて確認することができる特徴のひとつとして，彼が常に「社会的なもの」を前提とした視点から，人びとの行為や現実のあり方を分析していた点をあげることができるだろう。ここでいう「社会」とは，デュルケームがいうところの「社会的事実」――個人にとって外在し，拘束性をもつ客観的実在――に等しく，ゴフマン理論においては，具体的に状況の観察を通じて確認できる相互行為秩序や，フレーム変換に伴う諸機能を指す。

ゴフマン理論は相互行為の構造分析から，行為者の現実認識の分析へと移行していくが，前者の分析においては「相互行為秩序」という社会性を巡って，人びとの行為がいかに規定されているのかを検討していた。また後者の分析においては，人びとの現実の組織化を可能にする「フレーム」を社会的装置とよび，その変換プロセスを分析していた。このように，彼は一定の状況における人びとの行為や振る舞い，そして認知のあり方が基本的には「社会的なもの」に規定されていると想定し，そのメカニズムを探求していくことに社会学的な意義があると考えていた。

ゴフマン理論における第二の特徴として，彼が人類学やシカゴ学派社会学の伝統から踏襲したといわれている分析方法である「自然主義的観察」をあげることができるだろう。この自然主義的観察とは，「リアリティが，社会的世界における自然的環境のなかで織りなされたディテールの内に存在する」という仮定を前提に展開される［Gubrium & Holstein 1997］。つまりゴフマンは，相互行為状況を観察者の立場から一瞥できるもの，すなわち分析対象と見なし，その性質，規則性を詳細に抽出することから社会分析をおこなったのである。

ゴフマンは，人類学者のバードウィステルによるキネシクスに関する一連の研究や，シカゴ学派社会学において深められたモノグラフ研究からの影響を通じて，常に，この自然主義的観察にもとづきながらフィールドノートを作成し――時に小説や大衆雑誌の記事などから捉えた相互行為の記述等を利用しながら――，相互行為分析をおこなっていた。第三の特徴として，ゴフマンが，この自然主義的観察をもとに分析対象としたものを考えてみたい。彼がまず対象としたものは，公共の場などにみられる人びとの「集まり（gathering）」であった。ここでいう集まりとは，社会制度との関連で分析される連帯ではなく，「直接的に居合わせている，ふたり以上の人間の集合体」を指している［Goffman 1963a=1980］。つまり，この概念は「制度的役割」ではなく「状況的役割」――制度的役割に対する状況固有の役割――を担う身体の集合体を指しており，ゴフマンは実際にそれを観察することから，人びとが状況固有の役割・ルールをいかに認識し，相互行為秩序を維持しているのかを詳細に分析した。そして晩年には，「フレーム」概念を用いて，集まりを形成する人びとが状況をいかに認識し，日常世界を形成しているのか，行為者の認知に関わる考察を深めることにも専念していた。

ゴフマン理論における考察対象の移行を簡単に示すと，初期のゴフマン理論は集まりの観察をもとに展開した，相互行為秩序分析（および相互行為儀礼分析）に，後期には，フレーム論に依拠した行為者の「現実の組織化」に関する分析に焦点が当てられている，ということができるだろう[9]。つまりゴフマン理論の考察対象は，これら2つのパースペクティブ――「人びとが状況にどのように参加するのか」／「人びとが状況をどのように認識するのか」――を基調に構成されたものであるということができる。

第四の特徴は――第三の特徴と関わりの深いものであるが――，ゴフマンが「(全体社会としての) 社会秩序」と「相互行為秩序」の違いを明確に区別していた点である。ゴフマンは，社会秩序と相互行為秩序の間には「緩やかな連結」[Goffman 1983b] があるものの，相互行為秩序は，「それ自体として研究意義のある実質的な領域である」と主張することによって，独自の分析枠組みを提起した。また，彼は自らそれを「社会学のサブエリア」として位置づけていた。

> 私の究極的な関心は，対面的相互行為の研究を自然に境界づけられ，分析的に整合的な領域――社会学のサブエリア――として発展させることである [Goffman 1969]。

最後の特徴として，ゴフマンが逸脱論を考慮に入れることから，自らの理論を構築していた点をあげることができるだろう。この点は，第一の特徴としてあげた「社会的なもの」を前提にすることと深い関連がある。ゴフマンは人びとを拘束し，統制へと導く「社会的なも

[9] ここではゴフマン理論の特徴を明確にするために，前期／後期の分析対象の移行を強調しているが，厳密には，ゴフマン理論の特徴をクロノロジカルに分けて考えることは難しいということにも言及しておく。たとえば，ゴフマンは比較的初期の論文「ゲームのおもしろさ」(1961年) [『出会い』に収録] において，すでに「フレーム」という概念に言及している。

の」を想定しつつも，従来の社会学者のように，その領域に収まる，いわゆる「社会性を持ち合わせた」行為者の現実構成のみを考えただけではなく，そこから逸脱する人びとが，いかなる現実構成をおこなっているのかについても検討していた。彼は，全制的施設における参与観察などを通じて，統合失調症の患者たちが独自の現実認識をもとに，固有の相互行為秩序を作り上げている事例を数多く分析し，現実構成の多様なあり方についても考察を深めたのである。

また，ゴフマン理論における逸脱の問題は，自然主義的観察を通じて確認できる身体的特徴や振る舞い，そして発話などの「正常／異常」のカテゴリーを巡る問題に関連しているが，彼は相互行為状況において，いかなる外見や振る舞い，発話が，その場に「ふさわしくないもの」として，人びとから認識されているのかを仔細に観察することから「状況的規範」を抽出した。つまり彼は，相互行為秩序が維持・再構築されるプロセスを，逸脱の回避のプロセス――相互行為秩序とは，状況からの逸脱という「リスク」を回避しようとする人びとのおこないによって維持，再構築される――として分析したということができる。このような考察を深めることで従来の逸脱論をはなれ，必ずしも制度的なものに依らない差別（たとえば，アメリカにおいてWASP男性であっても身体／精神に障害を持つものが差別される事例など）の構造や，日常生活における差別意識の生成過程を分析することが可能になったということができる。

ここまで，ゴフマン理論の特徴を検討してきた。これらの5点――「社会的なもの」の前提，自然主義的観察の採用，制度的役割から解放された行為や振る舞いの分析，相互行為秩序の考察，逸脱論的発想――は，ゴフマン理論において一貫してみられる特徴であり，彼によって展開された，多彩な相互行為分析の根底に通低音として流れているものであるということができるだろう。

### 3-2　ゴフマン理論における「修辞」

ゴフマンによる独特の記述スタイルは,「ゴフマネスク」と称されており，その修辞の効果は，彼の社会学を特徴づける重要な要素の一つとして，数多く研究者によって分析されてきた［Lofland 1980; Watson 1999; Travers 1999; Trevino 2003］。

A. J. トレヴィノは，ゴフマン理論にみることができる修辞の効果を「アイロニー」,「事前否認」そして「メタファー」の3つに分類し，それぞれの効果について以下のように分析している［Trevino 2003］。

アイロニーとは，一見矛盾しあうことば同士を結び付けることで，見慣れた事象を別の角度から照射する眺望を獲得する修辞的効果を指している。トレヴィノによるとこの効果は，ゴフマンが大学院生時代に強い影響を受けた，文芸批評家の K. バークによる「不調和により開けるパースペクティブ」という表現法に通じるもので［Burk 1969=2009］，たとえばゴフマンが『儀礼としての相互行為』に記した,「普遍的な人間性とは人間的なものではない」［Goffman 1967=1986］といった表現などがそれに値する。

そして事前否認とは，自らの主張をあえて否定的に提示することで，読み手の関心を引き付ける効果を指している。たとえばゴフマンが『フレーム分析』の冒頭で主張した,「この本は，社会の組織化についてのものではない。［中略］私は，社会学の中心的な課題――社会組織と社会構造――について語っているなどと主張する気は毛頭ない……」［Goffman 1974］といった表現がそれにあたり，この修辞効果を通して，ゴフマンは「自らの考察対象が，相互行為状況に限定されている」ということを暗に強調している。

そして最後にメタファーであるが，この修辞装置は，ある実態や現象を，何らかの別の実態や現象に例えて表現することから，読み手の想像力を掻き立てる効果を指している。ゴフマン理論において，このメタファーは，他の2つの修辞の効果とは異なり，理論そのもののフレームワークを形成するために重要な役割を担っているということができるだろう。トレヴィノは，ゴフマンがメタファーを多彩に用いて，「社会」という目に見えない存在を，より効果的に表現していると指摘しているが，ここではゴフマン理論の全体像をより鮮明にするために，「ドラマ」・「ゲーム」・「儀礼」・「フレーム」という，ゴフマンが用いた4つのメタファーの効果を確認しておきたい。

まず，「ドラマ」のメタファーについて言及しておきたい。ドラマのメタファーは，『行為と演技』においてはじめに用いられたが，ゴフマンのほかにも，このメタファーを用いた分析枠組みを提唱した研究は数多く存在する。ゴフマンが直接影響を受けたバークのドラマティズムや［Burk 1969=2009］，劇場国家論を提唱したC. ギアツなど［Geertz 1980=1990］，数え上げるときりがないが，ゴフマン理論を含めたこれらの分析枠組みすべてに通底することは，「上演」の外側に，決して「真の」現実があるわけではないという認識である。ここでは基本的に，演技の裏側に「偽り」があるとは考えられていない。つまり，ゴフマン理論に即して考えると，「隠蔽されたパフォーマンス」が「呈示されたパフォーマンス」よりも「真である」という根拠はどこにもなく，共在状況においては，呈示されたパフォーマンスのみが，上演の効果として産出され，相互行為はこの連続性のもとに組織化されていく。ゴフマンは相互行為状況を劇場にみたて，行為者がそれぞれ，パフォーマーとオーディエンスの二役を担うことで，相互に「見る／見られる」関係を形成し，相互行為状況が組織化される，という議論を展開した[10]。

次に，「ゲーム」というメタファーの効果について考えてみたい。ゴフマンは中期の考察において，相互行為状況をゲームの世界にみたて，行為者の状況への没入，すなわち行為者の状況認識についての分析をおこなった。文字通りの「ゲームの世界」とは，行為者によって構築された固有の世界であり，そこではゲームに参加する行為者が一体となってユーフォリア（多幸状態）を最大限に維持しようとする。ゴフマンは，このようなゲーム空間に行為者が没入する過程を分析することから，日常生活における焦点の定まった集まりの構造を明らかにしようとした。また，ゴフマンがゲーム論的アプローチを採用した当初，彼は主に J. V. ノイマンと O. モルゲンシュテルンのゲーム論から影響を受けていた。ここで両者は合理性を「固定された規則の範囲内で与えられた目的を追求するプレイヤーにとっての基本概念」［Neumann & Morgenstern 1944］と定義しているが，ゴフマンはウェーバーをはじめとした古典社会学理論における合理性の発想を，ゲーム論に依拠したそれに置き換えることで，行為者の「いま，ここ」の現実に，より近づいた行為論を展開しているということができる。ゴフマンはこのゲーム論をそのまま自らの理論に援用するのではなく，人類学者の G. ベイトソンと M. ミード［Bateson & Mead 1942］，そして R. カイヨワ［Caillois 1957］らによる「遊び」の議論に依拠しながら独自の相互行為論を展開している。

次に，「儀礼」というメタファーの効果を検討していきたい。儀礼とは，人類学や社会学においては伝統的に，聖なる空間における，特定の意味に基づいた儀式化された行為，として認識されてきた。しかし，ゴフマンは「人格崇拝」という概念を導入することで，日常生活という俗なる空間における相互行為のなかに，この儀礼の効果を見いだしている［Goffman 1967=1986］。

ゴフマンによると状況の参加者は，通常は「聖なるもの」（＝社会

［10］このような構図のもとに展開されたゴフマン理論は，時に「功利主義」に基づいた理論であるという批判を受けることがある。なぜならドラマ論的アプローチは状況の参加者を，常に戦略的な「印象操作」を強いられた存在のように映し出す傾向が強いためである。しかし（後の「儀礼」に関わる議論のなかで詳しくみるが），ゴフマン理論における行為者は，単に自らの欲求充足のために印象操作に明け暮れる存在ではなく，常に状況の秩序を壊さないように，他者に気を配る存在でもある。このような意味において，ゴフマン理論を功利主義的モデルの上に構築されたものとして認識することは，彼の意向を正しく汲んだものとは言いがたく，あくまで同理論は相互行為秩序を巡る機能主義的モデルの上に構築されたものとして理解されなければならない。

的価値をもつ者）として想定されており，行為者は基本的に，自尊心の維持（「品行」）と他者への配慮（「表敬」）というふたつの相互行為儀礼のバランスをとりながら，自己呈示を遂行しなければならない。つまり，このバランスを保てない行為者は，社会的価値をもつ者とは容認されないために，人びとは常に他者から「聖なるもの」として扱われるよう，適切な品行をもってパフォーマンスを遂行し，また相手はそのパフォーマンスに表敬をもって答える（品行をもってパフォーマンスする……）。ゴフマンは，この一連のサイクルを相互行為秩序維持のためのメカニズムであると考え，状況において人びとがいかなる振る舞いに，日々勤しんでいるのかを仔細に分析した。

また，ゴフマンは相互行為が常に，このような相互行為儀礼のバランスゲームにもとづいている点を強調することで，従来の社会学理論が陥っていた予定調和的な機能主義分析を乗り超えようとしていたということができる。たとえば，相互行為の場において，行為者が相手に身内の健康状態や近況を訊ねることは，相手へのいたわりを示す表敬として捉えられるが，この表敬がある一定の度を越えてしまうとき，同じ行為は相手のプライバシーを損なうおこないへと変容してしまう。また，できるだけ謙虚に振る舞い，品行を保とうとするおこないが，あまりにも行き過ぎてしまった場合，そのおこないはかえって相互行為の場をしらけさせてしまう要因となってしまう。このように，ゴフマンは，状況的な役割期待――その場に即した振る舞い――というものは，あらかじめ図式的に表わすことのできないものであって，「いま，ここ」の状況ごとに立ち現われてくるものであると考えていた。

最後に，「フレーム」のメタファーについて考察しておきたい。フレームのメタファーを用いてゴフマンが考察したのは「現実の組織化」，すなわち，行為者の現実認識に関する枠組みである。現実の組織化については，伝統的に哲学・心理学者の W. ジェイムズや社会学者の A. シュッツらによって考察が深められてきたが，ジェイムズは心理学者の立場から，個人の経験としての現実を「感覚」という概念をもとに説明した。また，社会学者のシュッツは，現象学から強い影響を受け，そこからウェーバーによって提唱された社会的行為論の再構成を試みているが，シュッツは「経験の意味」との関係で現実という概念を捉えている。ゴフマンは，状況主義的な立場に立ちながら，それが「フレーム」という社会的装置によっていかに構成されるのかを分析した。彼は，フレームを「もともと意味のない出来事の流れを，ひとつの経験的世界として組織化するための枠組み」と定義している（彼は「出来事の流れ」＝被写体，「フレーム」＝カメラ，そして「現実」＝写真という比喩を提示している）。

ゴフマンはフレーム考察を展開するにあたり，まず「原基的フレーム」というものを想定し，近代社会におけるそれは「自然的フレーム／社会的フレーム」の二大フレームによって構成されていると指摘していた［Goffman 1974］。前者は物理的世界を認識するためのフレームであり，後者は社会的意味の世界を認識するためのフレームである。彼は人びとの現実が，この原基的フレームの働きによって構成されており，日常生活においては，それが状況ごとに「転調」されていくことで，多様な現実——まじめなフレーム，遊びのフレーム，喧嘩のフレーム——の経験が可能になると指摘している。この転調の効果は，各行為者の認知や感情のあり方によって個別に特徴づけられるものであるが，転調の規則そのものは社会的に規定されており，人びとはその規則性のもとで日常生活を営んでいくことになる。

ゴフマン研究者の R. L. シュミットは，「現実の組織化」に関わる研究は，これまで数多くおこなわれてきたが，ゴフマンが状況論的な立場から「転調」という概念を用いて，日常生活における複数の異なる現実の関係性を体系的に分析する枠組みを提起した点を高く評価しており，それが日常的現実を巡る研究に新たな視点を切り開いたと指摘している［Schmitt 1985］。ここまで，ゴフマン理論における修辞の効果について検討してきた。ゴフマンの文体にみることができる「特異性」を巡っては，読者の意見が様々に分かれるが，時にそれが理論的構造を見えにくくしているという批判の声も少なくない。しかしながら，彼の著作は，今日においても時代を超えて読み継がれており，そのオリジナリティに富んだ「理論家らしからぬ」文体に魅了され，想像力を掻き立てられる読者も後を絶たない。

## 4　ゴフマン理論研究の動向
## ――内在的・総合的分析をめざして

ゴフマンは生涯に渡って，相互行為の構造分析というテーマを追求し，多くの論文，そして著書を世に送り出した。しかし，ゴフマン理論は「理論のための理論」に終始したものではなく，「エスノグラフィーと理論の間」[Fine, Manning & Smith 1984] という立場から，「社会学のサブエリア」として提起されたものであったために――当然のことながら――，メインストリームの社会学理論とは，見なされてこなかった[11]。そのため，同理論を内在的，総合的に考察する試みは，他の古典社会学理論との比較において，それほど多くなされてこなかったということができる。ここでは，その様な現状のなかで，意欲的に進められたゴフマン理論研究を何点かピックアップし，紹介しておきたい。

ゴフマンが，いまだペンシルバニア大学のベンジャミン・フランクリン記念講座教授として教鞭をとっていた1980年に，J. ディトンによって編集された『ゴフマンの視点 *The View from Goffman*』と題した，ゴフマン理論の応用可能性を検討した論文集が出版された。この論文集が出版される以前は，ゴフマン理論が総括的に考察されることがなく，彼が提起したドラマやスティグマ，そして儀礼といったインパクトの強いタームが断片的に取り上げられ，紹介されることが常

[11] しかし，ゴフマン理論研究者の第一人者である J. ディトンは，ゴフマンが日常生活における相互行為の構造分析という，非常に重要な観点を提供した点を高く評価し，それが社会学という学問体系に与えた影響は大きいと指摘している [Ditton 1980]。

であった。しかし同書は，初期のドラマトゥルギカル・アプローチから，晩年のフレーム分析，およびトークの分析に至るまで，ゴフマン理論を総合的に再検討していく試みがなされており，ゴフマン理論の内在的研究を進めていくにあたって，非常に重要な役割を果たした。

さらにゴフマンの没後，1990年代に入ると，ゴフマンの旧友であったT. バーンズやP. マニングらによって，ゴフマン理論を独自の観点から再検討した単著が執筆され［Burns 1992; Manning 1992］，1997年には，C. C. レマートとA. ブラナマンによって『ゴフマン読本 *Goffman's Reader*』と題した，ゴフマン社会学のアンソロジーが出版された［Lemert & Branaman 1997］。この他にも，英語圏，あるいはそれ以外のドイツ語圏やフランス語圏においてもゴフマン理論の内在的・総合的分析に関わる優れた著書が出版されてきたが，その中でも特に注目を集めたのが，ベルギーのゴフマン研究者であるY. ヴァンカンによる業績であった［Winkin 1998=1999］。

ヴァンカンは，ゴフマン本人をはじめ，ゴフマンの生涯に関わった人びと，すなわち家族や友人，あるいは研究者仲間などへのインタビュー調査や，ゴフマンの未公刊資料の取集などに携わることを通じて，これまでのゴフマン研究においてミッシング・ピースとされてきた，ゴフマンの伝記を作成し，同理論研究を新たな次元にもたらすことに成功した。彼の新しさは，ゴフマンの伝記を明らかにしたことだけではなく，ゴフマンの出自と彼の思想形成の関係を考察した点にある。また，彼がアンソロジーとして，先に見たレマートらによって編集されたものとは，まったく異なった論文，著作を選択したことにも，多くのゴフマン研究者が関心を示した。特に彼が，シカゴ大学に提出したゴフマンの修士論文と博士論文に着目し，ゴフマン理論の原型が，すでに博士論文の中に見出せることを，その詳細な読み込みをもとに論証したことは，ゴフマン理論の内在的研究に新たな視点をもたらした。

ヴァンカンの革新的な研究以降，2000年代になっても総合的なゴフマン研究を目指した著作が数冊出版された。単著として出版され，注目を集めたものとして，ヴァンカンの共同研究者であるアメリカ人社会学者のG.スミスによる『アーヴィング・ゴフマン *Erving Goffman*』と［Smith 2006］，T.シェフによる『解き放たれたゴフマン *Goffman Unbound!*』の2冊をあげることができるだろう［Scheff 2006］。前者はゴフマン理論を博士論文から晩年の会話分析に関わる論文に至るまで詳細に分析し，これまでの総合的理解をさらに深めた。また後者は，これまでのゴフマン理論の内在的研究を洗練させ，さらにそれらが現代社会分析のためのフレームワークとしていかに活用されているのか，検討している。

このように，ゴフマン理論の内在的・総合的理解を目指した諸研究が，主に英語圏において着実に進んできている。しかし，これらの作業は，世界的に見ても――社会学史に名を残す他の社会学者たちとの比較において――十分に進められているとはいえず，いまだ進行中の作業であるということができるだろう。

## 5　ゴフマン理論を巡る新たな展開
## ――「身体の社会学」と「アーカイブス調査」を中心に

ここまで，ゴフマン理論の内在的・総合的理解を目指した諸研究の動向を確認してきた。ここでは，近年，注目を集めているゴフマン理論の内在的研究に関わる動向について検討していきたい。ゴフマン理論は，ポスト・パーソンズ理論のひとつとして社会学史に影響を与えてきたが，その後ガーフィンケルらによって展開された，エスノメソドロジーをはじめとした新たな相互行為状況のための分析枠組みが検討されていくなかで，徐々に――その認識論的立ち位置を巡って――批判を受けるようにもなっていった。

ガーフィンケルは，シュッツやA.ギュルヴィッチによって展開された現象学から強い影響を受け，パーソンズによる分析的リアリズムにもとづいた理論構築を徹底的に批判することから，行為者の認識，すなわち「一次的構成体」にもとづいた理論構築の必要性を主張した。すでに確認した通り，ゴフマンは「自然主義的観察」を基調に自らの理論を構築していたが，ガーフィンケルの立場からすると，ゴフマン理論は――行為者の日常的現実を考慮に入れたものであるものの――，結果的に科学者の見地から行為者の認識を解釈したものであり，従来の社会学理論のドグマから解き放たれているとは言いがたいものであった。エスノメソドロジストたちにとって，ゴフマン理論は部分的に応用可能なものであっても，その根底に据えられているデュルケーム・パーソンズ流の機能主義や類型化による理論構成のあり方は，行為者の認識を尊重すべきはずの相互行為分析の枠組みにそぐわないものとして捉えられたのである［Rawls 2003］。

しかし実際には，ゴフマン理論は相互行為状況を分析するための理論的枠組みとして現在社会においても広く活用されており，さらには「身体の社会学」という社会学における新しい領域において，その古典として再認識されている。ここではまず，この領域におけるゴフマン理論の再評価を検討していく。次に，ゴフマン理論研究の発展のために進められている，ゴフマン・アーカイブス調査の現状について言及しておきたい。

### 5-1　社会学理論における身体概念の見直し――ゴフマン理論の再評価を巡って

社会学において，「身体」の重要性を考えようとする試みが，1980年代からイギリスを中心に高まり，「身体の社会学」という新たな領域が形成された。近年，ゴフマン理論はこの領域における「古典」として再評価されている。ここではまず，なぜ，伝統的に社会学において身体という概念が残余範疇として扱われてきたのか，その理論的背景を，身体の社会学の促進に貢献したB. S. ターナーの議論に即して確認しておきたい。

ターナーは伝統的な社会学理論において，身体が残余範疇として扱われてきた理由のひとつを，社会学がデカルトによる心身二元論を批判的精査なく継承し，身体よりも精神の所産である理性や意識を優位なものとして捉えてきた点にみている。また，それに加えて彼は，伝統的な社会学においては，本質主義や行動主義に対する批判として，いわゆる人類学が扱うような「存在論的な問い」とは対照的な問題が扱われてきたために，身体を度外視してきた傾向がある，と指摘している。彼が主張する通り，社会学においては「自然－文化」の二元論を検討する以前に，むしろ「自己－社会」，あるいは「行為者－構造」といった二元論のもとで，歴史性や近代化に伴う生活様式に関わる分析が展開されてきた［Turner 1996=1999］。

しかし，このような傾向は1970年代に起こった社会構造の変化――産業社会から脱産業社会への移行――によって，徐々に変容していくことになる。社会学的な思考のもとでは，産業社会における身体とは「欲望の束」（「理性」に対する「自然」）と見なされ，禁欲的な精神のもとで統制されるべき存在として認識されてきた。そのために社会学者は，基本的に身体を考慮に入れた理論構築をおこなう必要に迫られることがなかった。しかし，消費文化が浸透した脱産業社会においては，「豊かで快適な生活」を賛美する表出的な価値観が浸透することとなり，そこでは身体が「欲望を享受する存在」として再定義されることになる［Cambell 1987; Ritzer 1999］。規範を重視する価値観から，表出を重視する価値観への変容は，身体を社会学の表舞台にシフトさせる大きな要因となった。

身体の社会学はこのような潮流のなかで成立し，それを擁護する社会学者の間では，伝統的な社会学者が依拠した，規範理論が批判的に検討され，社会的価値や社会的自己に関わる問題を，身体や感情理論との関わりにおいて分析することの重要性が指摘されている。

ここで，ゴフマン理論に立ち返って考えてみたい。確認してきた通り，彼の理論は成立当初より人類学から非常に強い影響を受けていた。基本的にゴフマン理論は古典社会学理論との対話の中で構築されたものであったが，彼の思想の根底に流れる人類学的エスプリが，従来社会学においてその存在が度外視されていた身体という概念に，躊躇なく向かわせたということができるだろう。

ゴフマンは自然主義的観察にもとづき，相互行為を実際に観察することから，人びとの行為を分析したが，その際，身体が果たす役割を仔細に論じている。彼は相互行為状況における身体を，統制されるべく生物学的なものとして捉えていただけではなく，身体そのものが，行為者の意図に反して発する表出の効果を分析することや［Goffman 1959=1974］，身体と言語の関係性を分析すること［Goffman 1981a］，さらには身体とアイデンティティの関係性についての分析することにも［Goffman 1963b=1970］，比較的早い段階から取り組んでいた［速水 2005; 2006］。このようなゴフマン理論は，身体社会学における「理論的源泉」として注目され，現在もその応用可能性の検討が進められている［Turner 1996=1999; Williams & Bendelow 1998a; Shilling 1993］。

### 5-2　ゴフマン・アーカイブス調査を通じた未公刊資料の分析

ゴフマン理論は，今日，身体の社会学という領域における古典として再認識されており，消費文化社会におけるアイデンティティの分析などをはじめとした，身体に関わる経験的調査を進める際の，理論的フレームワークとして広く採用されている，という現状を確認した。ここでは最後に，ゴフマン理論の内在的理解を深めるための活動として，近年，ゴフマン研究者が取り組みつつあるゴフマン・アーカイブス調査について言及しておきたい。アーカイブスとは，特定の研究者の未公刊資料（手紙や日記など，個人的な書き物も含む）などが複数保存されている場所を指す。ゴフマンのほかにも，アメリカのハーバード大学やシカゴ大学などで教鞭をとった，研究者たちの未公刊資料の多くは，アーカイブスとして大学の図書館に保管されている。ゴフマン関連アーカイブスは報告者の知る限りにおいて，以下の 3 ヵ所に存在する。

一番大きなアーカイブスは，先に紹介したゴフマン研究者である，ヴァンカンによって高等師範学校リヨン校（フランス）に作成されたものである。そこには，ゴフマンの未公刊資料（学会・研究会などに提出された論文等）をはじめ，ヴァンカン自身によるゴフマンへのインタビュー記録，およびゴフマンと同時代の研究者へのインタビュー記録，ゴフマンと同時代の研究者間で交わされた手紙や論文などが収納されている。

また，この他にも，ネバダ大学（アメリカ）のD. N. シャーリンによって作成されたオンラインアーカイブスも存在し，現在では，これを利用することで，海外に足を運ぶことなくしてゴフマン関連資料を入手することが，部分的に可能になってきている[12]。

さらに，ペンシルバニア大学（アメリカ）デモグラフィー・ライブラリー内には，ゴフマン自身が作成したアーカイブスがある。ここには，ゴフマンが参加した学会大会やワークショップなどにおいて収集した論文や，研究仲間から手渡された論文なども収録されており，これらを確認することから，当時，ゴフマンがいかなる研究に関心を持っていたのか，あるいは，いかなる研究チームに属していたのかといった，情報を入手することができる。また，アーカイブス調査を踏まえた上で，ゴフマンの著作に当たることで，これまでとは違った理論解釈をおこなうこと，また，ゴフマン自身が，当時どのような志向で著作を記していたのか，その真意により近づいた読解が可能になってきている。

先に言及したヴァンカンやスミスは，ゴフマン関連の未公刊資料を，ゴフマンの家族や知人，そしてゴフマンが所属していた大学や研究機関に直接，依頼することを通じて収集し，従来のゴフマン理論分析をさらに躍進させることに成功した［Winkin 1998=1999; Smith 2006］。また，彼らのほかにもアーカイブス調査を基調として，ゴフマン理論と

---

[12] http://www.unlv.edu/centers/cdclv/ega/index.html（2015年4月20日現在）。

ガーフィンケルによる理論考察との比較研究を深めた A. ロールズなど，近年，多くの社会学者によって，新しい考察が進められている［Rawls 2002; 2003］。

## 6　おわりに

ここまで，ゴフマン理論が構築されるまでの学術的背景を考察してきた。また，同理論が，近年どのように再考されているのか，その動向についても確認してきた。

ゴフマン理論は，現在でも社会学理論の古典として再分析，再解釈が進められている。また，そのような現状と並行して，彼がおこなった公共の場や全制的施設における相互行為分析は，多くの経験調査に関わる研究者によって，理論的フレームワークとして採用されている。このように，ゴフマンの理論が理論研究者だけではなく，経験調査をおこなう研究者にとっても注目される理由は，それがいわゆる「理論のための理論」を越えたものであるためであろう。

ゴフマンはこのようなスタンスに立ちながら，従来の社会学理論家が問題にした規範や価値の問題よりも，身体という表出的な側面に着目し，いずれの文化圏にもみられる「普遍的な」行為や振る舞いの分析，そして現実の組織化に関する分析をおこなった。このような分析枠組みは，近年「身体の社会学」という領域においても再評価され，同理論の現代的応用可能性の検討が進められていた。また，ゴフマン理論は，共通の価値が希薄化した社会を考察するにあたり，重要な視点を提供するものであるということもできるだろう。このような意味において，同理論は現代社会を分析する上で，いまだ有効な理論であるとともに，これからもさらなる内在的分析が世界中で深められていくだろうと思われる。

第２章

# ゴフマネスク・エスノグラフィー

渡辺克典

## 1　相互行為という研究課題とアプローチ

ゴフマンはシェトランド諸島や精神病院において調査をおこない，日常生活におけるささいな会話や身体的なやりとりを社会学の課題として示した。彼による相互行為秩序論は，シンボリック相互作用論やエスノメソドロジーとよばれる学派形成に寄与し，その影響はフランスのピエール・ブルデュー，ドイツのニクラス・ルーマンといった現代を代表する社会理論家に及んでいる。ゴフマンは，エスノグラフィー調査[1]にもとづきながら，社会学の理論形成に足跡を残した社会学者である。

だが，ゴフマンのエスノグラフィー調査にもとづく著作は，「質的調査」の代表例（＝「お手本」）として位置づけられることもある一方で，その調査方法には批判も多い。トマス・シェフの表現を借りれば，標本調査（量的調査）をおこなう社会科学者たちは，ゴフマンを無視し続けている［Scheff 2003: 66］。調査方法についていえば，ゴフマンはフィールドワークや参与観察を多用している。だがその一方で，著書において伝聞や根拠があいまいな例示，新聞，ラジオ，広告，さらには小説等から引用をおこなっている。このような「まぜこぜの素

［1］エスノグラフィーは，現地調査における記述資料や映像・音声資料を指すこともあるが，ここでは参与観察などをおこなうことで直接的に収集されたデータにもとづく調査方法を指している［藤田・北村 2013］。

材」[PS: xii] からなる研究について，アンソニー・ギデンズは「社会調査から得られた観察と，フィクションの作品からの引用や，はっきりとした経験的裏づけがほとんどないような不用意な断定」[Giddens 1987: 109] と表現している。彼の調査とその分析は，方法が厳密でなく，信頼できないデータにもとづき，「疑わしい」ともいわれている [Trevino 2003: 24]。

ゴフマンは，社会学理論にいまなお影響をあたえながら，その研究手法については批判も多い。本章の目的は，この両者の間隙をうめることにある。すでに，ゴフマンの方法論やテクストについては数多くの研究が蓄積されており[2]，これらの研究を導きの糸としてゴフマンの記述スタイルの特徴について理解する。まず，ケネス・バークの「不調和によって得られるパースペクティヴ」について確認する（第 2 節）。次に，ゴフマンの記述スタイルを用いる理由として，記述の戦略と，相互行為研究という課題との関連について確認する（第 3 節）。それを踏まえて，サンプリングと事例の適切性について他の質的研究との比較から，ゴフマンの記述スタイルと方法論の特徴を明らかにする（第 4 節，第 5 節）。これらの作業を通じて，ゴフマンの質的調査としての可能性について考えていきたい。

## 2　ゴフマンの記述スタイル

はじめに，ゴフマンの記述スタイルの特徴について確認をしていこう。A. J. トレヴィノは『ゴフマンの遺産』と題された著作の序論において，「社会学」におけるゴフマンの研究の特徴を，①取るに足りないしぐさや感情のような習慣的な行動への関心，②数々のメタ

[2] Ditton [1980], Drew & Wootton [1988], Manning [1992], Trevino [2003], Smith [2006], Jacobsen [2010] 等において方法論やテクスト分析に章が割かれている。また，Fine, Smith & Gregory [2000] では方法論について 5 本の論文，テクスト分析について 7 本の論文が掲載されている。

ファー，レトリック技法，概念図式の利用，③効果的だが明解とはいえない質的な調査方法，④日常生活に遍在する儀礼や道徳にささえられた社会秩序——相互行為秩序——の明示，という４つにまとめている［Trevino 2003: 2 ; cf. Jacobsen 2010: 16］。

ゴフマンによる記述スタイルを理解するためには，まず，②メタファーとレトリック技法を理解する必要がある。ゴフマンの著作に見られるメタファーの多用は，「ゴフマネスク」とよばれ，「ゴフマネスクに着目する者は，ほぼ例外なくメタファーの効果的活用に注目する」［内田 1995: 28］。第１章でも論じられているように，メタファーを用いたレトリック技法については，文芸批評家であるケネス・バークの影響がある。バークは文学研究者であるが，『アメリカ社会学雑誌（AJS）』にも寄稿するなど，社会学にも通じていた批評家として知られている[3]。バークがゴフマンに影響を与えたのは，大きく次の２点である。

ひとつは，「ドラマティズム」とよばれる手法である。ドラマティズムとは，ゴフマンの代表作である『日常生活における自己呈示』にみられるように，社会秩序を舞台装置や俳優の演技にたとえて理解するものである。このような「ドラマとしての社会」とも言うべき分析手法は，ゴフマン以外にも H. D. ダンカンらによって展開されているが，ゴフマンの特徴はそれを「相互行為」にあてはめた点にある。『日常生活における自己呈示』は，バークのドラマティズムを「ミクロな状況に具体的に適用したもの」［船津 1977: 801］として，現在ではゴフマンの代表作となっている。

ただし，ゴフマンによるドラマティズムは，『日常生活における自己呈示』以降積極的に展開されたわけではない。ドラマティズムは

［３］バークの社会学への影響はゴフマンに限られているわけではない。ゴフマンは，1980年のインタビューにおいて，バークの著作『永続と変化』［Burke 1935］はシカゴ大学のルイス・ワースが社会心理学を学ぶうえで重視していた本であり，多くの学生に影響を与えたとこたえている［Verhoeven 1993: 321］。

『アサイラム』や『スティグマ』といった初期著作において多少の応用も試みられているが，ゴフマンは社会をドラマにたとえる手法がひとつの手段に過ぎないことに自覚的であった［FA: 1］。このことは，『日常生活における自己呈示』において演劇のメタファーを用いて記述してきた著作全体が類比（analogy）であったという告白からも確認することができる。

> この報告で用いられた概念枠組みを展開するにあたって，舞台に関する語彙が使用された。私は，パフォーマーとオーディエンスについて，ルーティーンと役目，パフォーマンスの成功と失敗，合図や舞台装置と舞台裏，演出上の必要，演出上の技法や演出上の戦略などということについて語ってきた。しかしいま，これまでのたんなる類比の押し付けは，ある程度のレトリックと策略であったことを認めるべきであろう。［PS: 254］

ドラマティズムはゴフマンが利用した代表的な手法であるが，それはゴフマンが用いるレトリックの中のひとつでしかない。ゴフマンは，論文や著作において，相互行為を儀礼，ゲーム，フレームなどさまざまな事柄に喩えている[4]。バークのドラマティズムの影響は，『日常生活における自己呈示』における活用に限られたものとして理解する必要がある。

第2に，バークが「不調和によって得られるパースペクティヴ」とよんだ記述スタイルがある。これは，修辞法において撞着語法や対義結合とよばれ，互いに矛盾する言葉同士を結びつける方法である［Lofland 1980; 内田 1995］[5]。一般的に，メタファーとは「あるものごとの名称を，それと似ている別のものごとをあらわすために流用する表現法」［佐藤 1978: 80］である。それは，似ているもの同士を並べた共

［4］詳細については第1章を参照。

通点にもとづく。それに対して，不調和は，互いに矛盾するもの同士が並んだときに生じる。

ゴフマンの著作にもとづいて確認しておこう。たとえば，ゴフマンは会話のなかで生起したエチケット違反を，犯罪行為に喩えている。

> 相互行為のルールを破る者は，監獄の中で犯罪をおかすことになるのである。［IR: 115］

ここで「相互行為のルールを破る」とは，会話のなかで言い間違いをしたり敬意を払わず相手の発言を遮ったりすることを指している。言い間違いや発言の遮りは日常のなかのささいな出来事であり，当然ながら犯罪行為などではない。しかし，ゴフマンはこの些細な事例を，犯罪行為に喩えている。

会話において，法を犯しているとみなされる，犯罪とみなされるような発言は存在する。たとえば，暴言や罵詈雑言は，公式な場面ではたんなる「言い間違い」としてすまされることはなく，不適切な発言として責められ，名誉棄損のような犯罪行為としてみなされることすらある。もし，それらがただの「言い間違い」であるとみなされるならば，それは犯罪行為とはみなされていない。言い換えれば，「言い間違い」とは，そもそも会話の中で犯罪行為とはみなされていないような発話のことを指している。ある発言が「言い間違え」であると同時に犯罪行為であるということは，どんな盾でもつらぬく矛とどんな矛でも防ぐ盾が存在しえないように，両立しない。

重要なのは，矛盾するもの同士のメタファーの効果にある。矛盾するもの同士を並べるメタファーは，これまで見出されていなかった両

［5］ポール・アトキンソンは，ゴフマネスクの特徴は撞着語法よりも列挙法（関連する事柄を列挙することによって共通性を示す効果）にあると述べている［Atkinson 1989］。ただし，列挙法はグランデッド・セオリーにもみられる特徴であり，ゴフマネスクのみに限定される手法ではないともいえるだろう。

者の類似性に着目する効果をもたらす。すなわち，「言い間違い」と「犯罪」という矛盾する側面ももつ事象を並べることで，読者は，相互行為のルールと法的なルールという異なる次元において「ルールの違反」という類似した要素を見出すことが可能になる[6]。「不調和によって得られるパースペクティヴ」は，従来の考え方では類似性がないと考えられていたもの同士から，両者に共通するような類似性を抽出するために用いられ，これまで自明視されているような単純化された分類をさけ，新たな分類を形成する手法である［Burke 1935→1954: 95-96; Mannning 1992: 146］。

さらに，「不調和」を用いたメタファーは，語句同士の矛盾のみに用いられているわけではない。ジョン・ロフランドは，ゴフマンにおける不調和を，矛盾する語句同士を結びつける「不調和な語句」と，論文や著作において矛盾する事象同士を結びつけて検討する「不調和なモデル」とに分けて位置づけている［Lofland 1980］。ゴフマンの記述スタイルは，「不調和なモデル」として用いられるときにその真価を発揮する［内田 1995: 29］。このことを理解するために，ゴフマンにおける相互行為秩序の問題構成を確認していこう。

## 3　シカゴ学派と社会調査

不調和なモデルについて確認するために，「不調和なモデル」にもとづく相互行為研究には次の 2 つの組み合わせがあることを指摘しておく。ひとつには，それまで相互行為と組み合わせられていない主題と相互行為を組み合わせることがある。ゴフマンの代表作とされる『日常生活における自己呈示』や『儀礼としての相互行為』などは，この取り組みの代表作である。これらの著作において，相互行為は表

［6］「言い間違い」は罰則を伴わない非公式のルールの違反であり，犯罪行為となるような暴言や罵詈雑言は公式のルール（たとえば刑法）の違反である。

舞台や役柄にもとづくドラマ，表敬と品行をともなう儀礼に喩えられている。こういったメタファーは，読者に対して身近で日常的な世界を問題化し，これまでとは異なる見方を与える［cf. Fine & Martin 1990］。メタファーを用いたことによる「読みやすさ」は，社会学や社会心理学，文化人類学者といった研究者以外の読者をも獲得し，はては「文学的」であり「詩的」であるという評価も生んできた［cf. Smith & Jacobsen 2010］。ゴフマンの著作にみられる独特の読みやすさは，いつの間にか私たちを社会学的な分析に誘う仕掛けでもあり，不調和を通じて私たちにとって当たり前であった日常生活を「脱構築」［Scheff 2006］する[7]。

だが，重要なのはもうひとつの組み合わせである。不調和なモデルを形成する第2の組み合わせとして，「相互行為に関するある見方を前提とした理論」における相互行為の（再）検討という水準がある。具体的には，『出会い』や『公共の場における行動』がそれに当たる。これらの論文・著作では，序論において集まり（gathering）や状況（situation）といった研究対象を提示するときに，それらを小集団（small group）と同じものとみなす研究を批判的に取り上げている。

> 焦点の定まった集まりの研究は，近年，集団精神療法，とくに「小集団分析」の研究によって大いに発展してきた。しかし，焦点の定まった集まりを社会集団と単純化してとらえる近年の傾向は，この研究の進展を妨げている。その結果，限定的でありながらも興味深いこの研究領域は，そこに見出される「社会集団」という巨大なお題目によってぼやけてしまっている。［EN: 8］

> これまでの議論は，集団の構造とその成員の集まりの構造との間の経験的（empirical）な一致関係が，この2つの領域間においていつ

［7］シェフは，同様の議論としてアーサー・ケストラーの「双連性」（バイソシエーション）を挙げている［Scheff 2006: 22］。

> でも見出される分析上の関係であるわけではないことを意味している。集団研究のためにあつらえられた概念と出会いの研究のためにあつらえられた概念は，分析上の関係があるとしても，自明な関係ではない。［EN: 13-14］

ここで述べられているような批判こそが，ゴフマンが研究人生を通じて取り組んできた「相互行為秩序」という研究課題の根底にある。これを明らかにするためには，相互行為という研究課題の歴史を確認する必要がある。個人間の相互行為場面を社会学の課題として定式化したことはゴフマンが社会学に対して果たした貢献の第一であるが，その一方で，「社会学の一営為としての相互行為分析」という視点は，ゴフマンが出発点であるわけではない[8]。

第 1 に，シカゴ大学における指導教員による研究がある。ゴフマンは，1953年の博士論文「ある島コミュニティにおけるコミュニケーション行動」において，研究主題を「会話の相互行為研究（a study of conversational interaction）」［CCIC: 1］として位置づけている。このようなコミュニティ研究において相互行為を分析する関心そのものは，シカゴ大学における博士論文の指導教員でもあったウィリアム・ロイド・ウォーナーにおいても確認することができる。ウォーナーは人類学者アルフレッド・ラドクリフ＝ブラウンとともにおこなったオーストラリア研究からの帰国後，ハーヴァードにおいてマサチューセッツ州ニューベリーポートの調査をおこなう。数年に渡って取り組まれたこの調査は，「ヤンキーシティ研究」とよばれている。ヤンキーシティ研究は，個々人の相互行為に着目した都市研究としておこなわれている。

> われわれの研究は，ふたりかそれ以上の個人間の相互行為という概

［8］相互行為秩序研究の形成に関しては，薄井［2011］などがある。

念や，そのような相互行為が起きる社会的な相互関係を一貫して取り上げている。言語的にあるいは身体的に個人が明確に表明した行動と，「個人の心の中の精神的態度や心理的動き」は，ともに「相互規定性と相互影響との産物」として，われわれには理解されている。［Warner & Lunt 1941: 12］

相互行為を研究の中心においていたのは，ウォーナーとともにゴフマンの指導にあたり，1971年に出版した『ソシオロジカル・アイ』において「社会とは相互行為である（Society is interaction）」と記しているエヴァレット・ヒューズも同様である［Hughes［1971］1993: xvii］。ゴフマン以前のシカゴ大学の社会学において，相互行為はすでに社会学の研究課題だった。

また，相互行為研究はシカゴ大学の専売特許ですらなかった。ハーヴァード大学において行為の総合理論構築に取り組んでいたタルコット・パーソンズは，後に超克と拡延をはかったAGIL図式において，「ベイルズの小集団研究という，経験的実験的研究を媒介として」理論展開をおこなった［高城 1992: 241-246］。ロバート・F・ベイルズによる小集団研究のほかにも，ジョージ・ホマンズの『ヒューマン・グループ』（1950年）やピーター・ブラウの『交換と権力』（1964年）といった集団研究は，相互行為過程に着目をした研究であり，後の社会学にも大きな影響を与えている。ゴフマンは，ハーヴァードにおける相互行為研究にも注意を払っており，おもに初期の著作においてベイルズとパーソンズの研究に何度か言及している（表1）。

このように，社会学における相互行為という研究課題は，シカゴにおいてすでに取り組まれていた調査課題であるとともに，同時期には，ベイルズらの小集団研究に代表される研究がおこなわれていた。

以上のことを前提とした上で，さらに，ゴフマンが研究をおこないはじめた時期が調査方法をめぐる変化の時期であった点にも注意が必要である。すなわち，ゴフマンが相互行為秩序に取り組みはじめたシ

表 1　ゴフマンの著作にみられるパーソンズら関連文献について

| | | 1953 | 1956　1959 | 1961 | 1961 | 1963 | 1963 | 1967 |
|---|---|---|---|---|---|---|---|---|
| | | CCIC | PS | EN | AS | BP | ST | IR |
| 1937 | The Structure of Social Action | ○ | | | | | | ○ |
| 1949 | Essays in Sociological Theory | | | ○ | | | | |
| 1950 | Interaction Process Analysis<br>Bales 単著 | ○ | | ○ | | ○ | | |
| 1951 | The Social System | ○ | | ○ | ○ | | | |
| 1952 | Towards a General Theory of Action<br>(with Shils 共編) | | | ○ | | | | |
| 1953 | Working Papers in the Theory of Action<br>(with Bales and Shils) | | ○ | ○ | | | | |
| 1956 | Economy and Society<br>(with Smelser) | | | ○ | ○ | | | |

○は参考資料としてあげられていたことを示す。
※ *Asylum*, *Interaction Ritul* は論文集であり，公刊時期は論文によって異なる。

表 2　シカゴ大学における博士論文の主たる資料収集の方法

| 提出年 | センサス | 他の統計 | 標本調査 | 混合手法 | インタビュー | FW 参与観察 | その他 |
|---|---|---|---|---|---|---|---|
| 1946-48 | 3 | 1 | 4 | 4 | 2 | 2 | 2 |
| 1950 | - | 6 | 6 | 3 | 1 | 3 | 2 |
| 1952 | 1 | 4 | 3 | 5 | - | 4 | - |
| 1954 | - | 2 | 2 | 6 | 2 | 1 | 2 |
| 1956-58 | 2 | 1 | 1 | 1 | 7 | 1 | - |
| 1960-62 | 3 | - | 5 | 3 | - | - | 1 |
| 合計 | 6 | 14 | 21 | 22 | 12 | 11 | 7 |

[Platt 1995: 83, 1999]

カゴ大学において，調査方法をめぐる状況の変化がある。ジェニファー・プラットは，シカゴ大学社会学における博士論文のおもなデータ収集方法についてまとめている（表 2）。ゴフマンが博士論文を執筆していた1940年代末から1950年代初頭は，シカゴ大学においてゴフマンが用いたフィールドワークや参与観察による調査研究が次第に「少数派」になっていた時期であった。シカゴ学派の特徴であるともいわれているフィールドワークによる調査は，ゴフマンが博士論文に執筆する時期においてすでにシカゴ大学におけるひとつの方法にすぎなくなってしまっていた。中心的な方法として取って代わっていたのが，アンケート調査などの量的調査である［Abott 1999=2011 ch. 7］。

その一方でアンケート調査に代表されるランダム・サンプリングにもとづく量的な調査の出現は，シカゴ学派にサンプリングをめぐる問題を引き起こした。ハワード・ベッカーは，ランダム・サンプリングの問題点を次のように記している。

> ランダム・サンプリングは，判明した例外的事例を含め，すべての事例が選ばれる確率を等しくするよう設計されている，ということを想起すべきだ。慣習的な思考の影響を回避するサンプリングの一般的方法は，まったく異なっている。それは例外的事例が発見される確率を最大化するように構成されている。［Becker 1998=2012: 106］

ランダム・サンプリングがこれまで検討されてこなかった研究対象への関心を妨げてしまうという危惧は，ゴフマンのシカゴ大学時代の指導者であるヒューズにおいても共有されていた。

> われわれは，いまだ研究していないもの，構成要素となっていないもの，あまり敬意を払われていないもの，言及されていないもの，明らかに「反」社会的な行為に対して，もっと充分な比較の関心を払う必要がある。［Hughes［1971］1993: 53］

ベッカーやヒューズが強調するように，シカゴ大学でも起きていた量的調査の拡大という傾向に対して，シカゴ学派は調査において「例外」や「いまだ研究されてない」とされていることに着目する。不調和なモデルというゴフマンの記述の特徴は，これまで確認してきたような社会学史を背景に，ゴフマンが選び取った「戦略」として理解する必要がある。すなわち，ゴフマンはこれまで相互行為とは結びつけて考えられてこなかった事象を，相互行為と組み合わせる。こうすることで，相互行為研究を小集団研究と差異化しつつ，さらにランダム・サンプリングでは関心が向けられにくい事象についてアプローチする彼独自の相互行為研究がおこなわれる。こういった研究手法——標的を隠れた場所から狙撃（スナイプ）する［RP: xxviii］，あるいは，寝入る人びとの眠りを深めるのではなくイビキを観察する［FA: 14］ような研究——こそが，彼の相互行為研究の出発点となっている。

このような出発点にたつとき，ゴフマンの研究成果はどのような調査方法にもとづいているといえるのだろうか。この点について，サンプリングをめぐる問題（第 4 節）と事例選択の問題（第 5 節）についてまとめてみたい。

## 4　実験室との対比としての日常生活

前節で確認したように，ゴフマンが相互行為を社会学の課題として取り上げる背景には，「残念なことに，「相互行為」という用語は，あらゆることを意味してしまっている」［IR: 144］といった当時の社会学への憂いがある。フィリップ・マニングは，ゴフマンの記述スタイルを概念の定義・事例紹介と再定義の連続する「ゴフマン・スパイラル」と名づけている（図 1）。ゴフマンの諸著作には一貫性が見出し

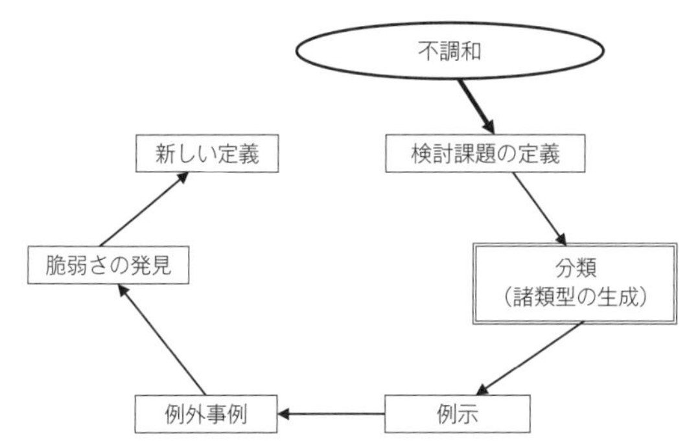


図 1　ゴフマンにおける記述のスパイラル（Manning 1992: 55を一部改訂）

にくく，ゴフマンをめぐる多様な解釈の原因ともなっている。ゴフマンにおいて，事例はあくまでも分類を説明する例示として提示される。具体的には，「第二次的調整」[AS]，「パッシング」[ST]，「市民的無関心」[BP] といった概念群が分類であり，それぞれを説明するエピソードが例示に当たる。

ゴフマンの著作で提示される概念は，あくまでも不調和によって得られるパースペクティヴにもとづく検討課題においてのみ利用可能な概念である。ゴフマンは，面子，印象管理，表舞台と裏舞台，焦点の定まった相互行為と焦点の定まらない相互行為，修復的交換と補助的交換，フレーム，転調，偽装，フレーム破り，フレーム外活動など，数え切れない「概念」を論文・著作において提示している[9]。ゴフマネスクの効果を分析した内田健は，ゴフマンの記述スタイルを「日常的な相互行為の断片を類型化し，概念へと鍛えあげながら，漸次的に対象の把握に向かう姿勢」にあり，それは「ある事象についての委曲をつくした完璧な説明ではなく，広範な領域に適応することが可能なモデル（類型や概念）を提示する装置として組み立てられている」と評価した [内田 1995: 32]。

しかも，数多く形成された概念が論文・著作間で共有されることは少なく，「一度きり」の利用であることは珍しくない。さらに，ゴフマン自身の研究成果の中でことなる意味内容をもつ概念すらある（たとえば，ゴフマンは ritual という概念を，前期においては宗教学における習慣的行動，後期においては動物行動学におけるディスプレイ活動の意味で用いている）。ゴフマンが提示した概念は，それぞれの著作において設定された範囲内での限定された用法でしかないため，厳密にいえば，同様の問題設定によらない限り，ゴフマンが提示した概念を他の場面で用いることはできないはずである。ゴフマンの概念を用いる場合，

[9] ロビン・ウィリアムズはゴフマンが発明した概念は千近いと報告している [Williams 1988: 88]。

具体的な場面に異なる抽象度の概念を用いてしまう誤謬に対する細心の注意が必要となる[10]。

バーニー・グレイザーとアンセルム・ストラウスは，ゴフマンの著作の体系的理解の困難さを次のように批判している。

> 多くの読者にとって例示はおそらく，ゴフマンがその効果を狙っていたか否かとはかかわりなく，説得の手段として機能している。彼の挙げた例示によって潜在的な形で彼の理論は有用ないし有効であって，しかも真実味があり精確であるというふうに思わせられるのである［…］比較はデータにもとづいているが，その比較は主としてそのときそのときの事情次第で選ばれているように思われる。［Glaser & Strauss 1967=1996: 195-196］

ここに，ゴフマンとの記述スタイルをめぐる齟齬が典型的にあらわれることになる。

グレイザーとストラウスは，早い段階でゴフマンの論考を質的調査の成果として評価していた。事実，彼らはエスノグラフィーや参与観察といった質的な調査にもとづいて概念を構成し，その分析結果は体系的にまとめる点で似ているようにも見える[11]。

だが，両者は概念の導出において決定的に異なる立場をとっている。ゴフマンは不調和なモデルから分類（概念）を導き出すのに対して，グラウンデッド・セオリー・アプローチでは調査で見出される事例間の比較を通じて概念が形成される。両者において，「概念」導出過程は，逆になるのである［図2 cf. Smith 2006: 117-121］。グレイザーとストラウスが批判をしているのは，抽象のレベルが異なる際のデータ統合に問題であり，彼らはゴフマンの記述スタイルの特徴を「状況次第のサンプリング」とよんでいる[12]。すなわち，「ゴフマンの例示を，理論

［10］Watson［1999: 152］も参照。

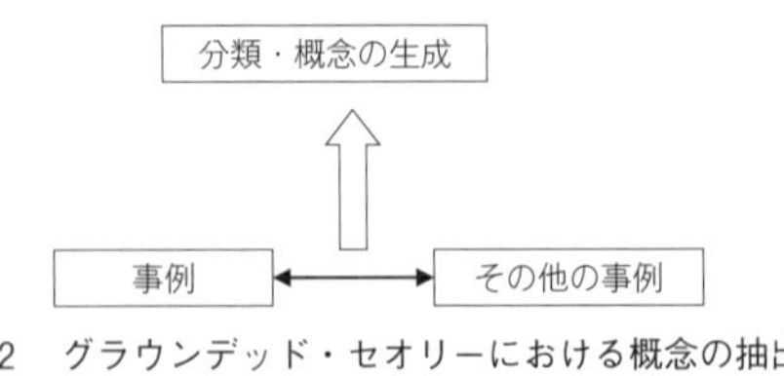

図2　グラウンデッド・セオリーにおける概念の抽出

を構築するサンプルと捉えるなら，それはまったくもって事情次第であり，検証には到底耐えられないとせざるをえない」[樋口 2002: 185]。このような指摘は，一面ではまったく正しい [Manning 1976: 16-19; cf. Trevino 2003: 17]。それぞれの研究成果において概念の意味内容がことなり，サンプリングの手法が不明なゴフマンの記述スタイルは，多様な解釈を生み出し，社会学への広範な影響に反して後継者を生み出しにくい状況すらつくりだしている [Rawls 2003: 216；西川 2003: 314]。

ゴフマンによる「状況次第のサンプリング」は，研究成果の応用の困難さや，成果自体への疑問が投げかけられる原因にもなっている。だが，この点をもって，科学として不誠実さを意味しているわけでもない。少なくとも，ゴフマンは自身の研究手法がもつ問題に自覚的であった。

ゴフマンは，自身の研究を「体系化されていない自然主義的観察」[RP: xvi] と位置づける。自然主義的な観察とは，統制や操作をともなう実験室を出て，野外で観察をおこなう。ゴフマンにおけるフィールド調査——ゴフマンがタイトルや副題で用いる「日常生活」「社会的な状況」「公共の場」といったフィールド——は，実験室との対比としてとらえる必要がある。簡略化して言ってしまえば，ゴフマンにとって相互行為研究とは，これまでの研究成果に対して相互行為という要素を取り入れることでどのような結果が見込まれるのかを検討する「再現実験」でもあり，彼の論文・著作は，不調和なモデルにもとづく実験を公開することで科学としての正当性を確保するための「演示実験」でもある[13]。

実験室との対比としての自然主義的観察という視点に立つとき，ゴフマンが研究主題とした「日常生活」は，自然科学における実験室をはなれた野外における観察の場である。このような「粗野な経験主義」[IO: 62] は，体系化された観察や厳密な経験主義と対立関係にあるものではなく，むしろ補い合うものとして理解が可能である。ゴフマンの手法は非 - 科学的にみえるかもしれないが，彼は決して科学的な手法を用いていないわけではない。その姿は，調査のフィールドを「自然の実験室」[Smith 2006: 14] とみなし，社会学者が誰も取り組まない実験をおこなうマニトバ大学時代の「化学者」としての姿をイメージさせる。

[11] ゴフマンの分析結果は系統樹的に理解することが可能である。図 3 のほか，内田 [1995] を参照。

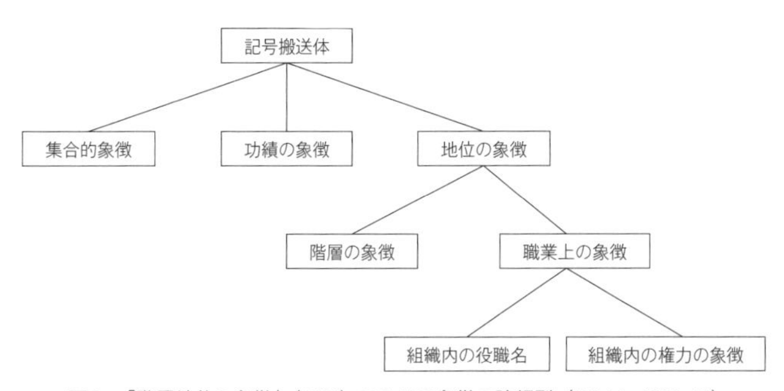


図 3　「階層地位の象徴」(1951) における象徴の諸類型 (Winkin 1989: 70)

[12] ストラウスは，ジュリエット・コービンらとともにサンプリングの精緻化に取り組み，「理論的サンプリング」として定式化する。

[13] 樋口は PS における類比の告白 [PS: 254] を「研究という行為自体がまさしくパフォーマンスであるという告白」と位置づけている [樋口 2002: 87]。演示実験（公開実験）の社会的機能については，Shapin [1996] を参照。

## 5 反事実的な分析

「再現実験」あるいは「演示実験」としてゴフマンを読み解く場合，その成果には「社会生活を検証する事例研究の手引き」［PS: xii］としての側面もある。だが，このように理解したとしても，ゴフマンの調査方法には不満が残る。それが事例の適切性の問題である。

ゴフマンのフィールド調査はおもに参与観察と「まぜこぜの素材」［PS: xii］にもとづいている。まぜこぜの素材とは，すなわち，半構造化された面接にもとづいた聞き取り資料でもなく，「内容分析」のように系統的に収集された新聞記事，ラジオのデータでもないような素材である。さらにいえば，創作物である小説のような事例まで含んでいる。伝聞や小説のようなフィールド調査で得たわけではない事例をもちいるゴフマンの研究手法は，質的研究においてどのように位置付けることが可能だろうか。

実際に存在していたわけではない事例を取り入れる代表的な方法に，「反事実的な分析」がある。反事実的な分析とは，『社会科学のリサーチデザイン』［King et al. 1994］[14] において，ウェーバーによる原因の帰属問題として述べられた次のような方法を意味している。

> 因果帰属にとってまず最初の，そして決定的な作業は，我々が事の経過を事実上因果的に構成している幾つかの要素の中から，１つか２つ，３つの構成要素を取り出し，一定の方向においてそれらが仮に実際のものとは別なものだったらと考えることであり，そしてこのような〔別のものに〕変化させられた諸条件の下で実際の経過と（「本質的な」諸点において）同じ結果が「見込まれた」であろうか，それともどのような違った結果が「見込まれた」であろうか，を問

［14］「定性的な方法と定量的な方法との関係についての書物のなかで，もっとも影響力のある著作のひとつ」［Brady & Collier eds. 2004: 5］と評されている。

うことなのである［Weber 1905=1998: 132］

反事実的な分析は，歴史的に少数または一度しか生じなかった事例（たとえば，フランス革命や恐竜の絶滅）に対して，その出来事の要素になっていると考えられる要素を抽出し，要素を変化させた場合に想定される事象[15]の検証をおこなう手法である。ただし，実際に用いる際には，標準化はされておらず基準がない手法とも言われる［George & Bennet 2005: 167］。反事実的な分析は，個別に用いる研究手法というよりは因果関係をめぐる異なる角度からのチェック（cross-check）として有効な方法である［George & Bennet 2005: 11］。

反事実的な分析は，グラウンデッド・セオリー・アプローチにおいて用いられる「理論的サンプリング」という手法に近い。グラウンデッド・セオリー・アプローチでは，事例のもつ属性を抜き出し，その属性にもとづいて他のデータと比較をおこなうデータ間比較と，属性から推測される架空の状況との比較をおこなう理論的比較がおこなわれる。これらの作業を通じて，属性がこれ以上は抽出できないという状態（理論的飽和）に至った時点で分析は終了となる。この過程におけるこの後者の作業（理論的比較）は，反事実的な分析における要素変化による事象変化の想定の検証と同様の作業をおこなっているともいえる。

じつは，この理論的比較のような調査過程はゴフマンにおいてもほぼ同様の過程としておこなわれていると理解してよい。ゴフマン・スパイラル（図 1 ）において示されているように，ゴフマンは事例に先立つ類型（概念）によって事例を導き出す。このため，類型（概念）はあくまでも研究の枠づけ（不調和のパースペクティヴ）から導き出されたものであり，それがゆえに概念に適合する事例が存在しないこと

[15]『社会科学のリサーチデザイン』では「観察可能な含意」とよばれている［King et al. 1994］。

があり得る。ゴフマンにおいて，理論的にはありえる類型だがそこにあてはまる事例がないとき，小説のようなフィクショナルな事例が用いられている。

質的調査であろうと量的調査であろうと，研究は調査によって得られた事例（データ）のみにもとづいておこなわれ，フィクションをふくんだ事例は用いられない。ゴフマンの「まぜこぜの素材」を用いる手法は，エスノメソドロジストからも強い批判を受けている[16]。ただし，フィクションのような事例を用いるのはおもに前期の特徴であることに注意を向けておく必要がある。たとえば，『日常生活における自己呈示』は，全体の３割が文学作品のような素材，『スティグマ』にいたっては半分以上が小説や個人的な会話などに依拠している［Bynum & Pranter 1984; Smith & Jacobsen 2010: 121］。こういった選り好みをしないデータの利用は，ゴフマンが「相互行為秩序」を社会学の新しい課題として提示する時期において顕著である。その一方で，ハロルド・ガーフィンケルやハーヴェイ・サックス，デヴィッド・サドナウ，アーロン・シクレル，エマニュエル・シェグロフらの活躍により，「相互行為」が社会学の課題として共有化されていくと，フィクション作品からの引用は薄まる。恣意的な事例選択に頼り，信頼性を欠くデータにもとづく研究手法は，概念の再検討やメタ分析として新たな荒野を耕すための一時的なデータ代用として位置づけられるべきものであり，反事実的な分析は仮想をともなった「思考実験」による分析過程の一環であったといえるだろう。

## 6 「科学的営為」としてのゴフマネスク

本章で確認したことをまとめておこう。ここで確認したことは，次の３点である。第１に，ゴフマンの記述スタイルの特徴である「不調

［16］批判については，平本（本書５章）を参照。

和によって得られるパースペクティヴ」は，ゴフマンが相互行為研究に取り組みはじめた当時の社会調査をめぐる変化を背景として理解する必要がある。第2に，「自然主義的な観察」「粗野な経験主義」といったゴフマンの研究手法は，実験室外でおこなわれる検証として理解可能である。第3に，さまざまな資料を用いたゴフマンの著作であるが，それは相互行為秩序を社会学の課題とすることを目的とした一時的なデータの代用という側面があった。

これらのことから，ゴフマンの方法論，とくに前期に顕著にみられる「不調和によって得られるパースペクティヴ」にもとづく研究成果は，彼独特の戦略であると位置づけることができるだろう。彼は，当時の社会学のなかでおこなわれていた「科学としての営み」を観察し，その間隙をつくように自身の相互行為秩序に関する研究をすすめていた。

このようにゴフマンの方法論を眺めてみるとき，私たちは戦略としてすすめられるゴフマンの相互行為秩序論をめぐる研究手法について再考を促されるのではないだろうか。ゴフマンの方法論を，いわゆる量的調査や質的調査といった定式化された調査作法にのっとっておこなわれてきたものとみなすことは難しい。また，彼の著作を真剣に読む――すなわち，「社会は劇場である」と真剣に論じようとする――人びとからみれば，彼の態度は人びとを魅了したあとに仕掛けのテントを取り払ってしまう，いわば「詐欺師」のそれに近い印象をもつかもしれない。

ゴフマンを読むこととは，そういうことなのだ。理論として論じられていることがらをさまざまな手法と文体を用いて疑うこと。科学がおこなれている実験室を飛び出して「自然的態度」でそれを問い直すこと。ゴフマンの調査手法――ゴフマネスク・エスノグラフィー――は，飽くなき科学的営為のひとつの手法である。

第３章

# 自己に生まれてくる隙間

——ゴフマン理論から読み解く自己の構成

芦川　晋

## 1　自己はどこにいる？

本稿の目的は1960年代前半までに書かれたゴフマンの諸論考にもとづいてゴフマンの議論から読み取れる自己論を再構成してみることにある。ゴフマンの議論は相互行為論として見られがちだが，よく読んでみると，ゴフマンは，相互行為状況を主題として扱うべきものとして指摘しながらも，必ずしも，相互行為状況だけを主題的に取り上げているわけではない。なかでも『アサイラム』，『日常生活での自己呈示』や『スティグマ』の一部では，相互行為に結びつかない事柄も取り上げられているし，「役割距離」では役割距離をめぐる議論が相互行為状況を超えた施設や組織等にまで拡張可能であると述べられている［RD: 127=161］。つまり，ゴフマンは世間で言われているほど，そして自称するほど，相互行為論者とはいいがたい一面があるのかもしれない。

とりわけ，その自己論については，自己を組織や施設と結びつけている前掲書でも，自己を相互行為状況に結びつけている『相互行為儀礼』や「ゲームの面白さ」でも同型的な議論がなされており，ゴフマンは，自己というものを自己単独で考えようという発想とはまったく無縁のところにいるとはいえ，必ずしも相互行為状況に限定されない施設や組織の社会統制と自己を結びつけて考えようとしているところがある。

「全面的収容施設のように根本的に異なるレベルに置かれる生活が

制度化されると，社会的な舞台装置が自己に対して含意するものに光をあてることができる。ここから，自己というものが，その所有者と重要な他者との相互行為から生じてくるばかりか，成員のために組織のなかで発展してくる取り決め（arrangements）からも生じてくることがわかる」［AS: 148=156］。

そこで，ここでは必ずしも相互行為とは結びつかない（かもしれない）ゴフマンの自己概念がどのように構成されているのか60年代前半までに書かれた諸論考から読み解き考察を加えてみたい。

ついては，2節で主として『相互行為儀礼』を取り上げ，若干『日常生活の自己呈示』も加味して，イメージと心理生物学的要素で構成された2つの自己概念の関係を自己の「隙間」という観点から整理してみよう。3節では，前掲書とあわせて『スティグマ』も取り上げ，2つの自己概念に加えて，人物（人格）ないしはパーソナル・アイデンティティ，とりわけ生活誌としてのパーソナル・アイデンティティの働きを視野に入れ，やはり隙間という観点から自己について考察を加えてみることにしよう。4節と5節では，『スティグマ』と『アサイラム』を取り上げ，4節では『スティグマ』を中心にパーソナル・アイデンティティが問題にされると何がおこるのか，やはり自己の隙間という視座から考察を加えてみる。5節では，『アサイラム』を中心にあらためて状況と結びついて自己の特質を明らかにし，自己の隙間がより積極的な意義を担っていることを確認してみたい。

## 2　自己が棲みつく隙間——2つの自己をめぐって

ゴフマンによれば，直接的であれ間接的であれ，われわれが誰かとかかわりあいになるときには，意識しようとしまいとなんらかの出方（line）を採ってしまっている。すなわち，「当の状況にたいする見方を表出し，またそのことをとおして，参与者，とりわけ自分自身の評価を表出」してしまう［IR: 5=5］。他の参与者たちにも同じことがあてはまり，大抵は互いに呈示された自己をそのまま受け容れ，互いに期待されることが何か分かり，いわば当面の状況の方針について「当座の合意（working consensus）」ないしは「当座の受け容れ（working acceptance）」ができあがる。

こうして互いのあいだで保たれるのが「体面（face）」であり，体面とは，「出会い」のなかに互いの属性を位置付けてはその扱いに道筋をつける儀礼的な手続きから構築される自己イメージであって，その人物の「社会的アイデンティティ（social identity）」の一部をなす。「個人は人物全体として参加するのではなく，特定の能力や地位，手短に言えば，特定の自己として参加するのである」[IR: 52=52]。

とはいえ，こうして互いが互いに期待してよいことが分かるようになったとしても，自分がどのように受け止められるかは相手次第であり（だから第一印象がものをいう），必ずしも思い通りのものとはかぎらない。そこにはしばしば様々な感情がつきまとう。自分が期待した以上によい体面を保持できれば「よい気分」になるし，期待が満たされなければ「気分を害する」ことになるだろう。

もちろん，これは相手に抱く感情であり，この手の感情を抱くというときにはすでに相手の出方を受け容れてしまっている。つまりは，自己は自らの体面のみならず相手の体面にも「関与」していることになる。「人というものは他の参加者たちが支えている体面についても感情を抱き，こうした感情は量においても向きにおいても自分自身の体面に抱くものとは違っているかもしれないが，こうした感情が他人の体面への関与を構成し，それは自分自身の体面に関与するのとおなじくらい直接的かつ自発的なものである」[IR: 6=6]。このように互いの体面は互いの体面に依存しており，互いが互いの体面を支える理由があると感じることができるかぎり，自他の間には共通理解や共感の基盤も生まれてくる。

というわけで，個人が一定の出方をして特定の体面を保とうと企てるとき，あわせて相手の評価に反応するもう１つの自己が立ち上がる。

ゴフマンは，『相互行為儀礼』（あるいは『日常生活での自己呈示』）のなかで，自己に二重の定義を与えていることを確認している。ひとつの「自己とは，ある企てのなかの出来事の全ての流れの表出的含意を一緒に組み合わせて出来上がるイメージであり，そして，もう1つの自己とは，儀礼ゲームのプレイヤーのようなものであり，名誉をもってあるいは不名誉に甘んじつつ，如才なくあるいは不器用に，状況に生じる判断を要する偶発事をさばいていく」[IR: 31=94]。いずれにせよ，「ひとがいてその出番がくるのではなく，出番があれば出番にふさわしいひとが現れてくるのである（Not, then, men and their moments. Rather moments and their men.）」[IR: 3=3][1]。

他人に評価されることを視野に入れながら，体面を繕っていく以上，状況のなかで2つの自己は循環的な関係に置かれ，自己に時間化された隙間を作りだす。「イメージとしての自己」は，それ自体，規範的に評価され，評価を反映するので，それに対する「心理生物学的」な反応として「プレイヤーとしての自己」が創発してくる[2]。この「プレイヤーとしての自己」は，「イメージとしての自己」への反応であるかぎり「イメージとしての自己」から距離をとることに他ならず，

［1］この訳しにくい一節の含意は，[IR: 45=44] あたりで詳述されている「普遍的人間性」の記述に対応していると思われる。すなわち，周囲への配慮も怠らない自制心をもった個人とは普遍的人間性の一部に相当するものであるが，それは出会いにあって個人を外側から制約する道徳規則から構成されている。デュルケミアンとしてのゴフマンがよく現れているくだりだと言ってよい。

［2］『日常生活での自己呈示』では次のような説明が与えられている。「パフォーマーとしての個人のこうした属性は単なる個別のパフォーマンスを描いた効果ではない。パフォーマーというのはもともと心理生物学的なものであり，そうはいっても演じられるパフォーマンス中の偶発時と密接な相互作用から生じて来るように思われる」[PS: 254=299]。この「心理生物学的な自己」であるが，この時期のゴフマンは，個人の内面に生じる心理生物学的な現象とその表現に相当するものをきちんと区別できておらず，その両方を含意しうるような用い方がなされているように思われる。後に，ゴフマンは関与とその表現として2つを明瞭に区別するようになる。

それが新たに呈示される「イメージとしての自己」に反映され，さらなる規範的評価にさらされる。たとえば，他人の体面をつぶした人は自己卑下することで自分の最低限の体面を保つことができる。「プレイヤーとしての自己」は規範の適用を受ける「イメージとしての自己」の隙間に位置する変換装置なのである。

自己が他人の評価と結びつくとなれば，自分の言動がどう受け取られるかをあらかじめ予想しながら状況に参入するというのはきわめて自然なことだろう。個人は日頃から，ある程度は，自分の立場（place）をわきまえて行動するようになるだろうし，あらかじめ自分に訪れるかもしれない状況を想定して様々な準備をしておくこともできる。つまり，目的，動機のいかんにかかわらず，個人には自らの印象を操作する理由がある。言い換えるなら，個人は，程度の差はあれ，なんらかのかたちで自分を演じなければならない。個人は，受け手を勘定に入れながら，再帰的に自らの実践を組織し，自己呈示せざるをえないのである。

ところで，このとき，個人は自分が参入する状況に対して先回りして体面を繕っていることになり（「予期的な社会化」），それで様々な仕掛けを考える「戦略」の余地も生まれてくるわけだが，こうした先回りは，自己が生まれ落ちる状況と生まれ落ちた自己とのあいだに隙間が存在し，状況に対して再帰的にかかわることができるからこそ作りだせる「社会的距離」に他ならないのである。

また，状況とは動くものである。それも状況が産み落とした自己の実践に伴う変容にあわせて動いていく。つまり，状況と自己のあいだにも循環関係がある。個人は，状況内で一定の出方を採って一定の役割を引き受けることで，次に期待されることが決まってくるわけだが，実際には，期待通りにふるまえないことがあるから（といって，パブロフの犬のように同じことを繰り返すわけでもなく），個人は体面を繕う（face-work）必要も生じる。また，後で取り上げるように，あえて期待に添うまいとすることもある。つまり，ここでも，状況と状況に埋め込まれた自己のあいだには隙間があり，その隙間を利用して相互行為秩序が再生産され，「場面（occasion）」が更新されたり変換されたりするのである。

さらに，自己と状況のあいだに隙間があるということは，その状況内で相補的な期待で組み合わされている自他のあいだにも隙間が存在するということになる。自他のあいだには互いに期待されることがあるとはいえ，各自には自分の出方を変えられるだけの選択の幅が与えられている。のみならず，ゴフマンも確認しているように，われわれは，ふだんから人と一定の距離をおいてつきあうし，誰かが体面を保てそうもなくなったときにはさらにそこから距離を置こうとすることがある（自己防衛のための儀礼的回避と敬意を表するための回避）。「われわれの社会では，人が距離を保つことにかかわるルールは多種多様であり，しかも強力である」[IR: 65=66]。

一方で，相手が自分の体面をつぶしにかかってくる可能性もないわけではないし，当人が気を抜いてしまったり，期待はずれに直面するようなこともしばしばある。体面を保てなかったり，誰かと初対面といった「気詰まり（uneasiness）」な状況では「当惑（embarrassment）」が生じやすいが，当惑させられる状況とは，ちょっとした「自明性の喪失」状態であり，当惑させた本人は，どうしていいものやら分からず，間が保てず，身の置きどころがない。そのうえ，周囲も当惑してしまうので，しばしば「自我の境界」が弱くなる。つまりは，一時的に隙間が収縮して状況が停滞するわけである。

このように，いずれにしてもゴフマンに従うならば，自己は状況に埋め込まれたものでありながら，当の状況や状況内の他人とのあいだには隙間が空いていて，この隙間をすりぬけていくものであるように思われるのである。そもそも定型化している儀礼的な実践自体が状況内の他人と距離を置くことを可能にする振る舞いに他ならず，その下で「自己は部分的には儀礼的なもの，聖なる対象」になるのであった[IR: 91=92]。

ゴフマンはそこに個人の「自由」を見ている。「もし個人が適切な品行をもって行為し，適切な表敬を示そうとするのなら，その個人は自己決定する領域を有することが必要になるであろう」[IR: 92=93]。そして，それは個人がまさにひとりの「人物／人格（person）」であるということに他ならないのである。個人は，一定の状況内で，制約つきではあるが，自己決定する能力をそなえた人物になるわけである。

## 3　人物（人格）であるということ
## ——パーソナル・アイデンティティ

われわれはここまで，主として『相互行為儀礼』および『日常生活での自己呈示』を参照しながら，ゴフマンの論じている2つの自己を介した変換が，状況や他人との隙間にあってはたらくことを確認してきた。個人は状況のなかで一定の評価を受けるのだが，そこには，印象操作等で自己調整を図るだけの隙間があるのであった。「儀礼的な実践が通り一遍制度化されているようなところでは，人物でいるのは容易なことに思われるだろう」[IR: 91=92]。

しかし，場合によっては，大失態をおかすなどして当の人物への信用が決定的に失墜してしまうこともあるし，それが先々の自己への評価に影響を及ぼし，人生を左右することすらありうる。また，生まれつきにせよ，何らかの事情があってにせよ，社会でまともに評価してもらえない属性を抱え込んでしまい，氏素性を隠して過ごさなければならない人もいる。

そうすると自らの生い立ちを隠したり，偽ったり，様々な情報を操作する必要も生じてくる。つまり，出会いのなかで個人は「より広い社会（wider society）」から入ってきてよいものと，入ってきてはいけないものを統制しなければならないし，入ってきてよいものにしても状況とかみあうように変形しなければならなくなる[3]。

自分が何らかの自己であるということが社会的アイデンティティと結びついてくるとすれば，そうした自己への信頼を失墜させかねない情報を操作するときに問題にされてくるのがパーソナル・アイデンティティ（人物の同一性）である。

パーソナル・アイデンティティにかかわるとされるのは，①「はっきりとわかる特徴」ないしは「アイデンティティ・ペグ」（氏名や身体的特徴，親族ネットワークなど），②生活誌の諸項目のユニークな結合である［ST: 57=102］。このとき，自分の身の上におこる出来事等は，氏名や身体といったアイデンティティ・ペグを介して，特定の個人に結びつけられるので，アイデンティティ・ペグはそれ自体が個人のパーソナル・アイデンティティを示すものであると同時に，個人を識別する生活誌の諸項目を統合しパーソナル・アイデンティティを組織していく媒体（メディア）でもある。

もちろん，個人がなんらかの自己や社会的アイデンティティのもとで活動を営んでいけば，それは個人の潜在的な生活誌に書き込まれ，生活誌が更新されていくことになるが，個人が担う自己や社会的アイデンティティは多様に分化しており，そのすべてが整合的であるとはかぎらない。誰にでも都合の悪いことというのはあるものである。それでも，そうした生活誌の全体を結合しているのが人物（person）であり，アイデンティティ・ペグなのである。他方，自己ないし社会的アイデンティティはいずれもこうした人物に帰属される特性の類であって，帰属先である肉体をそなえた個人それ自体とは区別されなければならない。

たとえば，ゴフマンが『スティグマ』でパーソナル・アイデンティティを俎上にあげるにあたって参照を指示している『日常生活での自己呈示』の一節［PS: 60=70］には，特定の具体的な個人になりすますことが，あるカテゴリーの成員になりすますことよりも許し難いという指摘がある。あるカテゴリーの成員になりすますことは，それに相

［3］この点は「ゲームの面白さ」で明瞭に述べられている。この議論はジンメルの社交論を参照している。

関した期待や責務を帰属させる情報を操作する程度の話ですむが，具体的な個人になりすますことは，その生活誌（場合によっては容貌等）すべてを偽ることになり，まさに「オマエはいったい何者なんだ」というパーソナル・アイデンティティが問題になる[4]。

このように個人が継続して誰かと一定の役割や社会的なアイデンティティのもとでかかわりを続けていこうとするならば，その都度の出会いのなかで，多かれ少なかれ，生活誌としてのパーソナル・アイデンティティは管理されなければならず，また，管理されることで生活誌としてのパーソナル・アイデンティティはその都度の出会いにおける自己を潜在的に保護している。

ただし，パーソナル・アイデンティティを操作しようとすれば，逆に，それが社会的アイデンティティに対して何らかの含意を持ってしまう可能性も避けられない。「パーソナル・アイデンティティを隠す行為はそれ自体社会的カテゴリーにかかわる含意をもたらしうる」[ST: 61=108]。なんで隠す必要があるのかというわけである。

このとき，首尾よくパーソナル・アイデンティティを管理しようとするために，時間や空間の分割の必要が生じることがある。個人の生きる世界は，状況と結びついた社会的アイデンティティによって時間的（役割やそのオーディエンスの分離），空間的（「局域外」，「表局域」，「裏局域」）に分割されるように，パーソナル・アイデンティティによっても時間的，空間的に分割されている［ST: 66=116］。

こうした時空の分割によるパーソナル・アイデンティティの管理は程度の差はあれ誰もがおこなっていることであろう。とはいえ，ここ

［4］たとえば，映画『スティング』（1973年）と『太陽がいっぱい』（1960年）を比較してみてもよいかもしれない（機会があればぜひ見比べてほしい）。もっとも，なんらかの集団の一員になりすますことが恒常化すれば，しばしば一員であるかぎりは想定される経歴も問われてきて，その一員になりすますだけでなくその一員である何者かになりすまさなければならなくなる。たとえば，偽医者。つまり，この2つにはどこか連続したところがある。

ではとりわけパーソナル・アイデンティティの管理が問題になるスティグマを例に見てみよう。スティグマとは,「ふつうの人（ノーマル）」と違って，知られてしまうと本人への評価の切り下げが決定的なものとなり，差別につながりかねない素性や事情を抱えている個人のことである。

人間関係に濃淡があるように，知人のなかには自分のスティグマを知っている人もいれば，知らない人もいるし，知られているかどうか分からない人もいる。そして，そのなかには親しい人もいれば，さして親しくもない人，面識すらない人もいる。あるいは，スティグマを抱えていることで立ち入りが禁じられた「域外の場所（out-of-bounds places）」，表向きはスティグマが問題にされない「公共の場所（civic places）」，同類同士で集まれる「日陰の場所（back places）」がある［ST: 81=141］。「個人の世界が空間的に社会的アイデンティティによって分割されているように，パーソナル・アイデンティティによっても分割されているのである」［ST: 82-3=142］。

スティグマの場合，こうして分割された生活誌のシークエンスが与える情報の違いから二重生活が成立し，自己の信用を失墜させるような場面を回避し，分割された世界を維持しようとすれば，パッシングのような偽装工作も必要になる。このとき「パスする者が戦略的に様々なタイプの距離を自発的に維持しようとすることは」予想がつくだろう［ST: 99=168］。ただし，そのパッシング自体も潜在的な生活誌としてパーソナル・アイデンティティの一部を構成することになる。

そして，一定の状況で社会的アイデンティティをうまく分割できないと，期待はずれが生じてその人物は体面を失うことになるが，パーソナル・アイデンティティの分割に失敗してしまうと，互いに帰属される期待の根本的な食い違いが露見して，自分が相手にたいして維持してきた自己,「仮の社会的アイデンティティ（a virtual social identity）」そのものが失われてしまう。つまり，パッシングに失敗して誰かの信用を失ってしまえば，自分はそもそも相手が考えていたような人間ではなかったということ，「本当の社会的アイデンティティ（a real social identity）」が露見してしまうのである。

しかも，いったん知られてしまった以上は，パーソナル・アイデンティティの分割線がどこまで失われてしまうかは，相手の手に委ねられてしまう。だから，相手はスティグマをネタにゆすることもできる。こうして，パーソナル・アイデンティティの分割にほころびが生じると，どこまで自分がこれまでそうしてきたような自己でいられるかがわからなくなってしまいかねないのである。「時として，人物の同定が強く社会的アイデンティティを圧迫することもあるのだ」[ST: 75=130][5]。

というわけで，個人のパーソナル・アイデンティティを構成する生活誌やバイオグラフィーとは，個人を一定の社会的アイデンティティにつなぎとめておくための潜在的なメディアになっており，その具体的な構成が露見して生活誌の遡及的な書き換えが生じると，それでもって個人の社会的アイデンティティがその根本から大きく揺さぶられる[6]。つまり，信用を失墜させる事情を抱えた自己は，自己に与えられた隙間を利用しては情報を操作するのだが，こうして管理されたパーソナル・アイデンティティがいまある自分を潜在的に保護し，自己に情報を操作する隙間を確保しているのである。ただし，この生活誌ないしパーソナル・アイデンティティとは，不都合な事情が露見し

[5] 他方，相手が自分がそう思っているような人間ではなかったということになれば，しばしば「欺かれた」方も，自己が破綻し，その生活誌も遡及的に書き直されるということになりかねないから，話を大事にせずにどうおさめるかどうかということもしばしば問題になってくる。この問題はゴフマンの最初期の論文［goffman 1952］で，当事者を冷静にさせる仲裁役（cooler）の役割としてすでに検討されている。これは後に「食い違った役割（discrepant roles）」として取り上げられることになる［PS］。

[6] とすれば，この延長として，かけがえのない誰かに向けて「自己を物語ること」が自分のアイデンティティを付け替えるためのメディアとなることは見やすいであろう。詳細は5節を参照。

かねないときにはじめて遡及的にふりかえられるようなものなのだ。

## 4　生活誌の書き換えと社会的アイデンティティ

ここまでの議論のなかで，ゴフマンの自己が，２つの自己とそれを支える人物という３つの項で組み立てられていることを確認してきた。２つの自己とは，「イメージとしての自己」（体面，体裁・キャラクター，社会的アイデンティティ，役割），関与したり当惑したりする「心理生物学的」な自己（プレイヤー，パフォーマー，エゴ・アイデンティティ）であり，この２つの循環で処理しきれない難題が発生しかねないときに参照され，個人の社会的アイデンティティをつけかえるのがアイデンティティ・ペグとして生活誌を束ねる“人物”（ないしはパーソナル・アイデンティティ）だということになる[7]。

次に，本節では主として『スティグマ』，次節では主として『アサイラム』に依拠し，『日常生活での自己呈示』の議論も視野に入れつつ，さらに立ち入って自己の成り立ちについて考えてみることにしたい。

ノーマルとスティグマにしても，全面的収容施設の職員と被収容者にしても，この２つの層のあいだを移動することはほとんど考えられないことであり，双方の社会的距離はきわめて大きく，それがフォーマルないしはインフォーマルに定められているのがふつうである。そのため，接触する機会やそのやり方が制限されているばかりか，互い

[７] ゴフマンは，『スティグマ』で，E. H. エリクソンを引き合いにしながら，エゴ・アイデンティティという３つ目のアイデンティティについても語っているが，「エゴ・アイデンティティ」とは，自分がおかれた状況についての主観的な感覚（両義性等）や多様な社会的な経験の結果獲得した連続性やキャラクターを指しており［ST: 106=180］，ゴフマンの議論の理論的構造を取り出すという観点からすれば，前節で，プレイヤーやパフォーマーと呼んでいたものに相当すると考えてよい。

のあいだで流通する情報すら大きく規制されており，互いについての自己イメージはそれぞれの内集団でのやりとりで広がっていくことになり，それが，それぞれが互いを紋切り型でもって悪意的に捉える傾向を助長させている［Ellias 1994］。つまり，「互いに公式に接触するところがあっても互いに滲透しあうことはほとんどないまま，２つの異なる社会的文化的世界が発展しているのである」［AS: 8=9］。

われわれは，すでに一定の状況で自己を維持していくには自己には隙間がなければならないことを確認してきたが，ノーマルや施設の職員とスティグマや被収容者とのあいだでは，この隙間が非対称的に配分されており，職員やノーマルは，こともなげに状況を先回りしては社会的距離を操作し，その立場を強くする。

ノーマルは，適切な距離をおいて他人とつきあうことのできる「より広い社会（the wider society）」の住人として，スティグマとふつうにつきあってやることもできるし，そうしないでおくこともできる。職員は勤務時間以外は施設の外側の社会に戻って私生活を営んだり，遊んだりすることができる。他方，スティグマは日常的なやりとりのなかで互いに帰属される期待に致命的な食い違いをもたらしかねない存在であり，精神障害者は他人と居合わせる状況で適切に行動できない者であり（「状況に結びついている不作法（situational improprieties）」），いずれも自らの立場に安住することができない。

こうした物言いからもすでにわかるように，何が適切で，何が不適切かを決めるのはノーマルや職員の側であり，「精神障害者」や「スティグマ」をそのような存在として扱ってよいのも，彼（女）らが状況に適切に対処する能力や資質の点で問題があるとされるからであり，またそのような処遇が人物をそのような存在にする。

こうして状況を定義する能力がノーマルや職員の側に一方的に配分されていることから，それぞれがそれぞれの置かれた状況について異なる見方や世界観を発展させていく余白が生まれてくる一方で，被収容者やスティグマは職員やノーマルの世界観をも受け容れなければならなくなる。スティグマはノーマルがスティグマをどう見ているかを知らなければならないし，いやでもそうした視点をあわせ持たざるをえない［AS: 8=9-10］。

被収容者を被収容者として，スティグマをスティグマとして自らに受容させていく過程は，それまであった自己を瀕死の状態に追い込み，再編成していく過程であり，ゴフマンはその過程を「賞罰・病歴（moral career）」と呼んでいる。

本人がスティグマに気づいたり，周囲にスティグマを暴露されたり，あるいは，精神障害者として全面的収容施設に収容されるにいたる「賞罰・出自・病歴」は，一種の役割剥奪として，それに見合った事件が過去の自分にあったと気づかされていく過程でもあり，遡及的に当の人物の経歴が書き換えられ，別の世界に追いやられてしまう。一方，こうした「賞罰・出自・病歴」を明らかにしていくことで，周囲の人物たちにしてみれば，個人をスティグマや精神障害者として，それまでとは違った扱いをする説明（accounts）を用意していくことになる[8]。

一定の「賞罰・出自・病歴」を経てきたスティグマや被収容者は，もう元の自分ではいられない（not to be）。ゴフマンによれば，もはやまぎれもないスティグマとなってしまった個人が仮にノーマルからそのままふつう（to be）に受け容れられたとしても，それは額面通りに受け取ることができる類のものではない。それは条件付きの受容なのであり，「うまい順応（good adjustment）」に求められるのは，スティグマが自分はノーマルと本質的に同じだということを進んでしかも無意識のうちに受け容れながら，にもかかわらず，ノーマルがスティグマを自分たちと同じように受容してみせるのが難しい状況では自発的に身を引くというものである」［ST: 121=202-3］。

［8］このとき身近な人間は両義性を抱えた一種の「食い違った役割」を引き受けることになる。近親者，同類や訳知り，下級職員といった間に立つ人々は，スティグマや精神障害者を「売る」立場にいられる一方で，助力を与える立場にもあるし，場合によってはとばっちりを受ける立場にもある［ST: 96=163］。

ゴフマンは，これを「幻想のまともさ（phantom normalcy）」を基礎にした「幻想の受け容れ（phantom acceptance）」と呼び，それがノーマルによるスティグマの受け容れを最大化すると述べている［ST: 121=204］。もし，スティグマが自分の受けた仕打ちの不公正さや苦しみを語れば，それは間接的にノーマルを非難することになりかねない。ノーマルに不都合な場面にいあわせれば，ノーマルのあまりの気の利かなさや不寛容さを露わにしたり，ノーマルがスティグマに汚染されてしまうことになりかねない。つまり，ノーマルとスティグマのあいだでは，スティグマが状況を先回りして，ノーマルの体面を支えなければならないが，ノーマルにはスティグマの体面を支えてやる必要などない。逆説的ではあるが，ここではスティグマはスティグマを受け容れるかぎりにおいてノーマルから「責任能力ある」人物として扱われる余地を手にするのである。

このように，個人をスティグマ化するのはなんらかの属性であるが，スティグマ化した個人は常にその属性から見られてしまうことになる。そもそも，個人をスティグマ化する属性はしばしば身体と繋がりがあり，それ自体がアイデンティティ・ペグのひとつになるようなものであることが多い。だから，スティグマがスティグマから距離をとろうとすれば，生活誌をはじめとするパーソナル・アイデンティティを操作するしかなくなる。うまく操作できたときに，個人に隙間が生まれ「体面」を保つことができる。

他方，スティグマがスティグマとして他の個人とかかわらざるをえなくなってしまうと，属性からしか見られることのないスティグマは自分が何を感じたところでスティグマのままであり，自己に隙間が生まれることはなく，ノーマルがその余地を与えたときにだけ，ノーマルと同じようにふるまうことができる。一方，ノーマルの方はスティグマの態度に応じて態度を変えるだけの隙間を保持している。つまり，ノーマルに選択の余地はあっても，スティグマには選択の余地がない。

だから，スティグマは，自分自身のことをどう考えればよくわからないまま，不遇の念や感情を露わにすることなく（ジンメルの社交論のネガとも言える）いつでも引き下がる構えを保ちつつ，受け容れられている「かのように」ふるまわざるをえなくなるのである[9]。

そして，「この違いそのものは，もちろん，社会に由来するものである。というのも，こうした違いは，そこまで問題になる前に，たいていより広い社会全体として集合的に概念化されているに違いないからである」[ST: 123=207][10]。

## 5　施設や組織への順応と役割距離

スティグマのパーソナル・アイデンティティを問題にすることでその隠された属性が暴かれていくように，全面的収容施設（total institutions）の被収容者も入所にあたって社会的アイデンティティを飛び越えてそのパーソナル・アイデンティティが問題にされる。そもそも，外側の社会から遮断され，全面的収容施設に収容されるということ自体が被収容者から社会的アイデンティティを剥奪することになるし（「役割剥奪」），職員からはいわゆる施設（institutions）の設置目的に合致した人物として自動的に同定されることになる（「自動的同定（automatic identification）」）。

また，入所にあたってなされる「生活誌の聴取，写真撮影，体重測定，指紋採取，番号付与，身体検査，所持品申告，脱衣，入浴，消毒，丸刈り，制服貸与，規則説明，部屋の割当」といった手続きや服従テ

[9] ゴフマンはこの点でエリクソンのいう「アイデンティティ拡散」に相当する事態を想定しているように思われる。「こうした規範の維持に失敗するか，成功するかは，個人の心理的な統合（psychological integrity）にきわめて直接的な影響をもたらす」[ST: 128=215]。全面的収容施設の被収容者についても同じようなことがいえる。「この特殊な種類の制度的取り決めは，自己を構成する程には自己を支えてはくれないのである」[AS: 168=169]。

[10] 後にゴフマンはこれを「制度的再帰性」と呼んでいる［Goffman 1979]。

ストは，個人が「体裁（front）」を保つアイデンティティ装備を剥奪し（personal defacement），そのパーソナル・アイデンティティを剥き出しにしては，個人のそれまでの社会的アイデンティティを台無しにする［ST: 57=102-3］。

のみならず，施設の被収容者は自己の尊厳を否定するような状況に対してふだんのように距離をおくことが許されない。ゴフマンはこれを「がんじがらめにすること（looping）」と呼んでいる[11]。たとえば，被収容者は屈辱的な「表敬様式（forced deference pattern of total institutions）」を強要されるが，その表敬様式を教え込むのも職員である。そして，屈辱的な仕打ちに対して憤懣をもらすような態度を示せば，そのこと自体があげつらわれ，罰せられる。また，全面的収容施設の生活領域は分離されていないので，「職員は，ある局面での被収容者の言動をつきつけて，ほかの文脈での言動を吟味したりいいがかりをつけたりする」［AS: 37=38］。さらには，市民社会においては他人にいちいち断るまでもなくやってきた些細なことに至るまで職員から許可を得ることが義務づけられる[12]。

そのうえ，被収容者はしばしば規制された活動を一斉におこなうように義務づけられるし（「画一化（regimentation）」），この「階梯（echolon）」のような権威体系のもとでは，職員は誰であれ被収容者の誰にでも規律を遵守させる権限をもつことになり，ますますサンクションの蓋然性が高まる（「暴政化（tyrannization）」）。「被収容者に要求され

［11］サドナウ［Sudnow 1967］によれば，死体安置室の係員は「役割にはめられている」［54=94］。遺族も当面遺族という立場から距離を置くことができない一方で，ふつうに事務的な手続きを取ることが求められる［174=299］。サドナウは死亡告知のような「会話（talk）」がこの2つをつなぐ役割を果たすと指摘しているが［142=241］，このとき故人やその遺族との生活誌が話題になっていくと思われる。

［12］花輪和一『刑務所の中』を参照。逆に，そうした些細なことにいたるまで他人に頼らなければならない状態におかれたときにもよく似た問題が生じて来るように思われる。

る尊厳を無視した口のきき方や行動に対応するのは，他人が個人に与える尊厳を無視した取り扱いである」［AS: 22-3=24］。

このように全面的収容施設のなかで尊厳を無視して取り扱われる個人は尊厳を否定され，自己は瀕死（mortified）の状態に置かれてしまう。「全面的収容施設が頓挫させ台無ししてしまう活動とは，まさに，市民社会では」，「個人が一個の人物として活動する「大人の」自己決定，自律，自由をそなえているということ」を証立ててくれるようなものなのである［AS: 43=47］。

こうした生活誌の書き換えに遭遇して，スティグマ［St: 38-9=71］や精神障害者［AS: 67=69］たちは，「零落」するまでの自らの境遇の変化を弁解気味に仲間うちに語ることがある。それは「あれさえなければ，…」，「自分があの頃と変わりがなければ，こうはなっていない」式の「反事実的条件法」として，逃れられない現在の自分の境遇から情緒的には距離をおこうとする一方で，自分がおかれている状況と折り合いをつける姿を示しているように思われる[13]。

しかし，職員はこうした患者の自己物語を否定してかかる。というのも，患者は自分の物語にことよせて自らの要求を合理化してくることがあるので，職員は，自分たちの方が患者自身よりも患者のことを知っており，患者が実際には自分が主張するような存在ではなく，人物（人格）になりそこねているということを分からせることができれば，保護監督上も精神医学上も，患者から効果的に協力をとりつけることができるからである。いわば患者の自己物語をめぐってヘゲモニー争いが繰り広げられることになるわけだ[14]。

このとき，ものを言うのが賞罰・出自・病歴であり，患者の診療記

[13]［AS: 151=159］以降も参照。思いもかけない不幸なことに遭遇したり，自分が老いていくのを自覚せざるをえない過程で，それを弁解するかのように身の上話を語り始めたくなるのはよくあることで，これはスティグマや施設の被収容者だけにかぎったことではない。

録や会議で流れた情報が職員のあいだで有効に活用される[15]。「一般に，精神病院では，体系的に，患者が隠そうとするであろう類の情報を一人一人について流布させる。しかも，この手の情報は，詳細さの程度こそ違え，患者の要求を台無しにするために日々用いられている」[AS: 161-2=169]。

そうすると患者は物語を再構築せざるを得なくなり，そうするとまた，職員は患者の物語を否定してかかる。しかも，病棟システムには，社会階層に匹敵するような待遇の異なる位階があって社会移動も激しい。そんななかで，患者が自分はすでに患者になっているのだから病院版の物語を受け容れても何の変わりもないのだと降格を受け容れられるようになって，ようやく職員に要求もできるようになるのである。つまりは，賞罰・出自・病歴とは患者の自己を施設に埋め込むためのメディアであり，その場所が定まるまで患者の物語が個人と社会組織のあいだを行ったり来たりするわけである。

こうした過程と並行して，施設被収容者は「特権体系（privilege system）」とでも呼ぶべきものを教え込まれサンクションを受けることで，人物を再編成していくことになる［AS: 49=52］。ところで，職員と被収容者を分離し，被収容者にこのような特権体系を与えていくことは全面的収容施設に特有の運営上の問題と結びついている。

精神病院にせよ，強制収容施設にせよ，全面的収容施設はなんらか

---

[14] ここから，誰かの物語を聞いてしまうこと自体が相手から物語へのコミットメントを取り付ける契機となりうることがうかがわれる。この点については，Goodwin［1990］も参照。

[15]「だから，一般に，記録されたアイデンティティが加わったバイオグラフィーは，個人が自己呈示する選び方にはっきりとした制約を加えることができる」［ST: 61=108］。しかも，「理解しにくいことではあるが，パーソナル・アイデンティティは，単にそれもある種の資質にあたるからということで社会組織のなかで構造化され，ルーティン，標準的役割としてはたらく」［ST: 57=102］。この記録されたパーソナル・アイデンティティが持つ意味は施設だけにかぎられない。とりわけ，監視社会化が進行している現代にあってはこの問題はとても大きい。

の目標のもとに建設されるわけだが，施設が動き始めれば，目標の実現とはべつに施設の管理運営上の問題（people-work）が生じることになる。これは多様な精神障害を抱えているはずの被収容者を画一的に取り扱うことからもよくわかる。そして，この2つの要請は必ずしも整合的なものにはならない［AS: 74=77］[16]。

施設の効率的な管理運営をすすめていくうえでは，職員にとって被収容者をモノ扱いする方が好都合であるが，その「本来的な」目標という見地からすれば，被収容者は目的それ自体（end itself）として扱われなければならず，また，施設にはそうする「責任」があり，上級職員やより広い社会からの目を気にしなければならない。しかも，関わりをもとうとすれば相手が人間であるということを度外視するのが難しい局面も出てくる。

たとえば，施設では被収容者に労働／作業が課せられる。しかし，施設内部では，外側の社会で可能になるような労働への動機づけ（incentive）がはたらかない［AS: 11=12］。そして「総じて特権体系の成り行きは，しばしば非協力的になる大義名分（cause）のある人から協力をとりつけることにあるのである」［AS: 52=55］。

こうして施設の公式目標は自分たちの言動を正当化するための解釈図式として適用される［AS: 91=96］。たとえば，施設の必要から生じた作業は，社会復帰に役立ち回復を推し量る証拠になる。独房拘禁は「建設的瞑想」といった具合に，特権やサンクションも施設公認の目標を反映する言葉で言い換えられる[17]。

このとき，精神異常者についての医学的解釈や犯罪者をその生育環

---

［16］こうした食い違いは，全体的収容施設でとりわけ目立ってくる問題かもしれないが，多かれ少なかれ，組織というものにつきまとってくる問題でもある［AS: 193=187］。この点の詳細については，Luhmann［1964］，簡単には拙稿［2007］を参照。

［17］G. オーウェルのいう「二重思考」を想起してもよいかもしれない。『1984』あるいは A. ケストラーの自伝を参照。

境から理解しようとする見解を採用すれば，違反者に対する道徳的責任を軽くすることができるが，施設ではこのような決定論を採用することはまずできない。なぜなら，施設の運営上，被収容者に求められる事柄があり，「望ましい言動も望ましくない言動も，人物の意志ないしは収容者個人自身のキャラクターに由来する事柄ないしは，被収容者が自分自身でできるようなこととして定義されなければならないからである」[AS: 87=91]。

こうして職員は，被収容者と接することで，ひとつの人間本性の理論のようなものを発展させることになる。「施設の視点の暗黙の部分として，この理論は活動を合理化し，被収容者との社会的距離を維持する巧妙な手段や被収容者に対する紋切り型の見方を提供し，被収容者に見合った取り扱いを正当化する」[AS: 87=92]。

職員が紋切り型を作って被収容者と距離をおけば，当然，被収容者をより深く知ることは少なくなり，容易に被収容者との社会的距離や紋切り型を再生産していくことができる一方で，このように解釈図式を適用して施設をそれらしく保つ一連の言動は，それだけ日常生活とはかけ離れたものになってしまい，より「演出」された様相を帯びてくることになる[18]。

こうした「演技」は被収容者にも期待される。ここでものをいうのが特権体系である。道徳的に貶められた扱いを受けているうちに，少しはその恩恵にあずかろうと，部分的には職員の見方を受け容れ，少しは謝意や協調性を示しては，職員が自分たちについて想定をたてる権利をいくらか認めるようになるわけだ［Bettelheim. 1960=1975: 171］。ゴフマンはこうした事態を「一次的順応（primary adjustments）」と呼んでいる。

[18] ゴフマンはこうした演技と市民生活との落差があまりに大きいためそれがかなり無理のあるものになることを指摘し，こうした「ドラマ」が中断されるところに生じる儀礼を取り出している［AS: 第一部第三節］。

だが，被収容者に規定された活動があるならば，あわせて規定された活動をしなかったり，規定された活動をもとの目的とはちがう非公式なやり方や目的で実行する可能性も開けてくる[19]。ゴフマンは，これを「二次的順応（secondary adjustments）」と呼んでいる［As: 189=201］。こうした順応から生じる実践（practices）の結果，施設には「裏面生活（underlife）」とでも呼ぶべきものが生まれる。

ゴフマンがフィールドワークをおこなったセントラル病院で一番実践されていたのは，仕事の割当を受けて，その機会を別の目的に利用することであり，さらには，経済的ないしは社交的な交換を通して互いを利用して目的を実現することもおこなわれていた。こうした実践をおこないやすい者は組織内の中間層にもっとも少なく，一次的順応と同様に，様々な責任を抱えている上位の層にもっとも多い［AS: 201-2=212］[20]。また，特定の域内に長時間いる者ほど実行しやすい。

被収容者にはこうした実践にあわせて世界を 3 つに分割する傾向が見られ，「立ち入り禁止／域外（off-limits/out of bounds）空間」や施設の権威や制約が支配する「監視空間（surveillance space）」に加えて，あまり職員から規制を受けない舞台裏として「解放空間（free space）」，さらには集団占有領域，個人占有領域があり，そこで実践がおこなわれていた。しかも，患者が特権を増やして病棟システムを上昇するにつれてそうした空間への出入りが容易になっていた。

こうした二次的順応の存在から，被収容者がなんらかのコードや非公式の社会統制の手段を発展させ，被収容者を類型化して，職員への

［19］もっとも職員がこの二次的な順応を被収容者の理解や社会統制に利用することもできる［AS: 196=207］および［AS: 299=295］。この点については，Wieder［1974］も参照。

［20］同じことは「役割距離」においても『スティグマ』においても指摘されている［ST: 141=238］。また，いかなる施設でも最上位の役割と最底辺の役割がより広いコミュニティの基準に滲透されやすいという。第一論文注199を参照［AS: 122=412］。『日常生活での自己呈示』での「再調整」の議論も参照［PS: 195=228］。

内通者が出ないようにしたり，ひいては職員をも巻き込もうとしたりする理由があることがわかる［AS: 55=58］。そこには仲間意識を生み出す過程（fraternization process）があり，そこから職員の世界とは距離をおいた被収容者たちの独立した世界が開けてくることになる。そうはいっても，その統制は弱く，広範な協力関係があったわけでもない。被収容者のなかにもランク付けがあり，自分たちを他の被収容者と同じような存在として認めることは難しかったのだ［Bettelheim 1960=1975: 244］。

ここで施設に相関して生じる二次的順応と呼ばれる事態は，施設内部に限定されているとはいえ，情報を操作してパーソナル・アイデンティティを時間的・空間的に分割する試みの一種と考えることができるし，ひいては後にゴフマンが状況に埋め込まれたシステムに結びつけて取り出した「役割距離」と機能を同じくするものである。その実践は病棟システムないしは一次的順応からの逸脱ではあるが，それは被収容者たちが病棟の余白に新しく作りだした意味世界と結びついており，二次的順応から生じる実践とはそうした被収容者たちによる被収容者たちの世界への積極的な関与なのである。

しかし，それはあくまでも施設の取り決めに一次的に順応した上で作りだされた二次的順応なのであり，なんらかの形での施設へのコミットメント，施設の人物になることからは切り離せない［Bettelheim: 1960=1975: 186-9］。「それゆえ，組織の裏面生活の定着し確立した部分は，撹乱的なものではなく，主として封じ込められたものになりがちである」［AS: 200=210］。

最初に確認しておいたように，ゴフマンは，『アサイラム』のなかで，『相互行為儀礼』と同じやり方を拡張して，それがたとえ極端なものであるとしても，患者や職員の人となりが施設の取り決めや社会統制からも生まれてくることを確認している［AS: 111=116］。つまり，自己は，相互行為状況のみならず，組織や施設から派生する自己に適用可能な規範とも結びついているのである。

しかし，『アサイラム』や「役割距離」で確認されているのはそれだけではない。そこでは「より広い社会」と相関して自己に生じてくる隙間により積極的な価値が与えられている。自己は多元的であり，与えられた以外の役割にも関与していけるのであり，むしろそうした隙間にこそ自己は宿る［Bettelheim 1960＝1975: 167］。「所属するものが何もなければ，安定した自己もない，しかしいかなる社会的単位に対してであろうとも全面的なコミットメントと愛着は一種の自己喪失を含み持つ。なんらかの人物であるという我々の感覚はより広い社会単位から引き出されてくるものである。だが，自己であるという我々の感覚は，われわれがそうした引力に抵抗する時のちょっとしたやり方から生じてくるようなものなのである。われわれの地位は世界の堅固な建築物を背景としているが，パーソナル・アイデンティティという我々の感覚はしばしば，そのひび割れに棲まっているのである」［AS: 320=317］。

## 6　個人が人格（人物）であることと役割距離

最後に，ここまで論じてきたことがらの基本的な枠組みをあらためて確認し，あわせて，そうした議論と相互行為のつながりを確認しておくことにしよう。

まず，最初に確認した 2 つの自己の循環関係であるが，「イメージとしての自己」は一定の期待のもとに見られており，居合わせた者から期待通り／期待はずれいずれかの評価を受けるし，こうして再帰的に「イメージとしての自己」に適用される規範的区別をもとに次の選択の可能性が開かれる。こうした，さらなる選択の余地の在処（隙間）を示すのが「プレイヤーとしての自己」にほかならない。つまりは，「プレイヤーとしての自己」は「イメージとしての自己」の変換装置なのである。

こうして，「プレイヤーとしての自己」という変換装置を介在させることで，状況が動き相手とのかかわりも変化する。G. ベイトソンの言い方にならえば，自己とは他者と共同して作りあげる状況を互いに修正し合っていく社会化（「学習」）状況の中にある。そして，こうした自己の循環関係は，G. H. ミードが me と I と呼んだ自己を，状況に埋め込み，他者との交わりの下においたものと評価することもできよう。

他方，こうした自己の循環が回っていくためには，個人が自由と尊厳をもった人格（人物）として扱われることが必要不可欠であった。誰であれ，そのつどのやりとりにおさまりきれないような自己の信用を失墜させる事情があり，こうした変換装置を介した循環関係が首尾よく作動しなくなりかければ，パーソナル・アイデンティティ（「一体オマエは何者か」）が問題になりえ，また，個人の生活誌をめぐる情報を操作する必要も生じる。さらに，情報が暴かれてしまえば，個人は格下げを受けそれに見合った「イメージとしての自己」以外の何者でもなくなる。つまり，自己の循環関係を作動させ，自己を一定のイメージのもとにつなぎとめておく距離を確保しておくためには生活誌としてパーソナル・アイデンティティを管理できる必要がある。つまりは，個人は人格（人物）として扱われる必要があるのだ。

ゴフマンの自己論の特徴は，こうした人格の水準にまで降り立って，自己の成り立ちを論じたことにあり，社会学における自己論のひとつの到達点を示すものになっていると言ってよい。たとえば，ニクラス・ルーマンは『制度としての基本権』第 4 章でゴフマンのこうした自己論をベースに議論を展開している。

しかも，いったん，信用が失墜して，それまでのような自分でいられなくなったとしても，限界があるとはいえ，自分の生活空間を分割するなどして隙間をつくり出し，別の自己としてやりなおすこともできた。そして，このとき，ゴフマンは自己が自己であるための条件として言及しているのが，自己になすべきこととして公式に定められたこととは別様のことをする余地があるという，後の「役割距離」に相当する発想であった。いわば，役割距離をとることができることが「イメージとしての自己」を変換する技法になっており，状況の展開に応じて自己が自己でいられる条件にもなっているのである［Bettelheim 1960＝1975: 167］。

ただし，このときのゴフマンは，最初に指摘しておいたように，必ずしも相互行為や個人が一定の状況のもとに置かれていることに準拠していない。むしろ，空間の分割をめぐる議論がよく示しているように，多元的な状況を組み込んだ「より広い社会」に個人がコミットしていることに重きが置かれる［RD: 128=163］[21]。

というのも，なんらかの意味での「より広い社会」の存在がこうした距離をつくりだしてくれるからである。「より広い社会」があれば，施設や組織の社会統制にもとづいた活動から逸脱した活動を発達させていく余地があるし，社会統制にもとづいた活動から逸脱した相互行為を展開する余地もある。個人は，より広い世界を参照しながら，当面の活動とおりあいをどうつける裁量できるからこそ，自己の役割から距離をとることができるし，そうしたより広い社会に相当するものを見いだせなければまがりなりにも自分でいることができない。役割から距離をとれることと「より広い社会」を参照できることは分かちがたく結びついているのであり，個人はたとえ格下げされても自分が一個の人格である余地を見出すことができるのである。

＊　なお，ゴフマンの引用については便宜的に訳文の対応箇所を示してあるが，すべて原文から訳出しており，訳語等もかなり違ったものとなっている。

---

［21］ただし，こうした拡張は下手をすると記述対象の準拠先を複数化することになりかねない。こうなると固有の時間のもとで進行していく相互行為状況は，必ずしも主題的に取り扱われるべき準拠点にはならず，他の状況と外在的に結びつけて理解できるようなものになりかねない。ゴフマンの議論が必ずしも相互行為論的でなくなる分岐点は，おそらくはこのような準拠点の変更が無自覚になされてしまうところにあると思われる。そして，私見によれば，こうした発想を突き詰めたところに位置する著作が『フレーム分析』である。

第4章

# 「他者の性別がわかる」という，もうひとつの相互行為秩序

## ――FtX の生きづらさに焦点を当てて

鶴田幸恵

## 1　はじめに

本稿の目的は，他者の「性別を見る」という活動が，相互行為的な秩序であることを示すことであり，それを示すさいにゴフマンの概念がどのように使えるのか・使えないのかを検討することである。それは，ゴフマンの「焦点の定まっていない相互行為」という考えに対して，相互行為秩序の研究という観点から，意義があると思われるひとつの解釈を提示することである。それはまた，通常の相互行為を可能にする基盤となるような，もうひとつの水準の相互行為秩序に照準する，ということでもある。

私たちは，つうじょう，見る・見られるという対面的相互行為にかかわらずにはいられない。いったん外に出たなら，そこには他者からの視線があり，ほんの一瞥かもしれないが見られる存在になる。すれ違う人を見，居合わせる人を見，知り合いであってもなくても会話している人を見る。目の前に知らない人が現われるという状況では，その状況における他者の外見が，その人の属するカテゴリーを判断する際の資源となるが，ゴフマンはそのうち「年齢階層」，性別，人種，階層というカテゴリーが，同定されるものとして決定的だとしている［Goffman 1983b: 14］。

そのなかで，私は性別に着目したい。私たちが女／男として見たり見られたりしていることは，これまでの社会学的研究では，あまりに

も検討されてこなかった。これまでおもに検討されてきたのは，私たちが女／男として振る舞っているか否かである。

例えば，サックスが述べているのは，人のカテゴリー化には組織だった方法（やりかたの知識）があって，それは記述可能だということだった。その方法は，ときには行為の理解可能性を支えるものとなるし（ex.「誰も頼れる人がいない」[1]），ときには光景の理解可能性を支えるものとなる（「赤ちゃんが泣いた」[2]）。性別カテゴリーの研究は，サックスにのっとり，そのつどの相互行為との関連性に即しておこなわれるべきだ，と言われてきた。しかし他方で，場面と関係なく人はつねに男か女だ，という直観も私たちには確かにある。だから，「性別カテゴリーは，さまざまなカテゴリーのなかでも特別なのだ」とも言われてきた。しかし，そのつどの相互行為との関連性に即して行わ

[1] サックスは，自殺防止センターにかかってくる相談の電話を分析した。その際に着目したのが「誰も頼れる人がいないんです」という言葉である。この言葉を理解するためには，「二人の人間がどのような関係にあるか」を理解するカテゴリーが必要である。二人関係を理解するカテゴリーは，悩みを訴えるのにふさわしい二人関係（「親子」など）と，そうではない二人関係（「他人どうし」など）に分けられる。また相談してもよい二人関係のなかには，関係の強さの序列があり，本来，強い関係にある配偶者，続いて友達などに相談すべきであるのに，他人である相談員に相談しているという点において，「誰も頼れる人がいないんです」という発話が理解可能になっていることをサックスは示した［Sacks 1972a］［小宮 2007］も参照のこと。

[2] サックスは，2 歳の女の子が言ったという「赤ちゃんが泣いたの。ママが抱っこしたの」という言葉を聞いたとき，私たちが文字通りには言われていないことをわかってしまう仕組みを指摘している。それは，「赤ちゃんが泣いたから，その赤ちゃんのママが抱っこした」という出来事の報告になっているということである［Sacks 1972b］。そこでは，カテゴリーに規範的に結びついた活動（すなわち，その結びつきが行為や出来事の理解にとって前提となっていること）についての説明がなされている［小宮 2007］。そこでサックスは「あるメンバーが，カテゴリーに結びついた活動をしているのを見る場合に，その活動を，当の活動が結びついているカテゴリーのメンバーによってなされていると見ることができるなら，そのように見よ」という「見る人の格率（viewer's maxim)」について述べている［Sacks 1972b: 338］。

れている研究も，性別カテゴリーは特別だと主張する研究も，「人が男か女であるとわかる」という秩序の，独特の側面に上手く照準できていない。それは，単にそのつどの相互行為に関わっているのではなくて，それが成立していなければそもそもそのつどの相互行為に入っていけないような背景的な秩序であり，かつそうであるがゆえに主題化されずに維持されなければならないような秩序である。

以上のことを，本稿では，フィールドワークで得たFtXへのインタビュー・データ，またFtMへのFtXという存在に関連するインタビュー・データを用いて示していく。まずは，人を女／男だと見るということに関する社会学的研究の整理から始めよう。

## 2　Passing から Doing Gender へ<br>——相互行為における性別に関する研究

### 2-1　Passing の議論から Doing Gender への転換について

Doing Gender は，人が性別という属性を持つことを，「社会成員自身にとっての行為の遂行によって作り上げられる秩序」として捉え返すための言い回しである。人が性別を持つこと自体は，生まれたときから何か特別なことをしなくてもそうであると，通常は考えられている。しかし，そうではなく，「女／男であること」を，私たち個々人が不断に「行なうこと」によって，成立していることだと捉えるのが，Doing Gender という言い回しの基本的な考え方である。

この考え方は，現在で言えば男から女へのトランスセクシュアルである「アグネス」という人物が，身体的な性別が男であることをいかに隠し，女としてパッシングしているのかを記述したエスノメソドロジーの創始者であるハロルド・ガーフィンケルの「アグネス」論文にさかのぼる。アグネスが女としてパッシングすることができていたのは，巧妙に女であることを成し遂げ続けていたからだというのが，ガーフィンケルの記述したことであった［Garfinkel 1967］。

それに対し，ロジャース［Rogers 1992a］は，アグネスの調査に関わったガーフィンケルのような調査者もまた，アグネスの女としてのパッシングに荷担しており，パッシングはアグネスと調査者たちとの共同作業により達成されていると，フェミニストの立場から批判を行った。それを，ジンマーマン［Zimmerman 1992］が，協同でパッシングしているというよりは，皆が関わっていたのは「自分の性別であることをすること」(Doing Gender) だったのだと捉え返した。なぜなら，エスノメソドロジーが目指すべきなのは，Sex や Gender といった現象が，いかにリアルなものだとされ，自然な出来事にされているかと問うことなのだから，と[3]。それらの研究は，ウエスト＆ジンマーマン［West & Zimmerman 1991］や，フェンスターメーカー＆ウエスト［Fenstermaker & West 2002］，さらにスピア［Speer 2005］に引き継がれていった。こういった研究は，エスノメソドロジー研究のなかでも，特にフェミニズムの立場で行なわれている研究に影響を与えている。つまり，性差別に関する「権力」に関する研究である。

以上が，パッシング研究から，冒頭で述べた Doing Gender 研究への移行である。現在では，私たちがいかに「女／男である」と他者から認識され，対面的相互行為において「女／男として」取り扱われているのかを，会話をデータとして丁寧に記述していこうという方針の下，研究が蓄積されてきている。

また，以上のような系譜の研究では，人が性別を持つことが社会的であるとフェミニズムが言ってきたことの，その「社会性」の意味が問い直されようとしている。その問い直しが，社会的性差の原因を追及することではなく，性差があるとされることの規範性の記述に向けられているというのが重要な点である。もちろん，本稿もそれに志向している。しかし，「性別がわかる」ことを「権力」や「平等」の問題からは，とりあえずは距離をおいて考えているところが，本稿の特

［3］さらにそれに対する反論のなかで，ロジャース［Rogers 1992b］は，ガーフィンケルがアグネスの外見に注目していないことを指摘していた。

徴である。なぜなら，「他者の性別がわかる」という誰だれしもが行っていることを，まずは「権力」や「平等」の問題を考える下地として，記述するためである。

### 2-2 「他者の性別がわかる」ことを「手がかりによる判断」だとすることの陥穽

さて，では，女／男の外見をしていること（またそれを見ること）についての研究は，どのように進められてきたのだろうか。まず，ゴフマンに依拠した研究でも［例えば，渡辺 1981; 坂本 1987］，エスノメソドロジーに依拠した研究［例えば，Kessler & MacKenna 1978; West & Zimmerman 1991］でも，他者の性別がわかることを，その性別らしさの「記号」の組み合わせを総合的に判断した結果であるとしたり，あるいは何らかの「手がかり」を解釈した結果だとしていた。先に挙げたスピアも，2005年の論文までは，女／男の「手がかり」を解釈することによって，性別判断――他者の性別がわかること――がなされていると論じていた。著者はかつて，これについてクルター［1990］の知見に依拠し，別の見解を述べた。それは，性別判断とは「一瞥による判断」，すなわち女／男だと瞬時に理解可能であるという能力であり，検討をする時間をともなった解釈とは異なるというものである［鶴田 2009］。ここを見誤ると，「他者の性別がわかる」ことを，女／男らしいとされる「外見」における手がかりを解釈した結果だという話から，離れることができないのだ。

その後，スピアは，会話分析と批判的談話分析の論争[4]の結果としてのシェグロフの方針に則り，性同一性障害の「治療」において，

［4］相互行為の研究のなかで，性別カテゴリーの影響をどのように評価するかは，これまで何度も論争の焦点になってきた。これは，ジンマーマン＆ウエスト［Zimmerman & West 1975］への，シェグロフ［Schegloff 1982］，リンチ［Lynch 2000］による批判から始まり，また批判的談話分析と会話分析を手法とする人びとの間で交わされたものとして，有名である。

その是非が検討されるカウンセリングの録画の分析により，性別が関連している状況において，女／男であることがどのように達成されるかの研究にシフトし，現在もそれを続けている［Speer & Parsons 2006, 2007; Speer & Green 2007; Speer 2009, 2010a, 2010b, 2011］。しかし本稿は，性別が関連していないと思われる場においても，人が女か男であるということが，どのように相互行為と関連しているかの分析を行う。

注意が必要であるのは，私は実際の相互行為を見ているわけではなく，相互行為がどのようであったかというインタビューでなされた説明（account）を分析していることである。見たり見られたりする相互行為において性別が場面とどのように関連しているかを，データとして入手するのは困難である。そこで，女であることも，そうではないことも，あるいは男であることも知っている人たちに，つまり，そもそも性別とはどのようなものであるかを言語化できるまれな人びとに説明を聞くことによって，実際の相互行為に接近しようとしている。これは本稿の限界であり，性別がわかることが「相互行為的な達成」であるというような言い方は，若干強い主張であることを認めておこう。

では，分析のために利用可能だと思われるゴフマンの研究の話に進んでいく。

## 3　情報伝達と秩序に関するゴフマンの議論

### 3-1　情報伝達が，どのように秩序の話になるか

ゴフマンが『集まりの構造』で考察の対象とするのは，「社会秩序」であり，その際に焦点化するのは，対面的あるいは直接的相互行為である。それは同時に集まりという 2 人あるいはそれ以上の人びとが居合わせるすべての場のことである［BP: 8-9＝9-11］。それと同時に，そのような 2 人以上の人びとがいて，視界の相互性がある環境全

体——すなわち状況［BP: 18＝20］——である。その場とは，精神あるいは雰囲気に合うように，出過ぎてもいけないし，場違いであってもならないし，時に，自分あるいは他人がそうでないことを知っていても，状況に適合しているかのように振る舞わなければならない場である［BP: 11＝13］。

ゴフマンはそのような対面的相互行為における身体的情報に焦点化し，その２つの特徴として情報の流れの豊富さとフィードバックの促進を挙げる。発し手と受け手が交代するわけでもなく，私たちは，同時に体からメッセージを発する。そこでは，視覚が重要な役割を果たし，私は，私が相手を見ていることを相手に見られているということを見る［BP: 14-17＝16-19］。

そのような対面的相互行為における承認された行為のうちあるものは，まったく意識されずにスルーされ，出来事として感じ取られない。［BP: 6＝7］。ここでゴフマンの挙げる例は，靴とソックスの適切な組み合わせ方である。また，状況の一員として状況に参加していることを明白に示す手段のひとつは，自分の外観——それは服装，化粧，髪型，身につけているものである——を状況に合うように整えることであるという［BP: 25-28］。

ゴフマンは，男性の場合と女性の場合を挙げているが，しかし，男性が男性に見えるように，女性が女性に見えるように外見を整えているとは，考えない。つまり，ゴフマンは女／男それ自体に見えるようにすることを，行為として考えていない。

かつて私は，ゴフマンもガーフィンケルも，パッシングの議論において，人が「女／男であること」について考える際に，女が女の，男が男の外見を持つことを所与だとしていると示した［鶴田 2009］。私がその際に指摘したのは，女か男かと疑われるような外見をしていること，すなわちはっきりと女／男だと見られないことは，トランスジェンダー・性同一性障害の人びとにとってはパッシングの失敗であることであった。ゴフマンやガーフィンケルは注目していないが，

「人が女か男に見えること」もトランスジェンダーにとっては「し続けている」ということであり，私たち皆がしていることではないのか。バトラーが Sex もまた Gender であると言ったように，女／男にしか見えない外見であることもまた達成されているものであるというのが，私の分析から主張したことの含意である。

この意味において，ゴフマンの情報伝達に関する議論は，身体から発する情報をコントロールすることで，相互行為秩序が形成されることを示している。あるいは，情報をコントロールしきれないことによって起こる相互行為秩序の破綻によって，まさに情報伝達が相互行為秩序の基盤となっていることを示していると言える。

### 3-2 焦点の定まった／定まらない相互行為

ところで，ゴフマンが『集まりの構造』で取り上げるのは，ふたつの対面的相互行為についてである [BP: 24＝27]。そのふたつとは，「焦点の定まっていない相互行為（unfocused interaction）」と「焦点の定まった相互行為（focused interaction）」である。

前者は，「ちょっとした間であっても視野に入った人を見ることによって，その人の情報を集めるコミュニケーションの一種であり，つかの間であっても実際に居合わせることをマネジメントするために行われる」もの [BP: 24＝27] である。後者は，「人びとが近接している場合の，典型的には会話における順番交替によって，注意をひとつの焦点に維持しようと協同する際に起こる相互行為」[BP: 24＝27] だとされる。

この区別は，これまでの研究では見過ごされてきた，雑踏などにおける人びとの見る／見られるというような相互行為を焦点化するものとして評価されてきた。そのため，ふたつの概念は，別々の場面を分析するために使われることが多かったように思う。しかし，その説明を見るとわかるように，「焦点の定まった相互行為」が行われている際には，必ず「焦点の定まらない相互行為」も行われていると捉え直すことができる。例えば私たちは，会話をしながら，会話の相手がどのような人物であるのかをも，観察し続けている，というように。私たちは，「他者が何者であるかという把握」を，常に「焦点の定まらない相互行為」において行っているのである。

ゴフマン自身も，「個人は，状況にただ存在するだけでも，自分についての一定の情報を伝達していることは前に述べた。同じように，他人が自分を見るか見ないかは別にして，個人は出会いに参加することによっても，自分自身についての情報を伝達するのである。つまり，焦点の定まった相互行為に関与することは，焦点の定まらない相互行為にも必然的に関与することになる。そして，状況に居合わせる全ての人に自分に関する何らかの情報を伝達することになるのである」［BP: 103＝109］と述べている。

このように，「焦点の定まらない相互行為」と「焦点の定まった相互行為」の関係については，ゴフマンは一方で前者が後者を導くと言ってもいるが，他方で両者が同時進行的であることも示唆していた。本稿では後者の考えを重視する。なぜなら，相互行為秩序の水準で「性別」という現象について考えるときにそれが有意義だからである。

### 3-3　ふたつの相互行為の区別と「他者の性別を見る」という相互行為秩序

「焦点の定まっていない相互行為」と「焦点の定まった」相互行為が同時進行的であるという考えを適用すると，「人は女か男である」というのは，さまざまな行為や光景を理解するときに，主題化されない背景として進行しているような，「焦点の定まっていない相互行為」水準の秩序であると考えられる。女か男かわからなければ，性別に関する振る舞いの相互行為秩序が成り立たなくなってしまうからである。

ゴフマンの「焦点の定まっていない相互行為」という考えを，それ自体独立した水準の相互行為として解釈することの意義は，通常の相互行為に対する「地」として働いているような秩序があって，しかもその秩序もまた，同時進行している相互行為によって維持されているものだ，という見方を可能にしてくれるところである。通常の相互行為が滞りなく進むためには，「人が女か男であるとわかる」という秩序が必要なのだ。と同時に，その秩序は主題化されてはならない。「相手が女か男か確かめる」という行為が，「地」ではなく「図」であることは，むしろまれな事態である。

したがって，相互行為が滞りなく進むためには，主題化されずに維持されているような独特の水準の秩序が必要であり，「性別がわかる」ことはそうした秩序のひとつであると考える方が妥当である。先に述べたように，従来の研究は，「性別を見る」ことを「手がかりによる判断」に還元してしまうことで，この水準の秩序に照準できていなかった。しかし，ゴフマンの「焦点の定まっていない相互行為」を，「定まった相互行為」と同時進行で行われているものだと考えれば，その水準に照準できる。「他者の性別がわかる」という秩序が，通常の相互行為に対する「地」であるとは，これまでの性別に関する研究を更新する知見である。以上が，鶴田［2009］で示したことであった。

では，その同時進行で行われるということが，どのようなことであるのかをもっと詳細に，以下で再検討しよう。

## 4 女／男に分かれているという外見の秩序からはみ出た存在である FtX の生きがたさ

### 4-1 近年のトランスジェンダー事情とデータの概要

日常的な相互行為を滞りなく遂行するためには，「人は女か男である」ということが疑われていない状態になければならない。それは，トランスジェンダーの当事者にとっても，もちろん同じである。トランスジェンダーとは性を越境する人びとのことであり，FtX とは女性（Female）から女でも男でもない性（X Gender）へと，性を移行する人びとを指す。

FtX というトランスジェンダーの下位カテゴリーは，性同一性障害という概念がメディアなどを通じて日本社会に浸透した後，女性から男性に性別を越境する FtM（Female to Male）である性同一性障害の人とは差異化される形で登場した概念である。FtM は，多くの場合，男としてパッシング可能な外見を目指しているし，パッシングした状態で生活している。FtX は，女性であることを拒否するが，FtM（Female to Male）のように，完全に見た目を男性のようには呈示しようとすることも，しようとしないこともある。ボーイッシュな，あるいは中性的な外見を特徴とする。しかし，FtX は女には見られないことを望む。想像するのは難しいかもしれないが，限りなく外見が男性（あるいは少年）的，というところであろうか。FtX は，F という文字が入っていることから，生物学的女性であることが明らかなので，もとの性別に言及しないように自分のジェンダーをクィアだと名のる人，あるいはボーイッシュな外見であることにアイデンティティを持ち BOI と名のる人びとも登場してきている［戸崎・カイザー 2011］。BOI はもともと，非常にボーイッシュなレズビアンを指す，レズビアンの下位カテゴリーであった。

彼らは，携帯電話のサイトや知り合いの知り合いを通じて，オフ会などを開き集ったりして，私的なつながりのなかで生活している，あるいはミニコミ誌の出版などで自己表現しているという特徴があるように思われる。また，100人規模のオフ会や，BOI の集まるレズビアンイベントなども開催されているが，かつての性同一性障害の権利を訴えていた人たちのような「政治的」な振る舞いは避けているようにも思われる。もちろん世の中には女か男しかいないという考え方に対しては，十分に「政治的」な存在ではあるが。

そのような人びとや，性同一性障害にはアイデンティファイしない，あるいは性同一性障害コミュニティにコミットの薄い FtM が，この論考のもととなったインタビュー調査の中心的存在である。

データの概要は，以下の通り。まず，2007年３月から５月にかけて，

２人の FtX，男性ホルモン投与や乳房切除術などの身体的「治療」をするつもりのない１人の FtM にインタビューを行った。また2010年１月から３月に，生物学的女性から男性に，あるいはそうではないものに，トランスを行おうとしている／行っているさまざまな立ち位置の人びと13人にインタビューを行った。インタビューは，半構造化されたものであり，かかった時間は平均２時間である。なお，2011年11月に，１人については追跡調査を行った。引用する断片は，それらのインタビューを文字起こししたものからの抜粋である。全体的にコミュニティのなかでのつながりが，かつてより薄れているとはいえ，個人が特定できないように，断片で語られている以上の情報は載せていない。あえて述べておくなら，対象者が20代から30代の比較的若い層であるということだろうか。また，FtM か FtX かアイデンティティが揺らいでいる人，あるいは性ホルモン投与や乳房切除などの身体的「治療」をするかどうか，迷っている人も多かった。それについては，はっきりしている人のみ，どのようなアイデンティティであるかを明記している。

## 4-2　女には女に対する男には男に対する振る舞いを返す秩序

まず，「焦点の定まった相互行為」において，性別カテゴリーのもとで行為が行われていることのわかるデータを分析してみよう。以下のデータは，男性として生活している女性から男性へのトランスジェンダー（FtM）である A さんが，FtX と呼ばれる人びとと接するときに困難なことについて述べているものである。

No. 1
01　A：ま，だから，結構みんな飲んでると，
02　T：えー。
03　A：僕は人と人として見てるから別になんでもないんですけど，
04　T：うん。

05　A：友だちは，男として接していいのか，女として接していいの
06　　かわかんないって悩んじゃってた時期もあったんでー。
07　T：あー。
08　A：うん。
09　T：接し方違うんですね。
10　A：うん。どう接したらいいんだろうって，人としてでいいん
11　　じゃないのー？って。（笑）うん。みんな友だちよーとか言っ
12　　て。（笑）うん。
13　T：そう，なんか，これ私がほ，本に書いたことなんですけど，
14　A：はい。
15　T：その，違和感が強いとか，自分は反対だとかいうのもあるけ
16　　れど，人と，接する時に，どっちかじゃないと，すごく，こ
17　　う，やり取りが不安定に，
18　A：うんうんうん。
19　T：なるっていう理由もやっぱり，
20　A：うん。そうですよね。
21　T：そういう理由も，あるよねみたいなことを。私社会学者なんで。
22　A：（笑）
23　T：そういうことを書いてたりするんですけど。確かにＦｔＸっ
24　　てちょっと，
25　A：まぁ謎，ですよね。
26　T：なんて呼んだらいいか，
27　A：うん。名前はなんて呼んだら，くんて呼んだらいいの？ちゃ
28　　んの方がいいの？みたいな。うん。〇〇くんのほうがいい？
29　　〇〇ちゃんのほうがいい？みたいな。ま，そっから入ります
30　　よね。
31　T：えー。
32　A：うーん。
33　T：多分　さん　なんですよ。FtX の友だちに，だれだれはあん
34　　たのことくんて呼んでたよ，
35　　と言うと，あ，気ぃ遣ってくれてんだーって。
36　A：はー。（笑）
37　T：なんか，なかなか大変だなーって思って。（笑）
38　A：へー。ふーん。（笑）

39 T：(笑)
40 A：ですよねー。俺もう呼び捨てにしちゃってましたもん。もう
41 めんどくさいから，いいや呼び捨てでいい？って。(笑)
42 T：(笑)
43 A：一番親近感湧くでしょ？みたいな感じで。(笑) 無理矢理説得
44 しちゃった。(笑)[5]

私（T）はまず，FtX が私自身にとって未知の存在であると述べることで，A さんの FtX に関する知識を引きだそうとしていた。それに対して A さんが披露する FtX の知識は，FtX と接するときに友人たちが感じる，ある種の困惑についてである（01-08）。その困惑とは，FtX とは，女でも男でもないため，女として接していいのか男として接していいのかわからない，というものである。例えば，先取りになるが，「くん」付けで呼ぶべきか，「ちゃん」付けで呼ぶべきか，というようなことである（27-30）。その相手に呼びかける会話の始まりの時点で，つまずくということが述べられているのだ。このことは，女に対してと男に対してとでは話しかけ方が違うということを示している。人は他者を女か男だと判断し，振る舞う仕方を変えているのである。それは，トランスジェンダーであっても，そうではない人と同じ相互行為秩序を生きているのであるから同じである。そのことを，09行目で私が確認し，10-12行目で A さんが確認を与えている。

次に私が，性別を越境する際に，「反対」の性別そのものになる理由として，他者との相互行為が困難になることがあるからだとかつて

[5] データは，録音を文字おこししたものであるが，通常なされるように，読みやすさにしたがって句読点などが打たれているのではない。「,」「。」は，ピッチが下がっていることを表す記号である。また（ ）は，聞き取り不能であり，（ ）内に文字がある場合には，聞き取れたように思われた発話であるが，はっきりとは確定できないものである。(( )) は，著者の註である。なお，データ中の T は私（筆者），その他のアルファベットはインタビュイーを示している。

分析したと述べることで，A さんの語る A さんの友達の経験に賛同する。それは，A さんの言っていることを，定式化することでもある（13-24）。そのようにして，私の「ちょっと」（24）という FtX に対する言及を引き受ける形で，A さんは，私にとって FtX が「謎」な存在だというように理解を示している（25）。

そこで私が，その「謎」の内容に言及しようとし，例えば「なんて呼んだらいいか」わからないという例を出す（26）。それに対して A さんは，FtX に対する敬称が女のものにしたらいいのか男のものにしたらいいのかわからないと，私の例への理解を示す（33-38）。私は私自身が提示した問題となる例への，解決策を自ら提示する（27-32）。それに対して，A さんも，A さんなりの私の例に対する解決策を提示している（40-44）。

ここでの FtX の周囲の人びとの困惑とは，FtX に対して，女として接したらいいか男として接したらいいかわからないというものである。オフ会の会話は，相互行為の焦点が定まっている。問題になっているのはその時にする会話のなかで，相手に女として話しかけたらいいか，男として話しかけたら良いか，という迷いである。その迷いが生じるというまさにその点で，その場面では，性別カテゴリーのもとで，参与者が行為しようとしていることがわかる。

重要であるのは，ここでの困惑とは，相手を女と扱っていいのか，すなわち，その人のアイデンティティが女であるのか，あるいは男と扱っていいのか，すなわちその人のアイデンティティが男であるのかわからない，ということから生じる困惑だということである。トランスジェンダーであっても，あるいはそうであるからこそ，当然，現代の日本社会が男女に二元化されていることを知っている。どちらのアイデンティティを持つかによって，そのアイデンティティにふさわしい取り扱いをしようとする。しかし，FtX は，女でも男でもないという自認を持っていることが共有されている。そのために，相互行為の指し手を，女に対するものにすべきか男のものにすべきか周囲の人びとは迷うのである。

つまり，現代日本の性別が二元化した社会では，男に対しては男に対する振る舞いをし，女に対しては女に対する振る舞いをするという二元化した秩序が存在するため，その秩序を維持するために，そもそも性別がわからないと困るという相互行為秩序のありようが，このデータからはわかる。では，次にどう見られているのかを見られる側がどう察知しているかの話に移ろう。

## 4-3　女／男にはっきり見えないことから起こる当惑――パッシングの躓き

FtX や性別の移行期にある FtM の当事者たちは，以下のデータのように，どちらの性別にも見える状態を居心地の悪いものとして感じ，女にも男にも見える状態だと日常生活で困難に直面すると説明する。その場合のポイントは，外見を呈示するパフォーマーである当事者も，オーディエンスも，共に当惑するという点である。ゴフマンが，当惑とは出会いにおける秩序ある行動のひとつ［IR: 111＝109］，すなわち秩序の存在をあぶり出すものだとしていたことを思い出して欲しい。

これから出すデータのトイレという場面や，公衆浴場という場面は，性別に対するモニターがなされる度合いが，極めて高い。高いからこそ，通常の焦点の定まらない相互行為で起こりうる当惑を，よりよく思い起こさせてくれるものである。

No. 2
01　B：打てるなら打ってしまいたい。その，中途半端がきつい。
02　　　どっちつかずなら，逆に生活もしずらいんで。
03　T：ええ，ええ，ええ。
04　B：社会的には。自分自身で，あ，トイレどっち。この，この状
05　　　況だったら，トイレどっち入ろうとか。

06　T：うんうん。
07　B：悩む，変なとこで悩む訳ですよ。
08　T：ああ，ああ。
09　B：普通ならさっと行けるところを。だから，そういう意味でも，
10　　　寄せるならどっちかにがつんと寄せてしまいたい。
11　T：ええ，ええ。
12　B：っていうのもあります。
13　T：それはまさに本で書いたんですけど，中途半端でいるの，難
14　　　しくて，人にじろじろ見られたりとか，居心地が悪いので，
15　　　もうどっちかにしちゃった方が，生活が楽，っていう理由で，
16　　　その真ん中にいるの難しい。
17　B：それは，それはそう。絶対そうだと思いますよ。
18　T：はは。
19　B：そういうルールだから。ルールにあてはまるのが嫌だみたい
20　　　な中学生的な発想はしませんけど。はみだすのがかっこいい
21　　　とか，
22　T：うん。
23　B：そんなん言わないですけど，こっちの，Aというルールが自
24　　　分にとって窮屈なら，Bっていうルールを選んだっていいん
25　　　じゃない，っていう発想で，いいんじゃないでしょうか，っ
26　　　ていう。その結果，周りからはちょっと，おいおい，って思
27　　　われるとかあるかもしれないけど。
28　T：うん。
29　B：でも，別に人には迷惑かけないじゃないですか。ルールが守
30　　　るんだったら。
31　T：うん。
32　B：気い使わせるかもしれないけど。だから別にいいじゃない，っ
33　　　て感じですよね。
34　T：うんうん。
35　B：真ん中でいるのは一番難しいです。事あるごとに，聞かれる
36　　　し。
37　T：うん。
38　B：変なとこで気いもむし。

Bさんは，女にも男にも見える状態では日常生活がしづらいので，男性ホルモン投与ができるものならしてしまいたい，という自分の状況について説明する。Bさんが悩む例に挙げるのは，様々な状況で，女トイレに入るべきか男トイレに入るべきか迷わなくてはならない，ということである。その状況とは，どのような場所であるかや，誰と一緒であるかなど，さまざまであるだろう。性別を越境中だということがわからなくなった，すなわち男としてパッシング可能となった状況では，どちらに入るか迷うという困難はないことを，Bさんは知っている。そのため，「がつんと寄せてしまいたい」(10)，つまり男としてパッシング可能になるようにしてしまいたい，というのがBさんの願望だ。そのために，男性ホルモン投与をするということが，Bさんの「トイレ問題」を解決する策として提示されている (01-12)。それに対して，私が前のデータでAさんにしたように，女でも男でもない状態でいることの困難について分析したことがあると陳述すると (13-16)，Bさんは強く同意し，男性ホルモンを打ちたいという自分の願望が，いかに正当であるか説明を行なっている。なぜ正当かというと，男性ホルモンを投与し，パッシング可能な外見を得ることで「トイレ問題」のような困難に直面することがなくなるからである。たとえ，男性ホルモン投与という行為が非難されても，日常生活における問題は解決されるからだ (19-37)。

つまりBさんは，女／男であることを「ルール」(19-30) にたとえ，女であることが自分にとって不快であるなら，男になってしまえば社会秩序を守ることになる，という性別変更の正当化を行っているのである。なぜなら，女にも男にも見える状態であると，事あるごとにどちらの性別であるか探りを入れられるなどして，気をもむのだと理由を付け加える (35-38)。このように，女にも男にも見える外見でいることは，日常生活を送る上で，つまり，焦点の定まらない相互行為を行う上で，困難な状態だということがわかる。

それは，具体的には，Bさんがどちらのトイレに入ったら用を足すという行為がスムーズに行われるかの問題であり，他方で，トイレに居合わせる人びとを当惑させたくない，つまり，焦点の定まらない相互行為秩序を乱したくないというBさんの配慮の問題なのである。それが，「ルール」という比喩で表現されていることなのだ。ここでは，トイレに居合わせるという焦点の定まらない相互行為のなかで，あるいはトイレという性別の関わる場所であるからこそ，Bさんの性別が状況と関連づけられてしまうことがわかる。相互行為の焦点が定まっていなくても，当然のことながら性別が状況と関連づけられる場というのはあるのだ。そのような状況でBさんは，女なら女として，男なら男として明確に見られることを望んでいるのである。それは，もちろん「ルール」すなわち秩序に従うことが目的である。以下も同様のデータである。

No. 3

01　T：ああ，そうそう，パス[6]は6，7割って書いてあったんです
02　　　けど，トイレとかどう。
03　C：トイレはほぼ男子トイレ。結構，あの，よく，スノーボード
04　　　が趣味で，大学生の頃一ヶ月ぐらい山登りとかしたんです。
05　T：おー，おー。
06　C：で，公衆浴場しかないとこに泊まってるんで，当然入ると。
07　T：うん。
08　C：で，後ろを向いて入ってて。こうやって入ってると，急にド
09　　　ア閉める人いっぱいいるんですよ。がちゃってバタンって閉
10　　　める。
11　T：うん。
12　C：結構そういう目にあったりとか。その，トイレに入る時に皆
13　　　に一斉に振り返られるとか。

[6] パスとは，トランスジェンダー・性同一性障害に関する用語で，パッシングと同義である。

14　T：ああ。
15　C：そういう経験があるので，どうしても，仕事の関係とかだっ
16　　　たら，なかなかそういう訳にいかない。出来る限りスムーズ
17　　　（に入って），そっちへ行く，っていうことをしていると。
18　T：ああ，ああ，ああ。
19　C：銭湯とか行くと，そこらへん，をのぞきこまれるんですよ，
20　　　おばさんに。
21　T：ああ，ああ。
22　C：ここないので，あ，とってないんですけど，もともとこれな
23　　　んですよ。
24　T：これでナチュラル。
25　C：そう，これがナチュラルなので。
26　T：ははは。
27　C：だから，もうなにもしてなくてこれなんで。
28　T：それは（　　　　　　　　　　　　）
29　C：まあラッキーっちゃラッキーなんですけど。脱衣所とかでも，
30　　　入った瞬間におばさんとかが，ふって向いてすっごい目で見
31　　　てきたりするんで。なんでお前こっち来てんだ，みたいな。
32　T：ははははは。
33　C：で，体洗ってるとこのへんのぞかれて，通り過ぎられたり。
34　T：はははは。
35　C：ああよかった，みたいな雰囲気を出されて。隣でちょっと
36　　　笑ってるみたいな。

このデータでは，まずは私が，あらかじめ C さんの男としてのパッシングの度合いが 6 割から 7 割だと聞いておいたことから，パッシングの状況の話を C さんにふっている。C さんも，公衆浴場に居合わせるという焦点の定まらない相互行為状況において，「急にドアを閉める人がたくさん居る」ことを，自分が男に見られたから，つまり C さんの性別が状況と関連したからだと理解している。同様に，トイレに入るときに一斉に振り返られることや，銭湯でおばさんに股間（「このへん」(33)）をのぞき込まれ，ペニスがないことを確認されること

や，脱衣所などに入った瞬間におばさんがすごい目で見てくる状況などを，焦点の定まらない相互行為状況においても性別が関連している状況として説明している。胸が小さいCさん（22-27）は，そのせいもあり，自分の性別が明確にはわからないようなものであることで起こる，周囲の当惑や疑いや混乱について説明しているのである。

このように周囲の当惑は，「性別で分けられた場所に異なる性別の人が居ると思われる」あるいは「性別が不明確である」という状況で起こることがわかる。つまり，焦点が定まらない相互行為において，他者の性別はモニターされているのであり，あからさまに振り返ったり，股間をのぞき込んだりするなど相互行為秩序の違背を犯してでも，他者の性別を確認しようとする状況が起きるのである。

以下のデータは，電車に乗り合わせるという，性別がその状況とは関連づけられることがなくてもかまわない場面に関する，FtMのDさんのデータである。さらに，このデータの場面は，トイレや公衆浴場のような極端さがない例である。

No. 4

01　T：ま，FtXでも，胸取ったりしますけどね。
02　D：うーん。なんか，逆に，不思議なんですよね。胸取って，戸
03　　　籍は，
04　T：ん？
05　D：戸籍は女のまんまじゃないですか。それで，満足なんですか
06　　　ね。一生ずっとそれでいるつもりなんですかね。
07　T：うーん。どっちでもないのがいいみたいな。
08　D：はー。はー。へー。ほー。
09　T：どっちなんだろうって思われるのがいい，みたいな。
10　D：がいい？快感！みたいな？へーえー。
11　T：（笑）
12　D：うーん。まぁ僕にはちょっとわかんない（笑）
13　T：（笑）

14　D：感覚ですけど。うん。（　　）たくて仕方がないから，そんな
15　　　目で見られてしまうのが冷や汗ものですよ。（笑）
16　T：えー。（笑）
17　D：逆に。今でもやっぱり子どもとかにじーっと見られると，
18　T：うん。
19　D：子どもって敏感じゃないですか。
20　T：えー。
21　D：だから冷や汗ですよね。
22　T：あー，子ども。
23　D：子どもにじーって。子どもにじーっと見られると，いまだに
24　　　挙動不審になります。
25　T：（笑）
26　D：（笑）
27　T：それの話は久しぶりに聞きましたね。よく，なんか，10年前
28　　　くらいによく聞いた話ですけど。
29　D：あ，本当ですか。
30　T：子ども怖いよねって。（笑）
31　D：子ども怖いですよー。しかも子ども声でかいですからね。電
32　　　車のなかで（　　）みたいな感じに言われたらもーう大変で
33　　　すよ。本当に。（笑）
34　T：（笑）
35　D：ちょー大変ですよ，うん。（笑）即行降りますもん。

D さんは，電車に乗り合わせた子どもに女であることを見破られる可能性の持つ恐怖について述べている。まず，私が FtX でも乳房切除術を受けることがあると，FtX についてあまり知らない D さんに説明する（01）。しかしそれだけですませてしまうことが，D さんにとっては中途半端に感じられ理解できないという感想が述べられる（02-06）。それに対して私が，女でも男でもない中性的な感じでいることが心地よい人もいること，どちらの性別に見られるかを楽しんでいる人もいることを補足的に説明するが（07-11）［戸崎・カイザー 2011参照］，やはり D さんには理解できないという感想は同じである。

その，どちらの性別に見られるかわからない状態でいるということが，Dさんにとっては「冷や汗もの」だから理解できないのだという理由が説明される（14-15）。特に子どもは，パッシングを見破る存在としてコミュニティでは，よく恐れられる対象になっている。Dさんも子どもに「じーっと見つめられる」そして，パッシングしていることを見破られた結果を「でかい声」で言われることを恐怖だと感じている。

電車に一緒に乗り合わせるという焦点の定まらない相互行為状況においては，性別は状況と特別には関係のないことが多い。しかし，ここで語られているのは，子どもにパッシングしていることがばれることによって，性別が問題化してしまうという事態への恐れである。焦点の定まっていない相互行為では，居合わせた他者をじっと見つめることは，相互行為秩序の違背である。その違背を子どもは犯しやすいだけでなく，周囲の人にパッシングを見破ったことを知らしめることすらある。子どもの行なうじっと見つめるという，焦点の定まらない相互行為のその違背から，まさに性別が明らかでないと問題状況を引き起こすということが，Dさんの説明を通してもわかるのである。

以上のことから，性別がわからない外見をしていると，あるいはパッシングに失敗するような外見をしていると，振る舞いの相互行為秩序が乱れることから，明確な女／男の外見をしていることが必要とされているとわかる。つまり，相互行為秩序を維持するために，焦点の定まらない相互行為の水準で，他者の性別はモニターされているのだ。では，そのモニターとはどのようなモニターなのか，すなわち，主となる相互行為と性別判断の同時進行とは，いかなる同時進行なのかという問いの核心に迫ろう。

### 4-4　どちらの性別にも見える場合の相互行為

FtXであったり，性別を越境中であったりすることを知らない周囲の人びとが，そのような人をどう見ているかに目を向けると，たとえ男性としてもうパッシングできている外見をしていたとしても，見る側の知っている性別で見ているということもわかる。つまり，女だとみていることがわかる。以下は，すでに男性ホルモンの投与を行っていて外見が男性化しているが，女性社員として働いているＥさんのそのような経験である。

No. 5

01　Ｅ：うん，そうですね。別にまあ仕事的にはそういう，性別関係
02　　　ない，仕事なんで。
03　Ｔ：ええ。
04　Ｅ：別に，特に女扱いされる訳でもなく。
05　Ｔ：ああ，ああ。
06　Ｅ：そんな感じです。ただ，更衣室程度が，女扱いなだけで。
07　Ｔ：ええ，ええ。
08　Ｅ：後は。
09　Ｔ：でも，髭とか。
10　Ｅ：そう，夜になるとね，やばいんですよ，そろそろ，やばいな
11　　　と思う。最初は皆このへん見て，話した。
12　Ｔ：ええ。
13　Ｅ：今は別に，大丈夫です。こういうやつもいるんだな，程度で。
14　Ｔ：不思議ですよねー。あなた絶対無理でしょう，っていう人も
15　　　無理やり女社員で働いてたりしますけどね。
16　Ｅ：あー，そうですよねー。なんとかなるもんなんですけどね。
17　　　あれなんじゃないですか，もともと，女，って見てるから。
18　Ｔ：ああ。
19　Ｅ：そういう風に見えるんじゃないですかね。もしかしたら。
20　Ｔ：どう。
21　Ｅ：分かんないですけど。こう見てきてたら，え，って思うかも
22　　　しれないけど。もともとそういうので思ってるから。
23　Ｔ：ええ。
24　Ｅ：そういう風に見えるんじゃないかな，って自分では思ってま
25　　　す。

Eさんは，男性ホルモン投与をして外見が男性化しているが，女として働いている。それについてEさんは，仕事上性別が関係ない仕事であるため困らないという現状を説明する（01-08）。それに対して，私が髭が生えているのは問題にならないのかと質問すると（09），働き出した時には，一緒に働いている人がEさんの口元（「このへん」（11））に注目していたが，今はもう大丈夫だと答えている（13）。つまり，職場の人びとは，Bさんの髭に気がついていたということである。ということは，職場の人びとは，Eさんの性別をモニターしていたのだ。

私は，そのように髭が生えているような，どう見ても男に見える人が女性社員として働いていると聞くたびに，私には無理に思えるのに，どうして可能なのかと不思議に思っていると感想を述べる（14-15）。Eさんは，その理由について説明する。男に見える，あるいは男か女かわからないような外見をしていたとしても，最初に女だと思い込むと，女に見えるものなのではないかと（16-25）。

つまり，この人の性別はどちらだろうと疑われることももちろんあるが，こっちだと一度思い込んだら，どんな外見をしていても思い込んだ性別に見えるものだというのが，Eさんの推測である。実際，会社という働く場において，Eさんは女として働いているのに髭が男のように生えていても，女の更衣室を使っているなど，Eさんは女として取り扱われている。

つまり，このデータからは，よほどのことがないかぎり，性別がどちらであるかを知っているのであれば，その知っている性別に相反する手かがりがいくらあろうと，性別認識はかわらない，つまり，問題状況を引き起こすような相互行為には展開しない，ということがわかる。人は，容易に他者の性別判断を変更したりはしないのだ。

しかし，ここで重要な点は，Eさんの同僚は，Eさんと会話しながら，Eさんの外見をモニターしていた，ということである。このように，会話をするという主な相互行為と当時に，相手の性別に関する外見の手かがりをモニターするという状況が起きていたことがわかる。その意味で，性別判断と主な相互行為は同時進行なのである。そうであるにしても，同僚はＥさんはやっぱり男だ，というふうにはＥさんを扱わない。一緒に更衣室を使うのである。このようにして，一度性別を知ることは，その相反する外見のなかの手かがりを発見しても，性別判断をくつがえすものにはなりにくい。このようにして，世の中には，一生，そして常に，女か男として生きている人しかいないという現実が達成されていくのである。

もうひとつ，データを見てみよう。以下のデータは，性別にこだわらないことを表向きとしている，ある意味特殊な場所で，つまり女でも男でも，それがトランスした結果であっても，またセクシュアリティが何でもかまわないとされる場で起きたＦさんのエピソードの説明である。

No. 6

01　Ｆ：その，この前おもしろかったんですけど，○○さんの，○○
02　　　○（(集まり)）に来て，
03　Ｔ：ああ。
04　Ｆ：作業してる時に，こっちの人は自分を，男の子だと思ってい
05　　　たんですよ。
06　Ｔ：ああ。
07　Ｆ：こっちの人は女の子だと思ってたんですよ。
08　Ｔ：ああ。
09　Ｆ：で，で，手作業してるんで，誰も，人の話聞いてなくって。
10　Ｔ：ああ。
11　Ｆ：ここの話とか聞いてないから。
12　Ｔ：ああ。
13　Ｆ：こっちは，君は，な，なんか彼って呼んできて，こっち彼
14　　　女って呼んでくるんですよ。で，気付けよ，って思うんです
15　　　けど，
16　Ｔ：ああ。はははは。

17　Ｆ：２人とも気付いてなくって。
18　Ｔ：ああ。
19　Ｆ：ほんとすごい話合わせるの大変なんですよ。
20　Ｔ：ああ。
21　Ｆ：キャラが変わるじゃないですか。
22　Ｔ：ああ。
23　Ｆ：強制的に。
24　Ｔ：ああ。
25　Ｆ：で，こっちは，自分は二十歳だってことを知ってて，なんか
26　　　すごく少年っぽくて，
27　Ｔ：ああ。
28　Ｆ：でもなんか，柏餅を買ってきて，Ｆ君食べなさい，とか言っ
29　　　てくるわけですよ。
30　Ｔ：ああ。
31　Ｆ：あ，どうも，とか言って，食べてて。
32　Ｔ：はは。
33　Ｆ：こっちは，なんか，全然，違う話をしていて。
34　Ｔ：ああ。
35　Ｆ：キャラが全然違うんですけど。（　　）でも，すごいなんか，
36　　　その日は疲れたんですけど。
37　Ｔ：ああ。
38　Ｆ：で，ちょっと年上のゲイの子が入ってきて，Ｆくーんとか
39　　　言ってたんで。
40　Ｔ：ああ。
41　Ｆ：もうそれで，壊れたんですけど。
42　Ｔ：ああ。ははははは。
43　Ｆ：がらがらがらって崩れたんですけど。なんか，それで許され
44　　　ることが違うのとかって，すごい理不尽だと思うんですよ。

Ｆさんは，自分を女だと思っている人と男だと思っている人が同時にいる場所に居合わせることになった。片方の人たちはＦさんを女だと思っており，もう片方の人たちは男だと思っている。両者は，それぞれ集まりを形成しており，それぞれ焦点の定まった行為を行って

いる。しかし，両者は，お互いの集まりの話をよく聞かずに，F さんに話しかける。一方の集まりは，F さんを女だと思っており，もう一方の集まりは，F さんを男だと思っているという状況で，双方から話しかけられるのに対し，F さんは「強制的に」(23) 男キャラになったり女キャラになったりして，ひどく疲れたという経験について説明している。

F さんは女だと思われている人には女としての振る舞いを返し，男だと思われている人には男としての振る舞いを返していたため，両者がF さんの性別をそれぞれのものだと思うという状況は破綻しなかった。その状況は，それぞれの性別だと思い込んでいる人が F さんと協同で達成していたから可能になった。しかしその状況は，友人の「F くん」(38) という呼びかけによって破綻した。F さんは，男だということが，双方の集まりに示されたのである。

強制的に性別によるキャラクターが変わらされること，していいこととしてはいけないことが性別によって異なるということを，使い分けている F さん自身が理不尽だと感じているというのが，このエピソードを語ることによって F さんが言いたかったことであるとわかる。つまり，そのように理不尽さを感じていても，強制的に振る舞いが変わってしまうほど，性別で分かれた振る舞い方が身体化されているのだ。

以上のように，ある意味，途中まではスムーズに相互行為は行われた。しかしその際に，人びとの自分に対する振る舞いが，女に対してなされたものか，男にしてなされたものかは，女だと思い込まれたり男だと思い込まれたりする F さんにはわかる。そのように，行為者の思っている性別によって，自分に対する振る舞いを変えられるのを，F さんは嫌だと思っている。振る舞いには女と男の区別があり，それはそもそもその人が女か男かという区別によってなされる。そのような相互行為のあり方を理不尽だと思っているからこそ，F さんは中性的なありかたで抵抗をしようとしていると，私は理解した。

このように，女にも男にも見える側も，自分の思っている性別とは違う性別だと見られる側もまた，女だと思われている人には女であるような振る舞いを仕返し，男だと思われている人には男であるような振る舞いを仕返し，振る舞いを使い分けしているということがデータからもわかる。

## 5　おわりに　性別判断の記述におけるゴフマン概念の使い勝手 ——「性別を見る」という相互行為秩序の特性をとらえる

さて，これまでの分析でわかったことがみっつある。ひとつは，A さん，F さんのデータからわかったように，女に対しては女として振る舞い，女だと思われている方も女として振る舞い返し，男に対しては男として振る舞い，男だと思われている方も男として振る舞い返している，という現実である。男は男としての振る舞いを女は女としての振る舞いを自分自身もし，他者にも求めるという振る舞いの相互行為秩序があることがわかる。

ふたつ目は，B さん，C さん，D さん，さらに E さんのデータからわかったように，女か男かという判断をしかねるという状況もありうることである。そのような状況では，判断される当の本人は，相互行為秩序の違背を犯され，非常に嫌な思いをする。どちらかだと判断されても，振る舞いをあわさせられる。だからこそ，FtX は生きがたいのである。

私がここで着目したいのは，この，判断しかねるという状況である。この状況は，「見る／見られる」という相互行為から得られる知識を思い返させてくれる。それは，通常の相互行為に対して「地」となっている，「人は女か男である」という知識である。その知識は，女か男として振る舞い，女か男として振る舞いを返すという相互行為と，同時進行の相互行為によって成り立っている。

みっつ目は，E さん，F さんのデータからわかったように，相手を女だと思うか男だと思うかは，知っているか知っていないか次第であり，さらに見る人次第であることである。そして，いったんどちらかだと判断すると，F さんのように，その判断に合わせて振る舞うことになる。つまり先に指摘した秩序が成り立つように，思い込まれる側が合わせるよう，相互行為に，いわば強制的に巻き込まれてしまうのだ。その意味で，「女／男であること」は見る側と見られる側によって相互行為的に達成されるものである。性別という概念が女か男に二元化されたものであるから，自分が見たように他者を女か男だと見る。見られる側は，その見方に合うように，振る舞いを強制的に変えさせられる。それによって，女と男に二元化した性別しか存在しないということは，覆らない。そのようにして，性別がふたつしかないということが，ある意味協同で，成し遂げられているのである。

性別に関する相互行為の研究では，女／男であることが状況と関連しているか否かという点が，議論の争点となっていた。しかし，私の主張とはこれとは異なる。状況と関連しようがしていまいが，相互行為を開始する時点で，私たちは他者を女か男だと判断しないと，その後の相互行為にスムーズに入っていくことができない，さらにそう思われ続けないと相互行為はスムーズには進まないというのが私の主張である。つまり，女／男に見えるということは，相互行為の背景に退いた「地」である。どちらかわからない外見をしていると，性別カテゴリーが相互行為の「図」として，当の相互行為においてレリヴァントになることから，それがわかる。以上のようにして，身体が発する「女である／男である」という情報伝達は，相互行為の相手にある意味で勝手に読み取られ，進行中の相互行為秩序を形作るのである。

「性別がわかる」ことは，相互行為秩序である。少なくともその側面がある。女が男に，男が女に見られるようになるということは，少なくとも部分的には，「見せる」という行為の問題である。それを，先行研究は Doing Gender とまとめていた。一方，データを分析したように，多くの状況では，私たちは「人は女か男である」という背景的知識のもとで他者を「見て」いる。これは「見る」という行為の問題である。状況に応じながら他者の性別を「見て」，他者の視線に合わせて自分を「見せる」，そういう相互行為を，通常は主題化しないままに，つねに私たちは行なっている。つまり，「見る／見られる」「見せる／見る」という相互行為をつねに私たちは行なっているのだ。

ひとくちに相互行為といっても，複数の水準がある。なかには，それが成立していなければ他の水準の相互行為が滞るような，そういう水準の秩序がある。「性別がわかる」というのはそういう秩序である。「焦点の定まっていない相互行為」というゴフマンの考えは，そういう水準の秩序に照準することを可能にするし，かつそれもまた相互行為秩序であるということを考えさせてくれる。

「性別を見る」というもうひとつの水準の相互行為秩序の記述には，ゴフマンのアイディアは使えるだろう。主たる相互行為の途上でも，性別をモニターするという相互行為は行われている。相互行為の焦点が定まっていてもいなくても，それは同じである。そのことは，相互行為秩序の違背として，確認可能である。それが確認可能であるということが，他者の性別はわかるようにしておかなくてはならないという秩序の存在を明らかにしているのである。だからこそ，通常の相互行為に対する「地」として働きながら，しかしその都度維持されなければならない，もうひとつの相互行為秩序と言うこともできるのだ。

念のために述べておくなら，通常の性別判断は，相互行為に入っていく前の話，という主張を私はしているのではない。相互行為に入る前に確かめて，実際に相互行為する，という順番に行なわれるかどうかは記述できない。しかし，よくなされる「焦点の定まらない相互行為」から「焦点の定まった相互行為」への移行の話では，両者の複層性を捉えることはできない。性別判断を相互行為に入るための境界としてとらえるのではなく，他の相互行為と同時に行なわれる判断と捉えるのが，今の私の妥当だと思える結論である。

このように，ゴフマンの焦点の定まらない相互行為と定まった相互行為の区別は，複数の相互行為が同時に進行しているような事態を解明するという課題を，私たちに与えるものである。近年，エスノメソドロジー研究においても，マルチモダリティのような用語によって，その相互行為の複層性に焦点が当てられているのも，ゴフマンのこうした視点を引き継ぎ展開しているものと考えることができるだろう。性別判断と性別と関連しない当の相互行為の同時進行が，いかに行われているのかを検討するという課題もまた，私たちが取り組まなければならないものである。

＊ 本稿は，科学研究費若手研究 B「現代日本社会における性同一性障害医療から見るジェンダー」（代表研究者　鶴田幸恵）の研究成果である。

第5章

# 会話分析の「トピック」としてのゴフマン社会学

平本　毅

## 1　はじめに

> 彼の仕事ならいつもそうであるように，[「面子（face）」の概念について：筆者注] ゴフマンは非常に興味深い方向性を指し示した。だが，これもよくあることだが，彼は [目的地に至るための：筆者注] まともな道路地図を渡してはくれなかったし，ましてや土地の形を地形学的に示すなど，するわけもなかった。[Lerner 1996: 303]

会話分析の創始者ハーヴェイ・サックスの弟子のひとりであるジーン・ラーナーは，ゴフマンの「面子作業」を会話分析の選好組織（preference organization）概念（本章2-2-4節参照）に接合して経験的な分析をおこなった論文の冒頭をこう書き始めている。会話分析は録音・録画機器により収集した相互行為のデータを詳細に検討することを通じて，そのデータにあらわれている諸活動を参与者自身が組み立てる際に用いている，形式的な組織やプラクティスを明らかにしていく研究プログラムであるが，ラーナーはゴフマンがその経験的な分析の「地図」を渡してくれなかったことを嘆いている。おそらく会話分析者の多くはゴフマンに対してラーナーと同じ印象をもつに違いない。筆者もまたそのひとりである。日常生活における相互行為の成り立ちを研究主題に据えたという意味で，ゴフマンと会話分析は同じ方向を向いてはいる。だがゴフマンの，比喩を駆使しエピソードを列挙して分析を進めていく論証のスタイル[1]は会話分析者が目指すような相互行為の形式的分析とは大きく異なっている［Helm 1982: 149］。

ゴフマンの死から四半世紀以上が過ぎた。その間経験的分析の枠組みの面での弱さがゴフマン流の社会学の発展を妨げた一方で，会話分析は，ゴフマンが晩年に投げかけた批判［Goffman 1981a］などなかったかのように，社会学の枠を超えて人類学，言語学，認知科学，教育学，人間工学といった分野に跨がって幅広くおこなわれる領域横断的なプログラムになっている。知見の蓄積は分厚く，2012年に著された会話分析のハンドブック［Sidnell & Stivers 2012］はじつに800頁を超える「大著」になった。

ではゴフマンはもはや会話分析者にとって，歴史書にだけ登場する過去の人になっているのかというと，これも正しくないだろう。近年盛んに取り上げられているいくつかの研究トピック――たとえば知識をめぐる認識論的諸問題［Stivers, Mondada & Steesing 2011］，非音声的資源や環境のはたらき［Streeck, Goodwin & LeBaron 2011］，複数の活動への従事［Mondada 2011］，感情のあらわれ［Peräkylä & Sorjonen 2012］など――は，程度の差こそあれ，どれも直截的にゴフマンの仕事を引き継いでいる。また2013年に刊行されたガリナ・ボールデンの「‘自己’を紐解く：会話における修復と認識論的要素」は，ゴフマンの「面子作業」概念を下敷きにしている点や『季刊社会心理学』に掲載された点などにおいて冒頭のラーナー論文と多くの共通点をもつが，この論文は2014年度の第四回国際会話分析学会で最優秀論文賞を獲得している。こうして会話分析研究の具体的な分析の細部に，ゴフマンの遺産は根付いている。なぜこのような事態が生じるのだろうか。この章の目的は，ゴフマン社会学と会話分析との関係を概観することを通じて，この問いに見通しを与えることにある。続く第 2 節でゴフマンの会話分析批判［Goffman 1981a など］とエマニュエル・シェグロフの反論［Schegloff 1988］を軸に，両者の学問的関係を整理する。これ

［1］ゴフマンの叙述スタイルについて詳細は本書 2 章渡辺稿参照。

をふまえたうえで，第3節では近年の会話分析の展開におけるゴフマン社会学の役割を考察する。

## 2　ゴフマン社会学と会話分析

### 2-1　ゴフマンとサックス

会話分析の歴史を綴ったテキストの定石のひとつに，その思想の源流としてハロルド・ガーフィンケルに並べてゴフマンを位置づけるやり方がある［Heritage 2008; Heritage & Stivers 2012; Sidnell 2010］。サックスとシェグロフが1960年代にカルフォルニア大学バークレー校でともにゴフマンに学び，その影響を強く受けながら，後に会話分析と呼ばれることになる研究プログラムの構想を固めていったことは確かである。だがその影響は全面的なものにはならず，限定的なものだったと言わざるを得ないだろう。ここではまずサックスの思想とゴフマンの関係について推量できることを述べよう。

サックスの初期の講義にゴフマンの影が薄いことが，シェグロフ［Schegloff 1992: xxiii-xxiv］により指摘されている。この主張には異説もあるが［Silverman 1998: 34］，直接名前を出す形でゴフマンが言及される回数が少ないことは確かであろう。講義録の中にゴフマンの影響の痕跡を探すと，両者の視点の違いがよくあらわれている興味深いエピソードをみつけることができる。あるときサックスが，人の外見にあらわれる不釣り合いさ（incongruity）について話していた［Sacks 1992: 81-9］。彼の話の要点は簡単にいえば次のようなものである。

外見に何らかの不釣り合いさがあらわれている人がいると，その人は他人の視線に晒される。たとえば，みすぼらしい身なりの人が立派な車を運転していたら，周囲の人間はその人を見てしまうだろう。けれども，なぜその人の身なりと車が不釣り合いであることが，他者にわかるのだろうか。人の外見が服や髪型，年齢，振る舞いなどの諸要素の混成物であるとしたときに，それらの諸要素の間を結びつける

「仕掛け」がなければ，不釣り合いも存在しようがないだろう。この場合の「仕掛け」とは，たとえば次のようなものである。「車」は「人」の「所有物」という関係にあり，ある種の「車」はある種の「人」が適切に「所有」することができる。だからこそ，あの「人」が乗る（＝所有する）「車」としては不釣り合いだ，ということになる。つまりこの場合，「所有物」という概念が「車」と「人」の組み合わせの不釣り合いさを理解可能にする「仕掛け」になっている[2]。

この話の流れの中で，受講生のひとりがゴフマンを引き合いに出してこう質問した。今の話についてはゴフマンが，あるタイプの人にみえるのに，そのタイプの人としては疑わしい行動をとる人がいたら，その人の他の性質も疑う権利が与えられると論じているのではありませんか。サックスはこれに答えて曰く，

> ゴフマンは不釣り合いさについて論じたが，その不釣り合いさが何かは教えてはくれなかった。この例からみようとしていることは，まさにそのことである。すなわち，何かを不釣り合いなものとみることはいかにしてなされているのか。ゴフマンは，あるものがいかにして不釣り合いでありうるか，何がそれを不釣り合いにするのかを分析しなかった。[Sacks 1992: 92]

この言葉は，サックスとゴフマンの間だけではなく，会話分析とゴフマンの間の見方の違いを端的にあらわしているように思う。ゴフマンにとっては不釣り合いさが存在するという事実が問題だが，会話分析者はそうではない。会話分析者が知りたいのは，何かが不釣り合いであるとみられるとすれば，それはいかにしてなのかである。冒頭に挙げた論文の中でラーナーも，「面子」概念についてほぼ同じことを

［2］加えて，「車」と「人」という要素を切り分けて場面を見ること自体も，「所有物」という概念に媒介されることによって可能になっていることを指摘できよう。

述べていた。

> 私は，面子が脅かされたのをみとめることによって生じる行為の連鎖［Goffman 1967: 19］にはそれほど興味がない。私が興味をもつのは，面子を脅かすことと回復することの生起可能性と認識可能性を生じさせるような会話のプラクティス群の体系的な基盤を記述することである。［Lerner 1996: 304］

「面子」概念と選好組織の関係については，後でまた立ち戻ろう。ここでは，サックスとラーナーのゴフマンに対する位置取りがほぼ同じ構図であることを確認しておくだけで十分である[3]。すなわち，ゴフマンは相互行為の表面にあらわれるもの（「不釣り合いさ」や「面子が脅かされたのをみとめることによって生じる行為の連鎖」）に対して記述を与えた。ゴフマンのエスノグラファーとしての卓越した観察眼［Helm 1982: 149］は，こうした諸現象の発見を可能にした。だがこの観察眼で相互行為が緻密に組立てられる様を見通す一方で，ゴフマンは人の行為がまずはその場の他者にとって理解できるように組み立てられて差し出されるという事実を重視しなかった。これに対し会話分析者は，行為が日常生活者にとって理解／説明可能な仕方で組み立てられるという事実から出発し，この組み立てがどう成し遂げられるかを問題にする。かつてサックスは「文化とは認識可能な行為を生み出すための仕掛けである」［Sacks 1992: 226］といった。どのような「仕

［3］多少くどくなるが，シェグロフも1998年の論文「身体の捻り」でほぼ同じ構図を用いている。『集まりの構造』の中で「支配的関与—従属的関与」概念を説明するとき，ゴフマンは人の主要な注意の焦点が「一時的に」別の事柄にそれる際に，支配的活動が維持されることを指摘した［Goffman 1963a: 44］。だが，そもそも注意の焦点がそれることが「一時的」なものであると，なぜその場の人びとにわかるのか。ゴフマンは分析していないが，腰から下が支配的活動への関与を示す一方で身体の上部は従属的活動への関与を示しているからだろう，とシェグロフはいう［Schegloff 1998: 590-591］。

掛け」が，「不釣り合いさ」のような事態の認識可能性を生み出すのか。ゴフマンによる社会生活の記述は，観察者の立場からのものにとどまり続け［椎野 2007: 110］，このような視点に至ることはなかった。

### 2-2　ゴフマンとシェグロフ

ゴフマンは30年以上前に鬼籍に入っているから，もう会話分析者との間での直接的な対話は望むべくもない。エスノメソドロジーと会話分析に対してゴフマンが感じていた距離感についてはいくつか証言がある［Smith 2003: 257-258］し，『トークの諸形態』［Goffman 1981a］や『フレーム分析』［Goffman 1974］，「適切性の条件」［Goffman 1983a］のいくつかの箇所で，ゴフマンは会話分析に言及し，批判もしている。この批判に対する会話分析者の反論は，公的には彼の死後に著された。没後 6 年経ってからポール・ドリューとアンソニー・ウートンのゴフマン論集に寄せた論考［Schegloff 1988］の中でシェグロフは，ゴフマンへの反論をおこなうと同時に，ゴフマン流の分析スタイルと会話分析のそれとを対比させている。以下ではこの論文を軸に，シェグロフが公にしているゴフマンとの学問的関係をみていこう。

#### 2-2-1　相互行為秩序の主題化

まずは，ゴフマンと会話分析とが見解を等しくする点から話を始めたい。シェグロフ［Scheloff 1988］にせよジョン・ヘリティジ［Heritage 2001］にせよ，会話分析者がゴフマンを評価する際に真っ先に挙げることは，彼が相互行為秩序（interaction order）の探求を始めたことである。これはいくつかのサブトピックに分けて論じることができよう。第一に，ゴフマンは相互行為の形式を家族や地域，労働，階級といった他の諸制度の反映とみず，それらから独立した相互行為の秩序それ自体を研究対象に据えた［Goffman 1964; Rawls 1987］。第二に，ゴフマンは相互行為を発話の交換に還元せず，むしろ相互行為の状況が発話の交換に先行し，言葉は相互行為の状況を参照しながら発されるものであることを指摘した［Goffman 1964: 64］。こうしてゴフマンは，相互行為秩序を既存の社会学だけでなく，言語学にも［cf. Schegloff 1996a］回収されない研究対象として主題化したのである。会話分析は会話という特定の社会活動の分析を狙いとするわけではなく，（エスノメソドロジー的な）相互行為分析とでも呼んだほうが適切な枠組みである[4]［Psathas 1995=1998: 11］。ゴフマンによる相互行為秩序の主題化は，局所的に産出される秩序（locally produced order）というエスノメソドロジーの考え方を受け継ぎながら，相互行為が秩序立った仕方で組織されていく方法の研究を進める会話分析の方向性を定めるのに貢献した［Cmerjrkova & Prevignano 2003: 25; Schegloff 1967: 4］。ゴフマンは，話されたことや表現されたことの内容から秩序が生まれるのではなく，表に出た複数の振る舞いの形式同士の相互関係が秩序を生み出すものと考える。会話分析者も，人がある「構成（composition）」の振る舞いを，相互行為上の「位置（position）」に配置していく，振る舞いの間の連鎖的関係の中に相互行為秩序があらわれてくるものと考える。このため適切な相互行為の研究が「個人や彼／彼女の心理ではなく，共在する人びとの振る舞いの間の統語的（syntactical）関係に［Goffman 1967: 2］対しておこなわれるべき」であるというゴフマンの言葉に，会話分析者の多くは首肯する［Heritage 2001; Schegloff 1988; 串田 2006］。

以上と関わる論点として，いわゆる社会構造的諸変数と相互行為との間の関係の問題を挙げることができる。シェグロフ［Cmerjrkova & Prevignano 2003: 42-44］はゴフマンが「ゲームの面白さ」［Goffman 1961=1985］でとったスタンスに，会話分析の視点との共通性を見出している。この論文でゴフマンは，ゲーム＝相互行為[5]の参与者がもつ社会・個人的属性（性別，階層，人種，民族，収入，能力 etc.）が，

［4］シェグロフは「会話」ではなく「相互行為の中でのトーク（talk-in-interaction）」という語を好んで使う。

［5］ゴフマンは最初議論の対象をゲームに限定して書き始めるが，結局相互行為全般にその範囲を広げている。

さしあたり当該の相互行為にとって無関係なものとみなされる「無関係の規則」を観察した。ある人を性格づけることが可能な事実は無数にある。筆者を例にとれば男性であること，30代であること，会話分析者であること，京都在住であること等々が，いずれも筆者の性質を正確にあらわしている。だがシェグロフ［1987=1998, 1991］が繰り返し主張してきたように，こうした諸事実は，ある相互行為の場面において筆者が何者として振る舞うかを決定するものではない。会話分析はマクロな社会構造とミクロな相互行為という二分法を採用せず，「社会構造」の語であらわされるような事柄が相互行為の中でレリヴァンスをもつとすれば，それはいかにしてなのかを参与者の志向に即して記述していこうとする。他方でゴフマンはこの問題に対して，外部の諸変数が相互行為の内部に持ち込まれる際の変形の被り方を定める「変形規則」を設定した[6]。

ここまではよい，とシェグロフは考える。だが，ゴフマンがトークの分析に正面から挑んだ「応答と反応」［Goffman 1981］にあらわされた会話分析批判の多くは，会話分析への無理解にもとづいており，またその批判の仕方は両者の立場の違いを浮き彫りにしている。シェグロフが列挙したゴフマンの誤解と欠点は多岐に渡るが，主要なものに絞って筆者の解釈を交えながら説明していこう[7]。

### 2-2-2　隣接関係と隣接対

まず「応答と反応」でゴフマンは会話分析の隣接対概念に批判的検討を加えているが，その議論は発話の隣接関係（relationship of adjacency）と隣接対（adjacency pair）の混同にもとづいている。ある発

［6］もちろんこの種のゲームモデルの使用は，それ自体問題を孕むものである［Schegloff 1992: xlv-xlvi］。人間行為を拘束する規則群により構成されるゲームを設定すると，そのゲームの枠組み自体がどう参与者によって構成され，管理されているかを別に論じなければならなくなる。

［7］ゴフマンのトーク論にかんする包括的な整理としては安川［1991］を参照のこと。

話順番とそれに隣り合って配置された別の発話順番の関係は，隣接関係にはあるけれども，常に隣接対なわけではない。次の断片１をみてみよう[8]。

**【断片１】**((研究者数人が個別に学会発表の準備をしている。郷の発表で何の資料を使うかを，寺里が前もって聞いていたにもかかわらず憶えていないことが話題になっている))

01　寺里　：<そ> うか．(0.3) あ，> そうかそうか < (.) °そ°-

02　　　　　ゆっ<u>てた</u>じゃん．

03　郷　　：ゆっ<u>た</u>よ：

04　　　　　(.)

05　寺里　：ゆった-<u>今朝</u>もゆってたそれ＝

06　郷　　：＝う：ん：

07　　　　　(0.2)

08　寺里　：.hhh (.) あほやなあおれ：

09　　　　　(0.3)

10　郷　　：ん：↑そんなことはないけど．.hh huhu

11　寺里　：ありがとう．

---

［8］会話データの書き起しには会話分析で一般的に用いられるジェファーソン・システムを用いる。

|  |  |
|---|---|
| ＝ | イコール記号で繋いだ部分が間隙なく発されていることを表す。 |
| (.) | コンマ一秒前後の短い沈黙を表す。 |
| (数字) | 沈黙を表す。括弧内の数字はコンマ一秒単位での沈黙の長さである。 |
| : | 直前の音の引き延ばし。その個数により相対的な引き延ばしの長さが表現される。 |
| - | 直前の音が中断されていることを表す。 |
| . | 直前の部分が下降調で発されていることを表す。 |
| , | 直前の部分が継続を示す抑揚で発されていることを表す。 |
| ↑ | 続く音素の音程が高いことを表す。 |
| °文字° | 囲まれた文字が相対的に弱い音調で発されていることを表す。 |
| <u>文字</u> | 下線を引いた文字が相対的に強い音調で発されていることを表す。 |
| .hh | ドットに続くｈは吸気音を，ｈの個数はその相対的な長さを表す。 |
| ＞文字＜ | 囲まれた文字が相対的に速く発されていることを表す。 |
| ＜文字＞ | 囲まれた文字が相対的に遅く（ゆっくりと）発されていることを表す。 |

08行目で寺里が「あほやなあおれ：」と自己卑下［Pomerantz 1978］し，これを郷が10行目で「↑そんなことはないけど」と退けると，続く11行目で寺里が「ありがとう」と返す。この10行目の発話順番と11行目の発話順番は位置関係上隣り合っており，また「自己卑下する」―「その自己卑下を退ける」―「感謝する」という行為のセットの一部になっているが，隣接対の関係にはない。隣接対は２つの発話順番により構成され，１つ目の発話順番（これを隣接対第一成分という）が，その行為のタイプに適合した２つ目の発話順番（これを隣接対第二成分という）の生起に条件的関連性（conditional relevance）をもつ。たとえば，「今何時ですか？」と「質問」されたら，「５時です」等の「返答」を返すことが適切なものになる。この関連性を満たす第二成分が返されないと，反応の不在が公的に理解可能になる［Schegloff 2007: 20］。この断片で寺里は10行目の郷の発話順番が完了するのをみて次の発話順番をとり，また郷の発言に反応してもいるが，10行目の郷の発話［「自己卑下の退け」］がその生起を条件づけた，２つ目の発話を返しているわけではない。

主に順番交替組織［Sacks, Schegloff & Jefferson 1974=2010］のはたらきによって生じた「隣接関係」をゴフマンは隣接対と混同しているので，そもそもの議論の前提自体が会話分析との間で共有できていない。 隣接対は隣り合って発されることが参与者に志向されるような行為連鎖の一種であり，実際に配置された隣接対が隣接関係にないこともある。隣り合うことが志向されるために，第一成分が発されてから第二成分が返される間に発された発話は，ふつう両者の間に挿入されたものとして理解される。

隣接関係と隣接対の違いへのゴフマンの鈍感さは，ゴフマンと会話分析の間に横たわる溝の深さをよくあらわしているように思う。会話分析者が見出したいものは何かが「挿入」される等々の事態の認識可能性をもたらす隣接対のような個々の「仕掛け」であって，結果としての発話の分布を包括的に説明するようなコミュニケーションのモデルではない。けっきょく議論はここに戻る。

この章の冒頭に引用した論文でラーナーが取り組んでいた「面子」概念の問題も，同じ構図で解説することができよう。次に，トーク内の儀礼的要素にかんする議論を紹介する。

### 2-2-3　システム的要請（拘束）と儀礼的要請（拘束）

ゴフマンは「応答と反応」で，相互行為を形作る要請／拘束として「システム的要請／拘束」と「儀礼的要請／拘束」を区別し，隣接対概念を前者の「システム的要請／拘束」を満たすものと位置づける。「メッセージの送受にかかわる」「コミュニケーションエンジニアリング」[Goffman 1981: 14] といった表現をみるに，ゴフマンはメッセージの交換を通じたコミュニケーションのモデルを想定した上で，「システム的要請／拘束」をこちらの次元にかかわる要請／拘束として位置づけているようである。彼は「システム的要請／拘束」を満たした隣接対の例として次のやり取りを挙げる [ibid., 15]。

【断片２】
01　A：“What's the time?”
02　B：“It's five o'clock.”

続けてゴフマンは，断片２のようなやり取りだけがおこなわれることは少ない，ふつう次のようになるだろう，と言う [ibid, 16]。

【断片３】
01　A：“Do you have the time?”
02　B：“Sure. It's five o'clock.”
03　A：“Thanks.”
04　B：[Gesture] “ ‘T's okay.”

この（想像上の）断片では時間を尋ねる質問の発話形式が間接発話行為を伝えるものに置き換えられたり，尋ねられたＢが「Sure」と受けてから答えたり，またお礼のやり取りが付け足されたりといった操作が先の断片に施されて，「システム的要請／拘束」だけでなく「儀礼的要請／拘束」も満たした会話が例示されている。このようにしてゴフマンは，「儀礼的要請／拘束」の側面を捉え損なっている隣接対概念の不十分さを指摘するのである。

この批判に対してシェグロフは，儀礼的側面へのゴフマンの偏重が，彼自身が「個人や彼／彼女の心理ではなく，共在する人びとの振る舞いの間の統語的関係」を調べると宣言することによって捨て去ったはずの，心理主義的な説明にいまだ縛られていることを示すものだと反論する［Schegloff 1988: 94］。このシェグロフの批判がどれだけ正しいかは，わからない。だが「システム／儀礼的要請／拘束」概念が人の行為を拘束する役割にとどめられ，人の行為を可能にする側面に踏み込んでいない［cf. Silverman 1998: 35; Schegloff 1988: 117］以上，この二分法自体が会話分析への批判として機能していないだろう。先にみたように，隣接対などの「仕掛け」は，ただ人の振る舞いを拘束するのみならず，その拘束の下で実行された行為がなにものとして理解されるかを枠付けるものである。冒頭で挙げたラーナーの論文は，「面子を脅かすことと回復すること」［Lerner 1996: 304］の認識可能性を生じさせるような「仕掛け」を明らかにする試みだった。具体的には，ラーナーは話し手が途中まで組み立てた発話順番構成単位（発話順番を構成しうる，文，節，句，語などの単位）の続きを聞き手が引き取って完了させる「先取り完了」というプラクティスにみられる，「自己／他者」の区別への参与者の志向性を明らかにした。会話分析にとって重要なのは，ラーナーがやってみせたように，ゴフマンが一貫して拘り続けた儀礼的側面を，相互行為の「仕掛け」からあらわれてくるものとして具体的に記述することであろう[9]。この際に鍵になるのが，ラーナーも依拠した選好組織概念である。

### 2-2-4　選好組織と儀礼

選好組織は一般的には，相互行為の中で２つの選択肢がある場合に，どちらかを選ぶことが優先的に扱われ，この優先性が相互行為の構成に反映されるような仕組みを意味する。詳細な説明は他稿[10]に譲るが，たとえば人は「夕飯を食べに行こう」という誘いを断るときに，すぐに「行かない」と断るのではなく，少し間を空けてから「行きたいけれど，用事があって……」と，返事を遅らせたり理由を付けたりしながら断るだろう。このとき，誘いを「受ける」ことが「断る」ことより優先されており，その選好の存在が「間を空ける」，「理由を付ける」などの構成に反映されている。

選好組織はしばしば，ゴフマンの面子概念と結びつけて論じられてきた（代表的なものとして［Holtgraves 1992］）。とくに面子概念を社会言語学に輸入したポライトネス理論（本書第10章滝浦稿参照）の提唱者ペネロペ・ブラウンとステファン・レヴィンソンは，「選好の名の下に研究されてきた構造的諸傾向のほとんどは［…］面子への配慮に動機づけられたものとみることができる」［Brown & Levinson 1987: 40］とまで言っている。こうした主張に対してシェグロフは冷淡である。『行為連鎖組織』の選好組織の章で彼は，面子概念は理論家の概念的規定物だから選好組織とはまったく違うものだ，とあっさりこの見方を退ける［Schegloff 2007: 94］。デヴィッド・シルヴァーマン［1998: 161］も選好は人びとが互いの行為を問題のあるもの／ないものとみなすための資源を提供する組織であるといい，２つの概念の差異を指摘している。

ラーナー論文は，相互行為の儀礼的側面の中でもとくに「自己／他者」の区別の問題に焦点を当てていた。「自己とは常に相互行為の上

［9］これにアプローチしたものとして，シェグロフのゴフマンへのリプライ論文と同じ本に収められている Heath［1988］，Maynard & Zimmerman［1984］，近年のものでいえば序章で取り上げた Bolden［2013］，Speer［2012］，Heritage & Raymond［2005］，日本語で読めるものとして秋谷［2008］，串田［1999］を挙げられよう。

［10］たとえば Schegloff［2007］の第五章をみよ。

を漂っているようなものではない」[Lerner 1996: 319] と彼はいう。これに対しゴフマンは「自己」を相互行為秩序の維持と切り離せない本質的な関係にあるものと考えていたことを，アン・ロールズ [1987] や安川一 [1991] が論証している。このような儀礼的相互行為秩序観との比較において，フィリップ・マニング [1989: 374] のように会話分析者がトークの中での「自己」のあらわれに興味をもっていないとする論調があらわれてくるものと思われる。しかしながら，ゴフマン自身が言ったように「人」が「場面」に先行するのではなく「場面」が「人」に先行する[11][Goffman 1967: 3] とすれば，そして「自己」が人の内面に帰属するのではなく人と状況との間の社会的統制のパターンからあらわれてくるものである [Goffman 1961: 154] とすれば，まずはどんな「場面」が相互行為の中で「自己」であることを可能にするのかを調べるべきであろう。この問題に対するラーナーの議論の要点は，どのような「仕掛け」を使うことによって，適切に「自己／他者」として振る舞うことが可能になるか，というものである。彼のデータでは，「相手」にはっきりと「依頼」される前に「自分」から「提案」すること [Lerner 1996: 314-316] や，「他者」がはっきりと修復を実行する前に「自分」が修復すること [ibid., 313-314] が，「先取り完了」というプラクティスを利用して成し遂げられていた。つまり適切に「自己／他者」として振る舞うやり方のひとつは，「自己」であることや「他者」であることと相互行為の手続きの中で概念的に結びつきうる活動（「依頼／提案」，「他者修復／自己修復」）に従事することである。

断片 1 に戻って考えてみよう。ここでは郷からすでに学会発表でどんな資料を使うかを聞いていたにもかかわらず，それを寺里が憶えていなかったことが問題になっている。容易に見て取れるように，この

[11] この言葉も会話分析者がゴフマンを好意的に評価する際によく引用するものである。

断片で寺里が「あほやなあおれ:」(08行目）と言うとき，寺里の「個人」としての性質が問題になっている。ここで寺里が「自己」でありうるのは，適切に「自己卑下」をおこなうことができているからだろう。05行目で寺里は「今朝も」郷から聞いていたにもかかわらずそれを記憶していなかったことに気づいているが，この発話は以下２点の特徴を備えている。第一に，「今朝」という直近の出来事であることと，副助詞「も」の使用によって複数回聞いた事実が明らかになることによって，この件における寺里の記憶力の無さが示されている。第二に，「今朝」の出来事は情報を伝えた郷の側にも確認可能であるために，この発話は郷がそれに確認を与えることを適切なものにする。実際，郷は続く06行目で「う:ん:」とその内容に確認を与えている。こうして郷が使うデータの件にかんする記憶力の無さを示し，そのことへの郷からの確認も得た上で，続けて寺里は自分を指示（「おれ」）しながら「あほ」と否定的に形容する（ことだけをおこなう）発話順番を配置する（08行目)。簡単にいえば寺里は，証拠をあげ，その証拠を相手に認めさせたうえで自分の記憶力の無さを貶している。このような用意周到な組み立てを使うことによって，寺里は適切に「自己卑下」をおこなうことができている。他方でこの「自己卑下」を行う発話順番の次の位置に「そんなことはない」(10行目）を配置することによって，郷は寺里の「自己」に対して「他者」たりえている。以上のように，「自己」や「他者」であることは，相互行為の「仕掛け」によって可能になっている[12]。

会話分析者にとって種々の選好はあくまで相互行為を体系的に調べる中でひとつひとつ見出されていくべき経験的な事柄であって，あらかじめ研究者の側で「面子」のような基底的動機を設定する類のものではない。この，データ主導―概念主導の分析の進め方の差異とそれにまつわる方法論的問題も，シェグロフがゴフマンを手厳しく批判した点だった。

### 2-2-5　データと方法

ゴフマンが用いるデータは，主に自分が観察した出来事の再現と新聞記事や雑誌などのテクスト，あるいは想像上の事例などから構成されており，これは会話分析者が用いる自然に生起した（naturally-occurring）相互行為の録音・録画データとは大きく異なる。議論を進める際にゴフマンはだいたい，ゲームであるとか演技，転調といった概念を提出しておいてから，その概念を説明する事例を１つ２つ挙げてみせる。このやり方をシェグロフ［1988: 101］は「典型による社会学（sociology of epitome）」と呼ぶ。「典型による社会学」を，事例抽出が恣意的であることや比較検討ができないことなどで批判していこうとすれば切りがない[13]が，シェグロフがこのデータの使用法を批判している点のひとつは，記憶と想像に頼ると「もっともらしくない」例を検討できないことである［ibid., 102］。サックスも仮想例の使用には「もっともらしさ」に縛られる欠陥があると述べていた［Sacks 1984: 25］。もちろん日常生活者は，実際に相互行為の偶有的な状況下でその都度もっともな仕方で振る舞おうとするだろう。けれどもそもそも，何らかの振る舞いがもっともらしいものになる文脈は研究者が勝手に作り上げるものではなく，その振る舞い自体との相互反映的な関係において，当該の相互行為と切り離せずに立ち現れてくるものである。「典型による社会学」を実行する中で事例を挙げるとき，必然的にゴフマンは元々の現場の事象からその場の文脈を剥ぎ取り，自分のストーリーにあわせて与え直す［Watson 1999: 141］作業をおこなっている。

---

［12］提案／依頼の主体や修復におけるトラブル源（修復がおこなわれる対象）の話者のように，相互行為への参与の仕方として「自己／他者」であることと，「自己卑下」の例のように「個人」として「自己」であることは微妙に異なるだろう。この違いについて本章では立ち入った議論はできないが，ここでは，この２つの切り分け自体も会話分析の研究トピックになりうることだけ指摘しておこう。

［13］シェグロフ［Schegloff 1988: 101］はゴフマンの仕事を経験的と呼べないとまで言ってこきおろしている。

## 3　ゴフマン社会学と会話分析の近年の展開

### 3-1　ゴフマンの観察をトピックへ？

ここまでの整理で，ゴフマン社会学と会話分析との間の立場の違いをある程度明らかにできたと思う。しかし，序章でも述べたように，それでもゴフマンは会話分析の分野で一定の影響力を保ち続けている。これはなぜだろうか。その理由のひとつは，会話分析が領域横断的なプログラムとして普及していくにつれて，フィールドと観察対象が拡大していっていることに求められるだろう。ゴフマンの時代の会話分析は，シェグロフがそうであるように，電話会話の録音データを扱い，分析の焦点も順番交替組織か行為連鎖組織，あるいは修復組織に限定される傾向にあった。このため，ゴフマン自身が『反応の叫び』で会話の中の発話と環境を含めた社会的な状況への「反応の叫び」を対比させている［Goffman 1981: 122］ように，対象が「狭い」会話分析（会話内の発話交換）と「広い」ゴフマン（社会的状況における身体動作を含めた振る舞い全般）という対比の仕方もありえた［cf. 阪本 1991; 平 1993］。しかし，現在の会話分析者は小型化・廉価化されたヴィデオ機器を担いで，医療，司法，教育といった古典的な「制度的」場面だけではなく，街角やら美術館やらあらゆる場所に出かけていく[14]。

誤解が生じないように言っておくと，初期の会話分析研究の「狭さ」はけっして会話分析者の視野の狭さを意味するものではなく，いくつかの実際上の都合によるものだった。サックスが電話会話の分析から始めたのはあまりコストがかからないことやデータの入手しやすさ，観察しやすさという理由が大きいし，順番交替組織や行為連鎖組織，修復組織の分析に偏っていたのは「次の発話順番での証明手続き（next turn proof procedure）[15]」［Sacks, Schegloff & Jefferson 1974=2010: 116］によって分析に対する参与者自身の理解を調べやすく，まだごく単純なやり取りについてさえわかっていないことが多かったからだろう。むやみに身体動作に手を広げると確たるやり方で経験的な知見を積み重ねていくのが難しくなるし，そもそも電話会話でさえわかっていないことが多いのに，重い機材を担いで街角に出かけていくこともない。これに対してゴフマンは，自分の足でフィールドに飛び込み，目を使って観察したことを，「典型による社会学」で形にした。冒頭に挙げたラーナーの嘆きを再び持ち出せば，経験的分析の「地図」を作る必要がないからこそ，ゴフマンはその優れた観察眼を存分に活かして，今日の会話分析者が分析の題材として取り上げるような概念群を導き出すことができたといえよう。

ゴフマンの観察を分析のトピック［Zimmerman & Pollner 1970］へ。ゴフマンがフィールドに出かけていき，その優れた観察眼で写し取った，彼にとっての社会学的記述をおこなうためのリソースを，会話分析の経験的探求のトピックとして位置づけ直すことは，意味のあることに思える。じっさい，序章で挙げたいくつかの，近年の会話分析におけるゴフマンの援用は，ゴフマンの諸概念に形式的で体系的な分析を施し直す試みとして捉えることができる。

［14］ゴフマンが1968年に移ったペンシルバニア大学で，人類学寄りの立場から会話分析を使って仕事をし始めたグッドウィン夫妻が，いち早くヴィデオ機器を使用した録画データに取り組み，身体動作や視線のはたらきを記述していったことは特筆すべきである［Goodwin, C. 1981; Goodwin, M. H. 1980など］。とくに「フッティング」［Goffman 1981: 124-159］概念は，グッドウィン夫妻によって洗練され会話分析に取り込まれた（本書11章高田稿参照）。サックスとシェグロフも，1973年にグッドウィン夫妻と出会ってすぐに身体動作に興味をもち，身振りの形式的組織の研究を始めている［Sacks & Schegloff 2002: 133-134］。

［15］ある発話でおこなわれたことを聞き手がどう理解したかは，ふつう次の発話順番で示される。このことを利用した，ある発話に対する分析の正しさを次の発話順番における反応で確かめる手段のことを「次の発話順番での証明手続き」という。

### 3-2　ゴフマンの社会学的〈再〉記述

しかし，上述の「ゴフマンの観察をトピックへ」という展望は，ゴフマン社会学の諸概念を手がかりに会話分析をおこなえばよいという簡単な話ではない可能性がある。というのも，ゴフマンが相互行為を記述するために用いている道具立てが，日常生活者が使う常識的カテゴリーに属するものかどうかは自明ではないからだ。ゴフマンが比喩を用いて現象の「二次的」な構成物を作り出し，それに〈再〉記述を与えているというロッド・ワトソン［Watson 1999］の指摘の意味を考えねばならないだろう。ゲーム，劇場，印象操作，賭け etc. と，ゴフマンは比喩的な概念（とくにメタファー）を数多く駆使して議論を組み立てた[16]が，これらの概念は観察者たるゴフマンが人びとの振る舞いを記述するために戦略的に用いたものであって，日常生活者自身がそれをゲームや劇場等々でありうるものとして理解しているのかどうか［Schegloff 1988: 107-108］は問題にされていない。

この問題を考えるにあたって，ゴフマン批判として「読むこともできる」とマイケル・リンチ［Lynch 1993=2012: 417］が指摘しているサックスのエピソードが役に立つかもしれない。このエピソードは，第2節で挙げた人の外見の「不釣り合いさ」の話の少し前の部分にみつけることができる。サックスは，一瞥を交わしている人をみつけて，見てわかったことを記述するという課題を学生に与えていた［Sacks 1992: 81］。提出されたレポートに目を通したサックスは，学生が「何が起きているか本当はわからないのですが」と前置きしてから「私が推測するには」と断わり，「男がその女の子を見たのは魅力的だったからでは」云々と続ける例を見出して，なぜ本当はそんなことをしていないのに「推測」しているなどと言うのか，と注文をつける。リンチ［Lynch 1993=2012: 256］の解説によれば，ここでサックスは「行為

［16］マニング［Manning 1991］はゴフマンが『トークの諸形態』［1981］などの後期著作ではメタファーをあまり用いなくなったことを指摘している。

のカテゴリー的な理解可能性」や「理解される行為のあり方」を「破壊」してしまう「学問的な用心深さ」――何が起きているか本当はわからないが，推測するならと断ること――を「疑問視」している。ふだん学生は，あれこれ考えずにぱっと見て，男が魅力的な女の子を一瞥するという事態を理解しているはずである。それこそが通常の場合の「見る」という行為の常識的な理解可能性であって，「推測」という過程はこれに結びつくものではない。『日常生活における自己呈示』の序文で個人が与える情報や伝わる情報から受け手が「推測」をおこなうと述べるとき［Goffman 1959: 2-3］，ゴフマンが観察している行為者たちは常識的合理性の世界に住んでいないのではないか。これに対しサックスは「警官による道徳的性格の評価について」と題された論文の中で，警官が一般人に対して仕事としておこなう「推測」の手続きを分析した［Sacks 1972］[17]。「推測」はこうした活動の中で適切になされる行為であろう。

アン・ロールズ［Rawls 1989］が指摘しているように，ゴフマンもガーフィンケルやサックスと同様に，社会秩序が局所的に産出されると考えていた。だがこの局所的に産出される「秩序」は互いのおこないの意味が合理的に理解できるような常識的世界の「秩序」ではなく，人びとが意図的に与える／自然に伝わる情報から互いの素性やおこないの意味を「推測」し合い，演技しながら「面子」を維持していくような――これ自体はドラマツルギー論に限定したゴフマンの概念装置にすぎないので，これをゴフマンの所論全体に拡張するのはいささか公平性を欠くが――ゴフマンが〈再〉記述した現象の「秩序」なのではないか。

### 3-3　相互行為秩序の「ミクロ」な分析

ウェス・シャロック［Sharrock 1999: 133］は上の議論と同様の観点

[17] この論考は元々サックスがゴフマンのコースの課題として提出したものである。

から，ゴフマンの「相互行為秩序」概念は，日常生活世界に目を向けているエスノメソドロジーにとって有用でないという。この主張の是非はおいておくとして，ゴフマンに由来するこの概念が，立場によって異なった意味で用いられていることは指摘できるだろう。ゴフマンのそれと会話分析のそれは異なる［Rawls 1989］し，身振り研究の泰斗アダム・ケンドンが使うそれ［Kendon 1988, 1990: 2章］は，儀礼（ゴフマン）と理解／説明可能性（会話分析）の両方の視点を削ぎ落したものになっている。

会話分析的探求の「トピック」としてのゴフマンの観察の問題に戻ってくることを前提に，少しの間ケンドンに話を及ぼすことを許して欲しい。ケンドンがゴフマンの強い影響を受けながら対面的相互行為の研究を進めたことはよく知られている。初期の彼は身振りのほかに視線［ibid., 3章］，身体配置［ibid: 7章］，身体動作同士あるいは身体動作と発話の同期［ibid., 4章］といった，対面的相互行為の微調整を主題とした多岐に渡る研究に携わっていた。紙幅の都合上詳述はできないが，これらの仕事は録画データを用いた相互行為のミクロ分析を特徴とする文脈分析（context analysis）［ibid., 2章］の流れの中に位置する。この文脈分析の潮流にはケンドンの前に文化人類学者グレゴリー・ベイトソンと身体運動学の創始者レイ・バードウィステルが中心的に加わっていて，ゴフマンは彼らと交流し多くを学んだ（本書1章速水稿参照）。文脈分析では発話と非言語行動の構成要素を分解して示し，その諸要素間の関係を調べる。適切な相互行為の研究は「共在する人びとの振る舞いの間の統語的関係に対しておこなわれるべき」だというゴフマンの言葉は，ケンドンの耳には振る舞いの諸要素間の結びつき方を調べるべきだという提言として届く［Kendon 1988: 21］。参与者がどう互いの身体位置を微調整して対面的相互行為のための空間を作り出すか［Kendon 1990: 7章］，挨拶のやり取りはどう開始されるか［ibid., 6章］。確かに文脈分析は，微細な水準の調整を伴って諸振る舞いが関連づけられて配置され，それにより対面的相互行為の

「秩序」が維持されることを明らかにしている。ゴフマンは焦点化された／されていない相互行為という分類を提起すること［Goffman 1963］や，話し手／聞き手という二分法を解体してみせること［Goffman 1981a］などを通じて，こうした「相互行為秩序のミクロ分析」［Streeck 2009: 19］を刺激し続けてきた。

ここに，2-2-1節で触れた社会学におけるミクロ―マクロ問題とは別の，ゴフマンにまつわるもうひとつの「ミクロ」問題がある。振る舞いを分析する水準の「細かさ」である[18]。この2つの「ミクロ」について，シェグロフ［1988: 100］はゴフマンを批判する中で次のように言っている。曰く，ゴフマンは時折「ミクロ社会学／分析」を標榜していたが，ゴフマンと会話分析の目指す方向性に鑑みれば，やるべきことは何かに比較して「ミクロ」な領域の分析でも振る舞いの「ミクロ」な分析でもないはずである。なぜなら，人間行為はたんに「通常の」サイズのものだから[19]。シェグロフが分析に先立って「制度性」［Schegloff 1991］や「マルチモダリティ[20]」［Schegloff 2009: 359-360］などといった場面や出来事を特徴付けすることに慎重な姿勢を見せるのも，その場の人びとにとってのレリヴァンスを示すという方針に忠実だからであろう。電話会話を分析する中で，シェグロフ［Schegloff 2004: 101］はデータに何を使っているか明示することが研

[18] ゴフマン自身も，「相互行為秩序の研究手法として望ましいのはミクロ分析である」［Goffman 1983b: 2］と言っている。

[19] もちろん相互行為が，参与者の視点から「ミクロ」な状況として扱われたり特別に「微細な」仕方で組み立てられたりすることもあるだろう。これは経験的な問題であって，分析の前提ではない［cf. Sacks 1992: 65］。

[20] 近年，非音声的資源（視線，身振り，姿勢，指さし，表情 etc.）や環境（人工物など）の相互行為におけるはたらきに着目した研究を「マルチモーダル」な分析と称することが増えている［Stivers & Sidnell 2005; Streeck, Goodwin & LeBaron 2011］。グッドウィン夫妻の一連の仕事の流れを受け継ぎ，ケンドンやユルゲン・シュトリークら身振り研究者からの影響も強いこの一派は，当然のことながらゴフマンへの依存の度合いも高い。

究発表上の実践的な工夫だと告白したうえで，電話会話は対面会話からの逸脱例だというゴフマンの主張［1964: 135-136］を疑問視している。この2つに違いがあるということは分析の前提とできることではなく経験的な問題であって，参与者自身がどう区別を設けているかが示されなければならない，というのがシェグロフの考えである。

場面や出来事を参与者がどう把握するか，そして行為がまずはその場の参与者にとってどう理解されるか，また相手が理解していることがなぜわかるか，といった事柄に目を向けなければ，相互行為秩序が実際にどのように形成されるかを調べることは難しいものになるだろう［Heritage & Clayman 2010: 9］。参与者の志向に寄り添って記述を進めるという会話分析の方針は，相互行為秩序概念に対する会話分析とゴフマン（およびケンドン）の視点の違いを浮き彫りにする。

### 3-4　ゴフマンの「まだ記述されていない行為」の観察

ゴフマンが日常生活者の活動にワトソン［Watson 1999］が言うところの〈再〉記述を与えるとき，その場の人びとが容易にみてとることができて，当たり前のものだとみなせるような行為の理解可能性が見落とされることになる。他方で優れた観察者としてのゴフマンの〈再〉記述――たとえば初期のメタファー群――は，確かに読み手の経験的リアリティに強く訴えかけ，魅力的な物の見方を提供してくれる。おそらく我われは，役割距離や面子，関与シールド等々の「ようなもの」にかかわる知識の常識的カテゴリーを備えていて，それらを活動の中で区別しながら使う仕方を知っている。他方で日常生活者は，我われが実際に使用できているそうした常識的カテゴリーが，人間行為にかんする既存の語彙のストックの枠に収まらないものであることも知っている。このような，日常生活者が実践的に使い分けている行為の微細な差異を比喩により表現するのが，ゴフマンの戦略だったという串田［2006: 315］の指摘は非常に興味深い[21]。

あまりそう読まれることはないけれども，シェグロフがゴフマンへのリプライ論文の後半を使って展開した“you didn't get an icecream sandwich”という発話の分析［Schegloff 1988: 118-131］は，この点に踏み込む試みだった。シェグロフはこの発話がいかにして可能な不平[22]と聞かれるように組み立てられているのかを，丁寧に例証した。“you didn't get an icecream sandwich”はもちろん，「えー，アイスクリームサンドイッチ買ってこなかったの？　なんで？」といった類の不平とは異なる。この発話の分析を通じてシェグロフは，会話分析が行為の「ニュアンス」を，ただその存在を認めるだけではなくどのようにして「ニュアンス」が発現しているかがわかるような仕方で形式的に分析できるプログラムであることを例証したのである［Schegloff 1988: 131］。

このシェグロフの試みは，1996年の論文「ほのめかしておいたことの確認」でより明瞭な形をとる。アメリカ社会学会誌に掲載されたこの論文で，シェグロフは社会学の課題のひとつとして「まだ記述されていない行為の記述」を掲げ，過去にこれに挑んだ――そして失敗した――希少な例としてゴフマンの名を挙げた［Schegloff 1996b: 162-163］うえで，自分で「ほのめかしておいたことの確認」という行為の認識可能性を分析してみせた。言うまでもなく，「質問」や「依頼」「挨拶」といった行為と違って，日常生活者はふだん「ほのめかしておいたことの確認」という名で行為を呼んだりはしない。だがシェグロフはこの「ほのめかしておいたことの確認」が，他の種の

---

［21］また串田［1999］は，「助け舟」と「お節介」という，日常生活者のフォークタームとしては存在するが，ふつう研究者側で分析カテゴリーとしては用いないような行為への会話の中での関わり方を分析し，ゴフマンの観察がこうしたフォークタームによる行為の記述にも及んでいたことを指摘している。

［22］振る舞いは，ある行為を遂行する可能性をもつものとして理解されるように組み立てられる。ワトソン［Watson 1983: 106-107］は，会話分析の概念が決定論的だとゴフマンが批判する背景には，この行為の「可能な」性質への無理解があると指摘している。

「確認」と使い分けられていることを示し，どのような「振る舞いの間の統語的関係」によってこの行為の認識可能性が生まれるか，その「仕掛け」を明らかにしたのである。

## 4　おわりに

日常生活における相互行為がそれ自体として秩序だった仕方で組織されている現象であることを見出したときに，そしてその秩序が具体的な局所的振る舞いの網の目の中に，それらの間の関係の効果として生じてくることに気付いたときに，それを調査する方法としてゴフマンが選んだのは，詳細に観察して自分の言葉でそれを説明することだった。他方でサックスが選んだのは，具体的なやり取りを収録して何度も何度も聞き直し，その観察を手掛かりに，データの中の参与者自身が互いの行為を理解／説明可能なものとして組み立てていく方法を見つけ出していくことだった[23]。

3-1節で論じたように，会話分析のフィールドと分析対象が拡大していくにしたがって，それらの領域にゴフマンが遺した観察結果の重要性が高まっている。ゴフマンは相互行為の儀礼的，あるいは表出的側面に着目することによって，「まだ記述されていない」――ゴフマン自身は〈再〉記述しているけれども――種々の事態や行為を描き出すことに成功した。ゴフマン自身は経験的な分析のプログラムをもたないことで批判されたりもしたが，むしろ会話分析のような枠組みに縛られなかったことが，洞察力と発想力に裏打ちされた観察と記述を可能にしたのではないか，というのが筆者の見解である。この遺産をどう使うかが，会話分析に与えられた課題である。会話分析が見据

[23] 両者とも出来事の自然な「観察」を重視する点では共通するが，サドナウの比喩を借りれば，ゴフマンはいわば動物習性学者として対象に取り組み，他方でサックスは微生物学者だった［Sudnow 2001: 132］。

える「相互行為秩序」が，日常生活者が依拠する常識的知識に支えられた局所的な産出物であることを忘れると，会話分析者にとっての「トピック」が何かを見誤ることになりかねない。ゴフマンが光を当てた人間行為の微細な差異の，日常生活者にとっての常識的知識に依拠した基盤をいかにして記述していくことができるか。これに注意を払った経験的分析[24]が，あらためて会話分析に求められているだろう。この意味でゴフマンはいまだ会話分析という領域の中で生きている。

[24] 一例を挙げよう。西阪仰は，最近著した『共感の技法』[2013] の中で，東日本大震災の被災地で働く足湯ボランティアが，被災者との「会話」と「マッサージ」の２つの活動への関与をどう使い分けているかを分析している。彼はゴフマン [Goffman 1963a] の「主要関与／副次的関与」「支配的関与／従属的関与」概念を紹介したうえで，これらの概念をそのまま分析に（「リソース」として）使うのではなく，実際に足湯ボランティアがどうやって２つの活動を使い分けているかを，丁寧に検討していく（もちろん，活動が「２つ」であること自体も分析対象である）。その結果，西阪は「会話」が（それがなされている限りにおいて）「主要」な活動，「マッサージ」が「副次的」ではあるが「基底的」な活動として使い分けられていることを見出す。つまり彼は，関与配分にかんするゴフマンの〈再〉記述を手がかりに，相互行為の参与者の関与配分にかんする実際上の常識的知識を「トピック」に据えて，「まだ記述されていない」関与配分の仕方を記述してみせたのである。

第 6 章

# フレーム分析はどこまで実用的か

中河伸俊

この章の目的は，ゴフマンが1970年代前半に，その 2 つの “主著” のひとつ『フレーム分析――経験の組織化についての一試論』[Goffman 1974] で創唱したフレーム分析（frame analysis）が，40年後の今の社会学にとってどこまで有用なのか，とりわけ経験的探究の指針としてどれだけ使えるのかを考えることである。もちろん，刊行当時から長大にすぎるという評もあった同書の，その豊かなボリュームの中にちりばめられた多彩な論点を，限られた紙幅の中で汲みつくし検討しつくすというのは，無理かつ無謀だ。したがって，本稿の作業は，いくらかの整理といくつかの基本的な論点の検討といういわば予備的なものにとどまらざるをえない。

そうした作業を進めるにあたっては，エスノメソドロジー／会話分析（EM/CA）との比較が，補助線として役に立つだろう。平本が述べる通り（本書 5 章 p.106），ゴフマンの教え子だったこともあるサックスとシェグロフが創設に携わった会話分析は，「ゴフマンが晩年に投げかけた批判［…］などなかったかのように，社会学の枠を超えて人類学，言語学，認知科学，教育学，人間工学といった分野に跨がって幅広く行われる領域横断的なプログラムにな」るという成功を収めた。いっぽう，その対抗馬にという狙いもあったと思われるフレーム分析（以下 FA と略す）のほうは，おそらくはその「経験的分析の枠組みの面での弱さ」［平本 同上］も手伝って，少なくともゴフマンの当初の構想に沿った形では，研究プログラムとしてははかばかしい成果を収めたとはいいがたい。

もちろん，その刊行以来，この本について触れたり紹介したり論評したりした文献は，文字通り枚挙に暇がない[1]。また，そこで示された“フレーム”および“フレーミング”というタームは拡散し，広く使われるようになった。たとえば，それらをキイ概念にして，しかしゴフマンのFAとはごく薄いつながりしかない経験的研究が，近年，経営と組織，社会運動，マスメディア研究の3つの領域で，相互に無関係に顕著な発展をとげてきたと，コニグはいう［König 2008］。そのうち，経済学と認知科学を統合した行動ファイナンス理論で知られる，ダニエル・カーネマンとその共同研究者らの計量的な実験データにもとづくフレーミング研究［ex. Kahneman & Tversky 1981］は，私たちのホームグラウンドからかけ離れたところに位置するからここでは脇に置きたい。他の2つのうち，社会運動の社会学の領域で，主流の資源動員論を補完するものとして登場したスノウらの“ミクロ動員論”［Snow et. al. 1986］は，経験的な実用の面できわめて大きな成功をおさめた[2]。しかし，運動への参与者のリクルートや運動団体（SMO）の連携などの過程を，「フレーム調整」の諸方策や「マスターフレーム」といった道具立てを使って説明するこのアプローチは，相互行為場面を主に念頭においたゴフマンのFAの後継というより，従来社会学で使われてきた“イデオロギー”の概念を，より経験的実用に馴染みやすいようにリメイクして“フレーム”と呼んだというほうが当たっているだろう[3]。あるいは，マスメディア研究へのフレーム概念の応用［Tuchman 1978; Gamson et al 1992; Staniland & Smith 2013］の

---

［1］シェフがゴフマンについての書物を執筆した今世紀初めの時点で，米国の社会科学引用索引には，『フレーム分析』を参照した文献が1800以上記載されていたという［Scheff 2006: 74］。

［2］運動論におけるフレーミング分析のおおよそを見るには，本郷の要を得たオーヴァービュー［2007: 47-58］が便利である。

［3］フレームという発想と，グラムシ流のイデオロギー概念とを丁寧につないだ例として，社会運動論とマスメディア研究のつなぎ目に位置する，ギャムソンらのメディアイメージの研究プログラムについての提言を挙げておきたい［Gamson et al. 1992］

先達ギトリンの，「フレームとは，何が存在し，何が起こり，何が重要なことであるかについての暗黙の小さな諸理論からなる，選択と強調と表示の諸原則である」というしばしば引用される定義［Gitlin 1980: 6］にしても，たしかにゴフマンのフレーム概念の認知的側面を簡便に定式化しているが[4]，それを『フレーム分析』の，人びとの活動の組織化の過程でのコミュニケーション手段としてのフレームの具体的な使用とそれに伴う諸問題への執拗ともいえるこだわりから切り離して一人歩きさせるとき，社会的事象についてのありきたりな認知主義（≒主観主義）的説明になってしまうおそれが大いにある。じつは，ゴフマン自身も生前，心理学のシャンクとアベルソン，人工知能研究のミンスキー，言語学のフィルモアらを挙げて，自身のFAのそれとは別のフレーム概念があると指摘し，また，自身のホームグラウンドであるコミュニケーション研究においてさえ，「自分や，ベイトソンのとは違う」フレームについての考え方に依拠した論文[5]が登場しつつあると述べていた［Goffman 1981a: 67］。要するに，ゴフマ

［4］『フレーム分析』には，このような簡便な定式化はなく，ゴフマンの定義は次のように，もう少し歯切れが悪い。「私は，状況の定義は，出来事（少なくとも社会的な出来事）を統べる組織化の諸原則と，そうした諸原則への私たちの主観的な参与からなると考える。フレームとは，私に同定できる，こうした基本的な諸要素のことを指すことばである。これが，私のフレームの定義だ。“フレーム分析”という私の言い回しは，経験の組織化の，こうした観点からの吟味探究を指すスローガンである。」［Goffman 1974: 10-11］つまり，ゴフマンのフレームは，従来の社会学の用語の範疇に落としこむなら，「一方から見れば，出来事と経験は枠づけされる（framed）し，他方から見れば，私たちが出来事と経験を枠づけする（frame）というふうに，「構造と主体を架橋し，もしくは両者をバランスよく取り扱うのに役立つ緊張関係を保った」概念装置だということになる［Gamson et al. 1992: 384］。

［5］Tannen［1979］。これは，ゴフマンがデンジンとケラーへのリプライを執筆した時点では未刊。のち，タネンらの『ディスコースにおけるフレーミング』という論集（Deborah Tannen（ed.）, *Framing in Discourse*, New York: Oxford University Press 1993）に第1章として再録された。

ンのフレーム概念は，一貫して盛大なリップサービスを受けてきたにもかかわらず，その本来の発想に即して使われることは意外に少なかったのである。

## 1　フレーム分析の基本的な論点再訪

『フレーム分析』は，早くからゴフマンの主要な論題のひとつだった状況の定義（たとえば，もう1冊の“主著”『行為と演技』=Goffman 1959 参照）について，70年代初頭の時点でいま一度整合的に論じようとする試みであり，そして，そこでのフレーム（枠）についての発想の原型はすでに，「ゲームの面白さ」［Goffman 1961b］における相互行為膜をめぐる議論の中に認めることができる。自らのFAの視点を編み上げるためのリソースまたはヒントとして，ゴフマンは，ジェイムズ＝シュッツの多元的現実論［Schutz 1962］やカイヨワの遊び論［Caillois 1958］，ジンメルの社交や額縁についての議論[6]，ベイトソンらの動物の遊び行動研究［Bateson 1972］などを参照するが，そのうちでもとくに，フレームという語の出所であるベイトソン（ゴフマンと個人的な交流があった）の影響は決定的なものだった。ベイトソンによる動物の遊びの研究の，サルやカワウソやイヌといった哺乳類が，通常の“真剣な”争いや追跡等の動きやしぐさを誇張した「これは遊びだ」というメタメッセージを含む表出を使って「遊ぼう」という誘いかけを行うという知見［Bateson 1972］が，FAにおけるフレームの変換（transformations）という発想のルーツである。したがって，ゴフマンにとって，フレームは，人が，自分が「いま・ここ」で経験する活動や出来事を組織だった形で理解するにあたって依拠するいわゆる“頭の中”の認知的なスキーマ（図式）であるだけでなく，同時

［6］ゴフマンのFAを含む全業績へのジンメルの影響については，薄井の優れた考察［2013］を参照のこと。

に，人びとがコミュニケーション（およびメタコミュニケーション）的な道具立てを使って，協同の活動を組織化する際に実際に使われる相互行為的な“状況の定義”でもある[7]。

したがって，ゴフマンのFAアプローチの際立った特徴として，（1）相互行為場面に主に照準を合わせ，（2）フレームの変換とその重層構造に注目し，（3）人びとの活動の組織化にあたって使われているフレームの構造についての情報の配分がその活動の参与者の間で不均等であるという事態，つまり偽造（fabrication）を分析の俎上に載せるという3点を，とりあえず挙げることができよう。以上を踏まえて，いまでは屋上屋のきらいがあるが[8]，手順として，ゴフマンのFAアプローチの要点を再訪してみよう。

ゴフマンは，人が現在進行中の出来事の経験を意味が通る形で組織化するにあたって拠り所にする解釈枠組みを，プライマリー・フレームワーク（primary frameworks）と呼ぶ。“プライマリー”とは，変換されていない，言い換えればそのフレームが「それに先行する何らかの“オリジナル”の解釈に依拠したり立ち戻ったりすることなしに［主体の経験の組織化に］使われる」［Goffman 1974: 21］ということである。買い物をする，食事をする，授業を受ける，通勤する，キスをする，化学の実験をする，犯罪を目撃して警察に通報する等々，私たちが知っており，利用することができるプライマリー・フレームワーク

［7］このようにしてフレーム概念に負わされた二重性から，個人の“頭の中”での状況の定義と，協同的な社会的活動の中でworking consensus（作業的合意）として参照される状況の定義が食い違う可能性が導かれるが，しかし日常のいとなみにおいてはたいていの場合，「知覚と知覚されたものとの組織」の間に一致もしくは同型性を認めることができるとゴフマンはいう（Goffman 1974: 26）。しかし，偽造されたフレームにcontainされた（はめられた）“かも”の場合は，もちろんその限りではない。言い換えれば，この二重性によって，詐欺や“スティグマ”の隠蔽や，被験者にその“本当の”意図を隠した実験等々の，偽造という現象を社会学的考察の俎上に載せる余地が生まれる。

［8］たとえば，高橋［2002: 54-60］のような簡便な紹介がすでにある。

はほとんど無数にあり，私たちはそれらを，ことさらに反省的態度を介在させることなく“自然に”適用して日常生活をおくっている[9]。ゴフマンがそうした多種多様なプライマリー・フレームワーク間に設ける唯一の区分は，人為が介在しない自然の出来事（たとえば，大雨が降る）と，人為に導かれた社会的な出来事（たとえば，大雨洪水警報が発令されて該当地域の住民が避難する）との間のものである。

こうしたプライマリー・フレームワークは，人びとの社会生活の組織化の基盤であるだけでなく，ベイトソンが観察した哺乳類の“けんかごっこ”のように，ときに（とくに社会的なものは，ただしときには自然的なものさえもが）フレーム変換される。争いにおける攻撃や追跡のモーションが，たとえば噛んだり前肢で撃ったりする仕草をしても歯や爪を立てないというように体系だったやり方で変形され[10]，参与する個体間で「けんか」と「遊び」の二重のフレームが共有されて，その活動についての参照枠となる。ベイトソン = ゴフマン的な FA の観点からは，そうした子犬のけんかごっこと，人間がビデオゲーム機を駆使して行うたとえば『ストリートファイター』や『鉄拳』のような格闘ゲームは，オリジナルのフレームワーク（争いや格闘）と転

[9] ゴフマンは，こうした認識の基本的枠組みを個人に起因するものではなく文化社会的なものと見ていた。彼が，ラドクリフ = ブラウンと W. L. ウォーナー経由のデュルケミアンとして，カントの先験的なカテゴリー論を社会学化した『宗教生活の原初形態』のデュルケムの立場を踏襲していた可能性は高い。

[10] 動物の遊び行動の特徴は，次のようにまとめられる。(a) オリジナルの活動の通常の働きをそなえていない，(b) しばしば誇張が見られる，(c) オリジナルの活動のシークエンスに忠実でなく，停止ややり直しや休止が含まれる，(d) 大量の繰り返しがある，(e) 自由参加なので，参加したどの個体も自由に活動から抜けられる，(f) しばしばオリジナルの活動にはありえない役割の転換や交換が起こる，(g) 遊び活動はその外側の活動やニーズから独立している，(h) 独り遊びもあるがそれは，他の個体がやって来て複数のメンバーによる遊び活動が始まれば，その中に吸収される，(j)「これはまじめな活動ではなく遊び活動だ」ということを示す始まりと終わりのサインがある［Goffman 1974: 41-43］。

調されたフレーム（遊び）とが重ね合わされ，後者のいとなみの理解のために前者の体系だった参照が求められるという点において同種のものなのである。ゴフマンは，こうしたフレーム変換を，音楽で楽曲のキー（調）を変えることになぞらえて転調（keying）と呼び，さらに，そのサブタイプとして，（1）作りごと（make-believe），（2）競争（contests），（3）儀式（ceremonials），（4）技術上の見地からの再演や再現（technical redoings），（5）基盤を取り替えた活動（re-groundings）の5つの類型の（非包括的な）リストを示した［Goffman 1974: 48-77］。このうちの，（1）の作りごとは，日常会話の中でストーリーを語ることやふざけて人や事物の真似をすることから，白日夢，演劇・小説・映画・テレビドラマ等々の“脚本のあるドラマ”までを一括したものであり，（2）の競争は，スポーツやその他の競技，ボードゲームを含む各種ゲームを指す。（3）の儀式の例として，ゴフマンは結婚式や葬式，辞令交付式といった儀礼を挙げ，それは「日常生活の転調ではなく，出来ごとの転調」なのだと述べる（Goffman 1974: 58）。（4）の技術上の見地からの再演や再現には，練習や訓練，実演，資料提供のためのドキュメンテーション，精神医療や自己啓発のためのロールプレイ，および実験が含まれ，（5）の基盤を取り替えた活動とは，たとえば上流の貴婦人がチャリティのために模擬店で売り子を務めるといった，外形は同じでも動機等その“根拠”が取り替えられたいとなみのことを指す[11]。

こうした転調では，その活動の参与者はそれがフレーム変換されたものだということを等しく知っているが，フレームの重層化はつねにそうした形をとるとは限らない。フレームが変換されていると知っている参与者と知らない参与者がおり，そして知っている者はしばしば

[11] このうちの（1）の作りごとについては，さらに，①おふざけ（playfulness），②白日夢（daydreaming），③脚本に沿って展開されるドラマ（dramatic scriptings）という3つのサブカテゴリーが示される。

（複数ならば“チーム”を組んで）知らない者にフレーム変換の事実を気付かせないように情報統制を試みる，そうした重層化の様態もあるとゴフマンは指摘し，それを偽造と呼んだ。偽造は，詐欺のような，それがばれれば道徳的非難の対象になる“搾取的な”ものであっても，あるいは親（あるいは大人）が子どもに，クリスマスプレゼントはサンタクロースが持ってくると信じさせるといった“善意の”ものであっても[12]，その活動の参与者がだます側とだまされる側とに分化し，前者のみがフレームの重層化（ex.「“サンタからのプレゼント”を子どもの枕元に置くのはじつは親」）を経験するという，“状況の定義”の差異的配分状態が現出しているという点に違いはない。

変換されたフレームは，さらに再変換の対象になる。たとえば劇中劇，“オレオレ詐欺（振り込め詐欺）”の啓発ビデオ，歌手に扮した俳優が“3分間のドラマ”である流行歌を歌う映画のシーンの撮影のためのリハーサル……といったように，転調や偽造を幾重かに積み重ねた行いも，私たちの社会生活の中でそれほど珍しくはない。逆に，変換されたフレームが壊れて，その重層構造が消滅することもある。はじめは冗談だった悪口の言い合いが本当の罵りあいになるとか，舞台稽古で出演者が台詞をとちって素に戻って謝るといった転調フレームの崩壊ももちろん起こりうることだが，偽造フレームのほうが，その情報状態の不均衡のゆえに，構造的により壊れやすいといえる。“かも”（だまされている側）が偽造に気付き，そして自分の気付きを参与者の間で公（おおやけ）にすれば，通常，偽造されたフレームに沿って組織化された活動の維持は困難になる[13]。なお，転調・再転調……によるフレー

[12] それが偽造だとばれても道徳的に汚染されない（非難の対象にならない）善意の偽造の例として，ゴフマンは，（1）遊びやふざけ，冗談，（2）心理学等の実験のための偽造，（3）訓練のための偽造，（4）企業の従業員等に対する忠誠度チェック（vital tests），（5）親子間によくある相手を保護するためのうそ，（6）ゲームで勝つためのブラフや引っかけ，口車のたぐい，を挙げる［Goffman 1974: 87-103］。

ムの重層化を，ゴフマンは，地層のような縦方向の重なり合いとしてだけではなく，内側の，いわばよりフィクショナルな核心（core）と，外側の（つまり外部の事柄と隣接する）縁（ふち）（rim）からなる同心円として平面図的にも思い描き［Goffman 1974: 82］，フレームに依拠した人びとの経験の知覚を，その指向の焦点がしばしば核心から縁へ，また縁から核心へと自在に移行しうるものとして記述した[14]。

## 2　フレーム分析の使われ方と使い方——難点と可能性

ここまでが，『フレーム分析』の冒頭から5分の1ほどの，これまで比較的よく紹介され，そして“構造主義”だとか，静態的な分類学にすぎないとかいった批判［ex. Gonos 1977; Sharron 1981］を浴びてきた部分である[15]。ゴフマン自身，「最初のいくつかの章にはたしかに気の利かない類型が詰まっていて，それを糸でつないだような作りになっている」［Goffman 1981a: 67］と認めつつ，その後の各章で個別に，

［13］かもが偽造に気が付いていてもそのことを表明せず，気が付いていないふりをして逆にだます側になるとか，さらには，“かもが偽造に気が付いていること”に気が付いた当初のだます側が，かもが偽造に気付いていることに気が付いていないふりをするといった，入り組んだフレーム構造の錯綜も起こりうる。また，かもが偽造に気が付き，そのことを公にした上でなおかつ偽造されたフレームにコミットすることによって，偽造が転調に移行するといった推移も，ありえないことではない。

［14］たとえば，NHK の朝ドラ『花子とアン』（2014年放送）の主人公花子が「初めてのラジオ放送出演のリハーサルをするシーン」でのぎこちなさをハラハラしながら見るというのが，テレビドラマという「作りごと」のフレームの核心の領域での経験であるとすれば，花子を演じる吉高由里子のそのぎこちなさの演技を，「映画『蛇にピアス』で評判をとった新進女優」の評判にふさわしいものかとその“うまさ”のほどを吟味しながら見るのは，「作りごと」フレームの縁のほうでの経験ということになる。この二重のフレームは，たとえばホラー映画を見て恐怖のあまり恐慌状態になる，といった極端な場合以外は，経験の組織化の参照枠として併存しており，そして志向の焦点のその一方から他方への自発的な移行は，多くの場合必ずしも困難なことではない。

フレーミング（認知フレームの当てはめ）を社会的な過程と捉えたとき導き出される分析上の諸課題を検討しており，単なる類型論の提示に終わってはいないと論駁する。具体的にいえば，「対面的な活動における，［“いま，ここで何が起こっているのか”という基本的な問いかけに関わる］認知上の問題がもっとも生起しやすそうな出来事（エピソード）」に焦点を合わせ，「そうしたエピソードにおける括弧入れ（bracketing）の慣行や，重層性の深度，さまざまなタイプの“フレームを外れた”活動への許容と非許容，フレームの間違った当てはめ（misframing）の可能性，フレームの壊れやすさ（ヴァルネラビリティ）」［Goffman 1981a: 68］といった事柄について論じたとゴフマンはいう。それに加えて，“いま，ここ”の活動のフレームをその外の“社会構造”につなぐ繋留（anchoring）をめぐる考察（8 章）や，後の“フッティング（footing）”［Goffman 1981b］につながる相互行為への参与資格（participation status）についての議論[16]（7 章ほか），FA のアプローチの会話の研究への適用の試み（13 章）など，本書の本体部分には多彩で，その多くは今なお刺激的な論点が盛りこまれている。

以上のような FA 的な概念や分析枠組の調査研究への実用の試みは，大別すれば 2 つの流れに整理できる。第一は，この本の前の方のフ

[15] もちろん，ゴフマンは，デュルケム～ラドクリフ = ブラウン系統の社会人類学的な機能主義をその相互行為秩序の探究の出発点にしており，フランスの構造主義との接点はほとんどない。バルトは読み物としては面白いが，「作りもの」= フィクションの考察にあたってはむしろバーナード・ベレルソンの内容分析，ジョージ・オーウェルやドワイト・マクドナルドの大衆文化批評から影響を受けた，また，フレーム変換という発想のヒントは，ダーシー・トムソンの『生物のかたち（*On Growth and Form*）』から得たというのが，ゴフマン自身の自註である［Goffman 1981a: 62］。

[16] この参与資格概念から導き出された個人―役割公式（person-role formula; Goffman 1974: 269-270）と役割―キャラクター公式（role-character formula; ibid.: 275-284）は，フレームの重層性を前提とする FA ならではの，「作りごと」の研究に使い出がありそうな概念である（そのごく初歩的な利用例として，中河 1999 参照）。

レームの変換や重層化についての類型や議論を経験的な事象の説明に使う試みであり［たとえば，Levi 1981; Hickrod & Schmitt 1982; Bloland 1982; トンプソン 1986; Bouissac 1990; 大村 1996; 難波 2003; 平田 2009］，第二は，メイナード［Maynard 1984］，グッドウィン［Goodwin 1990］，西阪［1992］らによる，この本の後ろの方の“会話のフレーム分析”をめぐる提言の，会話と相互行為の研究における実用である。この2つの流れの間につながりはなく，そして大局的に見るなら後者を通じて，ゴフマンの『フレーム分析』での洞察の一部は，会話分析の文脈に回収されてきたといえるだろう。この後者については，その代表的存在といっていいグッドウィンについての南（7章）と高田（11章）の行き届いた紹介があるので，ここでは，それが手堅い経験的成果を挙げてきたことを再確認するだけにしたい。

いっぽう，前者の流れは，転調の積み重ねによるフレームの重層化や偽造フレーム，フレーム壊しやそれに伴う否定的経験，フレームをめぐる論争といった，たぶん少なからぬ数のこの本の読者が面白がっただろう論点を後者のようにスルーせず，正面からテーマ化しており，したがって，FA が独自の経験的探究のプログラム（EM/CA のライバル？）として成り立つ可能性の萌芽を含むといえる。しかしながらそれらは，現状では，固有な種類の知見をもたらす組織だった探究を形作っているとはいいがたいし，FA の発想や概念装置の事例を使った絵解きや根拠（権威？）づけの域にとどまるものも少なくない。こうした研究群から，FA ならではの経験的成果を残したものを挙げるとすれば，社会学ではまれな実験という調査技法を使ったギャムソンらの『不正な権威との出会い』［Gamson, Fireman & Rytina, 1982］ということになるだろう。この実験は，人びとは，どのような条件が整えば，「自分たちがたずさわっている活動のフレームは見かけどおりのものなのか」という疑問を抱き，さらにはそれを口にして本当のフレーム（いいかえればフレームの縁）を探る活動を行うのかを明らかにすることを目指したものであり，そうした調査法が肯定できるなら

（ちなみにゴフマン自身は「自然主義的観察」の信奉者であり実験という手法に懐疑的だった[17]），エレガントにデザインされた優れた調査だといえる[18]。

FAの実用の，よりゴフマンの関心に即した前者の流れが未発展なのは，無理からぬことだ。なぜなら，彼のフレーム分析の提言を，探究の方向性を示す単なるスローガン［Goffman 1974: 11］以上のものとして，たとえば会話分析と肩を並べるような研究的探究のプログラムとして読み取ろうとするとき，少し考えただけでも，その概念上の不備や調査技法上の困難に気付かざるをえない。そうした手当てが必要

---

［17］ギャムソンからこの調査研究についての説明を受けたゴフマンは，変数を使った命題検証型の調査法への懐疑からではなく，人びとの善意に基づく協力の意志を摩耗させるといういわば倫理上の理由から，こうした実験には賛同しがたいと述べたという。「［…］こうした実験が数多く行われるなら，その長期的な結果は，市民が，自分たちあてのあらゆる主張にペテンである可能性が十分にあると感じるようになり，他者に寛容であるために騙されるという破目に二度と陥るまいとして，必要とされる寛容な援助を与えないようになるだろう」［Gamson, Fireman & Rytina 1982: 40］。

［18］この実験では，「宣伝会社がクライアント企業の利害のためにさせようとしているグループセッション形式の不正なバイト」（もちろんこれ自体がギャムソンたちによって注意深く設計された，ゴフマンの用語でいえば“実験上の目的のための騙し experimental hoax”である）への不服従や反抗が，どのような相互行為的および背景的条件があるときに生まれやすいかを，条件を違えた9グループの200人以上の被験者を対象にしたセッションの結果を通じて解明しようとした。正当な権威ある存在（この実験の場合はバイトたちの「雇用者」）との対面的な出会いの場では，通常は面子維持作業（face work）やモノ化を通じて権威への服従が安定的に調達される。不服従や反抗は，そうした権威に従うことを伴う仕事という活動の基本的フレームワークを，別のものへと再フレーム化（re-framing）することによって可能になるが，その過程では，ゴフマンのいうフレームの縁についての発話や会話（rim talk）が重要な役割を果たす。「これは見かけどおりのストレートなフレームに沿った活動ではなくて，じつはフレームの偽造が行われているのではないか。しかもそれは不正をもたらす搾取的な偽造なのではないか」といった語りが，再フレーム化を促し，不服従や反抗を現出させたり組織化したりするのに一役買うというのである。

と思われる方法上の難点として，ここでは，（1）プライマリー・フレームワークの空白，（2）フレームの転調概念のずさんさ，（3）フレーム偽造の経験的同定をめぐる困難，という3点を挙げたい。

ゴフマンのFAの第一の難点は，プライマリー・フレームワーク（PF）の記述や同定への関心がみられないことである[19]。何らかの“自然な”活動が転調されたり偽造されたりする，その変換の様態を経験的に調べようというのがFAのスローガンであるのなら，変換前のPFの経験的な同定と記述が，その研究プログラムの大前提であるはずだ。ゴフマンは，PFはたくさんあると述べるだけで（そう述べること自体はもちろん正しいが），特定のPFを選んで具体的に，それがどのような特徴をそなえ，どのように相互行為場面で参与者の活動の組織化に使われるか，そしてそれがどのように変換されて参与者の経験を重層化させていくのか，といった詳細を観察し記述するという作業（言い換えれば，FA的な調査研究のお手本 exemplar の提示）を行なわずに，例によっての示唆に富むエッセイ的論述に終始する。フレーム変換について山ほど事例や挿話を並べても，PFの詳細についての記述がほぼ空白なために，『フレーム分析』は，きわめて抽象的な一書という印象を免れない。

私の考えでは，ゴフマンのPFは，別のタームに置き換えるなら“言語ゲーム”［大森 1999; 鬼界 2003］と呼ばれるべきものである[20]。そして，じつは，さまざまな個別のPF=言語ゲームについて，それについての知識（やその他の“身についた”もの member's competence）を使って，人びとがどのようにしてそれらを“内側から”組織化するのか，そのやり方の詳細を明らかにしようと努めてきたのがエスノメソドロジーの諸研究だった［ex. Francis & Hester 2004の拙訳[21]］。つまり，個別のPFの詳細を経験的に捕捉するというFAの研究を立ち

[19] ゴフマン自身も，それを『フレーム分析』の不備として認めている［Goffman 1981a: 67］。

上げるための大前提を満たすには，EM/CA のこれまでの成果（とりわけ成員カテゴリー化装置の研究や概念分析[22]といったその比較的新しい知見）を少なくともある程度は踏まえ，それに倣う必要がある。そうしない限り，FA は足元（つまりは基礎工事）を欠いた，幻の空中楼閣に終わる公算が大だろう。

さらに，この PF の空白によって，フレーム分析のための対象ユニットをどう想定し経験的に同定するかという，FA をゴフマン個人の職人仕事ではなく実用可能な研究プログラムにしようとするなら，避けては通れない課題が曖昧なままにされてきた。会話分析は，発話のユニットとしての順番（turn）とその隣接ペア関係に注目し，その連鎖構造を分析するという，研究対象をどう経験的に同定するのかについてきわめて明快な方針を早くに示し，独自の研究課題（たとえば発話の順番取り）を示して多くの研究者を擁するようになった。いっぽう FA では，分析対象のユニットは経験のストリップ（strip）と呼ばれ，この基礎単位は，「それに対する関心を維持するという形でそ

---

[20] デュルケミアンのゴフマンが概念化した PF（正確にいえばそのうちの“社会的”なもの）を，ウィトゲンシュタインの言語ゲームと重ねあわせるのは，無理な類比ではない。なぜなら，言語ゲーム概念の要点は，「[われわれの生活を形作る，無数の行為の織りなす] 巨大なネットワークを，いくつもの典型的な言語使用場面，つまりある種の単純な劇（シュピール）の集まりのごとくみなそうとすることにある。[中略] それぞれの言語ゲームは，簡単な背景，前後の脈絡，登場人物を持つ具体的なものであるため，その意味は我々にとって自然であり，極めて把握しやすい。それは「言語ゲーム／劇」とでも表記すべきものである。」[鬼界 2003: 247-8]

[21] このエスノメソドロジーの学部生向けの教科書の各章にまとめられた，「新聞やテレビでニュースを見聞きする」「家庭で食事をしながら会話する」「公共の場所に出かける」「助けを求めて公共機関に電話する」「講義や授業をする・受ける」「医者にかかる」「仕事の組織で働く」「自然科学の研究にたずさわる」といった事柄についての既存研究の紹介を一読すれば，さまざまな個別の PF=言語ゲームの詳細を経験的に明らかにするという作業が，どのようにすれば可能か，そのイメージを比較的簡単につかむことができるだろう。

[22]『概念分析の社会学』[酒井・浦野・前田・中村編著 2009] 参照。

の活動に主観的に関与する人たちの視座から見たときの，実際（real）のもしくは虚構の出来事の継起」を含むような「進行中の活動の流れから切り取られた，任意の断片もしくは切片」と定義される［Goffman 1974: 10］。

こうしたストリップをどう経験的に同定するか，またそうした同定にどのような分析上の意義があるのかは，明らかではない。「任意の断片または切片」という定義の仕方は安易に見えるし，また，その断片をだれがどのようにして切り取るのかもはっきりしない。“ごっこ”や“演劇”のようなフレーム変換された出来事だけでなく，PF の水準に属する“自然に起こっている”出来事にも時間的・空間的な枠付けがあり，ゴフマン自身が指摘する通り，その枠はそれを構成する相互行為の詳細，とりわけそこで使われるさまざまな境界の表示（たとえば会話における「こんにちは」と「さようなら」）に注目することで同定できる。さらに，フレーム転調についても，転調されたものの範囲を示す時間的・空間的な枠の表示があり（たとえば歌舞伎の幕の上げ下ろしや絵画の枠），そうした表示は個別の転調フレームのフレーミング慣行（framing conventions）の不可欠の一部分となっている。しかも，ややこしいのは，そうやって枠で括られた無変換の出来事の継起（たとえば朝家族が朝食をとりながら会話して通勤・通学に出るまでのやりとり）にも変換された出来事の継起（たとえば NHK の朝の連ドラの放送）にも，じつは数多くの言語ゲーム（パンを焼く，紅茶を入れる，リンゴの皮をむく，食事をとる，知人の噂話をする，朝の連ドラを見て夫がコメントをする，そのコメントを妻がうるさがる，自分のヘアセットが変ではないかたずねる，帰宅時間を尋ねる etc. etc.）が含まれる。テレビの連ドラのようなドラマ的産出物の場合，そうした言語ゲーム（ユニット的な人びとの活動）の表象はより濃縮された様式でずっと多く含まれることになるだろうし，また，“自然に起こる”のとは違った形で切り取られ枠づけられる場合がほとんどである。こうしたことを整理して考えるのに，FA のストリップの概念はほとんど役に立た

郵　便　は　が　き

恐縮ですが、
切手をお貼り
下さい。

101-0051

（受取人）

東京都千代田区神田神保町三―九
幸保ビル

新曜社営業部 行

通
信
欄

# 通信用カード

■このはがきを，小社への通信または小社刊行書の御注文に御利用下さい。このはがきを御利用になれば，より早く，より確実に御入手できると存じます。
■お名前は早速，読者名簿に登録，折にふれて新刊のお知らせ・配本の御案内などをさしあげたいと存じます。

お読み下さった本の書名

通 信 欄

## 新規購入申込書 お買いつけの小売書店名を必ず御記入下さい。

| (書名) | (定価) ¥ | (部数) 部 |
|---|---|---|
| (書名) | (定価) ¥ | (部数) 部 |

(ふりがな)
ご 氏 名　　　　ご職業　　（　　歳）

〒　　　Tel.
ご 住 所

e-mail アドレス

| ご指定書店名 | 取次 | この欄は書店又は当社で記入します。 |
|---|---|---|
| 書店の住 所 | | |

ない。ゴフマンが，フレームという概念を一種のメタファーとして多義的に使ったことが，たぶん FA アプローチの困難の大本なのだが，それを整理し直すための出発点として，フレーム変換という現象の経験的記述を視野に入れつつ，ストリップに代わる，人びとの言語ゲームの経験的に同定可能なユニットをどのように概念化するかを考えてみる作業が必要だろう。

第一が長くなってしまったが，ゴフマンの FA の第二の難点として，フレームの転調の類型の概念的ずさんさを挙げたい。『フレーム分析』では，上述のように，転調の 5 つの類型が示されているが，そのリストそのものが，フレームの変換とはどんな事態なのかをわかりにくくしている。「作りごと」において，フレームが転調され重層化されているという指摘は飲みこみやすいが[23]，「競争」や「儀式」を変換されたフレームとして同列に並べると，話がおかしくなる。たとえば，「競技」の類型に当たるサッカーのようなスポーツやチェスのようなゲームは，たぶんカイヨワの議論を意識して戦闘や戦争の転調と解釈されているように見えるが，それはあくまで歴史的起源の話であり，それが剣道やボクシングのようにその前身の要素を色濃く残している場合でさえも，私たちがいまその活動にたずさわるのに，そうした“オリジナルの活動”についての知識や理解は（「王」や「女王」，「〇〇戦に勝利」といった起源の残滓の表現が口にされるとはいえ）不可欠ではない。つまり，サッカーやチェスや剣道やボクシングは，その歴史はどうであれ PF のひとつとして取り扱うべきだろう。「儀式」についても，基本的には同じことがいえる。言い換えれば，転調フレームはベイトソンの原型に立ち戻り，それが行われる相互行為場面での活動の理解の重層化を基準として，大幅なダイエットが施される

[23] ただし，シュッツの多元的現実論や精神分析の発想からの移植なのだろうが，「作りごと」のフレームのリストの中に，夢や白日夢や妄想を含めるのはいただけない。転調はフレームの二重化を伴うという基本的な理解が揺るがされる上に，方法上，経験的研究もきわめて困難だからだ。

必要がある。

第三に，以上の2つのようなキイ概念に含まれる難点ではないが，ゴフマンのFAの重要な売りであるフレームの偽造は，同時に，本来的に経験的研究が難しい現象でもあるということを指摘しておきたい。偽造概念は，印象操作（管理）やスティグマの隠蔽といったゴフマンの初期からの関心の集大成ともいえるが，それが指す事態の同定と観察は，とくにゴフマンが推奨する自然主義的観察という方法一筋ではなかなかうまくいかない。調査者があらかじめ“だます側”のチームに属している場合はさておき，そうでない場合，相互行為場面を詳細に観察しても，“だまされている側”はだまされていることを知らないし，“だましている側”はフレームの二重化を隠そうと情報コントロールに腐心するわけだから，偽造という事態をその進行中に同定するためには，調査者の側に“神のような”調査能力か，あるいは偶然の僥倖が必要ということになる。したがって，偽造は，リアルタイムではなく「ばれた」あと，あるいは「時効になった」あとの事後的・回顧的な聴き取り等の調査で同定されることが多く[24]，そのフレームが維持されていたときや壊れる前後の相互行為的詳細の多くは調査の時点では失われていることになる。もちろん，ちょっとした，しかも善意の偽造の場合には，話は別だ。マジメな顔で語られるほらや冗談，演劇やテレビドラマでの読者を“釣る”ストーリー上の仕掛け，推理小説におけるミスリード等々は，「後でばらす」ことを大前提として仕掛けられており，そして私たちは，一参与者として（多くの場合“かも”として），偽造フレームが作り上げられ壊される過程の一部始終を観察できる。しかし，ゴフマンのお気に入りの，コンゲーム（信用詐欺）や諜報戦における騙し・騙されのフレームの錯綜といった事態については，たいていの場合，社会学者には『フレーム分

---

[24] ガーフンケルの著名な「性転換者」アグネスのpassingについての事例研究（本書の鶴田の章参照）も，その一例といえるだろう［Garfinkel 1967］。

析』でのゴフマン自身と同じく，各種の二次資料に頼るという方法的見栄えのよくない手立てしか残されていない。

さて，こうして難点を並べたが，先に挙げた，『フレーム分析』の提案の一部を EM/CA 系統の探究に回収する，FA 実用の“後者（2つ目）の流れ”にはそれらは該当しない。事実，そこで取り上げられた FA の洞察はすでに，本書の南の章（7 章）にも見られるように，着実で活力のある調査研究の指針に結びつけられている。それだけでも，FA はすでに十分な貢献をした，ともいえるだろう。しかし，それらを実用可能にするにはかなりの方法論上の検討と手当てが必要であるだろうが，フレームの変換と重層化，偽造とその崩壊，核と縁，“正しい”フレームをめぐるコミュニケーション（frame talk）とその封じ込めといったゴフマンの FA の中心的な着想群には，捨て去ってしまうには惜しい魅力がある。とりわけ，『フレーム分析』に演劇のフレームを細かく論じた 1 章が設けられていることでもわかるように，FA の視点は，さまざな「作りごと」のジャンルを成り立たせるフレーミング慣行の詳細を調べ記述・分析するという作業に適しているように見える。個々の作りもののフレームは，どのような慣行（conventions）の蓄積によって成り立っているのか。そうした慣行とそれを支えるテクノロジーの違いは，たとえば，小説から舞台や映画やマンガへ，アニメからラジオ（音声）ドラマやゲームへ，といったいわゆる“コンテンツ”のシフトにどんな拘束を与え，どんな異なった特徴の生起を可能にするのか。こういった問いをめぐる考察にとって，フレーム変換という FA の発想は有力な装備になりそうだ。もちろん，実用の試みを重ねた結果，フレーム変換による「多元的現実」の重層的な積み重ねという概念装置はじつは過剰で，もっとエコノミーな，たとえば“共テクスト性”（Kristeva 1970）といった切り口で事足りる，ということになるかもしれない。しかし，試してみる価値は十分にあるだろう。ゴフマンの FA は，刊行から40年を経ていまなお，経験的適用の試みによる有用性のテストを待ちわびている。

第7章

# 引用発話・再演・リハーサル

## ――フレームの複合性と経験の自在性

南　保輔

## 1　はじめに

ゴフマンのフレーム分析は,「経験の構造」を取り上げたものである［Goffman 1974: 13］。本論の目的は，社会生活における人びとの経験が活動の複合体として成り立っていることを引用発話と再演（replay），リハーサル（preplay）の事例を用いながら示すことにある[1]。

## 2　引用発話――M. グッドウィンによる少女の口論研究

ゴフマンがフレーム分析をトークの分析に適用したのは，著書『フレーム分析』の13章だった［1974: 496-559］。その実質的分析は引用発話についてのものから開始されているが［1974: 504],「参照フレームがかかえている特別な脆弱さ」［1974: 10］に着目した分析を進めてきたゴフマンにとってはしごく当然のことかもしれない。本節では，M. グッドウィンによる少女の口論（dispute）研究を取り上げる［Goodwin, M. 1990］。活動とフレームの複合性・重層性をよく示すものだからだ。

M. グッドウィンは,「こう言ったって言ってるよ（he-said-she-

［1］「複合（的)」ということばは，英語の「complex」の訳語として考えている。「complicated」と混同して「複雑な」と訳されることが多いようだが,「複合的」というときにはある種の規則性が想定されるのに対して,「複雑な」ということばからはそのような体系性は前提されないと本論では考えている。

said)」という対峙（confrontation）文句に着目した分析をおこなった。たとえば，ウタコとテルコ，ハナコという 3 人の少女がいて，「あんたは，テルコに，あたしのかあちゃんでべそって言ったんだって！」と，ハナコがウタコに対峙するときの発話がその例である。そこで，引用され話題とされているのは，「ハナコのかあちゃんはでべそ」とウタコがテルコに対して，ハナコがいないところで言った発話（陰口）である。つまり，対峙発話は，陰口を引用することで組み立てられている。

この引用発話が興味深いのは，現下の発話者（ハナコ）がオリジナルの被引用発話を自分で聞いたものではないという点だ。オリジナルの発話の聞き手であるテルコから，ハナコはそのことを聞いている。「「ハナコのかあちゃんはでべそ」とウタコが言ってた」という，対峙発話における被引用発話は，それ自体が引用発話を含むものであり，三層の入れ子構造となっている。

表 1　「あんたは，テルコに，あたしのかあちゃんでべそって言ったんだって！」の三層

| 発話 | 発話分類 | 時点 | ウタコ | テルコ | ハナコ |
| --- | --- | --- | --- | --- | --- |
| ハナコのかあちゃんはでべそ。 | 陰口 | 時点 1 | 発話者 | 宛て名 | 話題人 |
| 「ハナコのかあちゃんはでべそ」とウタコが言ってたよ。 | 告げ口 | 時点 2 | 話題人 | 発話者 | 宛て名 |
| あんたは，「テルコに，「あたしのかあちゃんでべそ」って言った」んだって！ | 対峙 | 時点 3 | 宛て名 | 話題人 | 発話者 |

オリジナルの発話（陰口），それがハナコへと伝えられた発話（いわゆる告げ口），そして，対峙発話のそれぞれについて，3 人の関係をまとめると表 1 のようになる。オリジナルの陰口はウタコ（発話者）がテルコ（宛て名）に対して，ハナコ（話題とされている人；以下「話題人」とする）について発したものだ。告げ口は，テルコ（発話者）

がハナコ（宛て名）に向かって，ウタコ（話題人）の発話を告げたものである。そして，対峙発話は，ハナコ（発話者）がウタコ（宛て名）に向かってテルコ（話題人）の告げ口の内容を提示するものである。ここで「聞き手」ではなく「宛て名」としたのは，発話を聞いたのはひとりとはかぎらないからだ。たとえば，対峙場面では，ハナコはテルコを証人として伴ってウタコに対峙すると思われる。つまり，テルコも対峙発話を聞いて「その通り」とばかりにうなずいてみせることで，ウタコを詰問するハナコの主張は威力を増すことになる[2]。

つぎに，これらの３つの発話がなされた時点と順番を確認しよう。これらは，３つの異なる時点でなされているが，先行する発話を報告したり引用したりするものである。つまり，

　　発話２＝発話１の引用・報告

であり，

　　発話３＝発話２の引用・報告＝｛[発話１の引用・報告］の引用・報告｝

である。すなわち，

　　ハナコ：あんたは，「テルコに，「あたしのかあちゃんでべそ」って言った」んだって！

のように，時点が先行するものを重層的に引用する入れ子構造をしている。

本論は，ハナコの対峙発話で引用されている２つの発話がなされている場面を「フレーム」とし，対峙発話を発したり聞いたりするときに，少女たちはこれらフレームを瞬時に思い浮かべて発話者と宛て名，話題人といった関係を理解していると主張する。経験の「構造」を構成する位相のひとつの層のメタファーとしてフレームを位置づけるなら，対峙発話はそれが発話され聞かれるフレームを含めると三層であ

［2］さらにこみいった話だが，「話題とされている人」というカテゴリーはやや幅広い。ここでは，その母親がでべそと言われた，ある発話行為（陰口）をおこなった，そして，ある報告発話（告げ口）をおこなったといったことを含んでいる。

ると言うことができるだろう。

トークのフレーム分析の主たる理論的貢献は,「話し手」と「聞き手」という概念は不十分なものであって,トークにおいて人がしていることを詳しく見れば,その解体が必要だと示したことだ。ゴフマンが後の著作で「フッティング」として整理したものだが［1979, 1981］,これまでの例を使ってまとめると,詰問されているウタコは,「ハナコのかあちゃんはでべそ」という発話の著者（author）であり文責者（principal）である。また,テルコに向かって発話を生き生きとしたものになした存在（animator）かつ発声者（emitter）であり,ハナコの詰問においてはそのようなフィギュア（figure）として提示されている。告げ口を聞いたハナコに,ウタコに詰問しようと思わせたのはウタコが陰口の文責者であると即座に理解したからだと言えるだろう。

以上,日本の少女名を使ってM. グッドウィンの分析の一端を紹介した。少女たちが詰問し対峙しあうときに使用している言語資源とメカニズムについてフレーム分析を利用しながら明らかにした貢献であると位置づけることができる。

## 3　再演――トークショウにおける引用発話

M. グッドウィンの分析は,3つの場面（フレーム）をまたがって発話が組み立てられていることを示すものであった。しかし,フレーム分析の理論的貢献のひとつであるフッティングを十分に活用しきったものとは言えない。トークのフレーム分析の中核をなす再演を取り上げていないからだ。

再演（replay）についてゴフマンは以下のように言っている。

> 繰り返そう。物語や逸話,つまり,再演すること（replaying）は過去の出来事のなんらかの報告にすぎないというわけではない。真の意味で,それは,実際の,あるいは潜在的な参加者という人として

の視点から表現されているような陳述なのだ。そしてその参加者は，報告される出来事の，ある時間的かつ劇的な展開がその出発点から進行するような位置に立っているのだ。それゆえに，再演することは，ついでに言っておくとすれば，起こったことに聞き手が共感的に入り込み，想像的に再体験することができるなにかとなるのだ。要するに，再演することは個人的経験を詳述するものであって，単に，ある出来事を報告するものではないのだ［Goffman 1974: 504］。

上の引用文の「起こったことに聞き手が共感的に入り込み，想像的に再体験することができるなにかとなる」という部分に注目したい。このはたらきを担うのは，ゴフマンのフッティング分類で言うとアニメータだろう。つまり，その引用発話を生き生きと（animate）演じるということだ。

表2は，そのような再演発話を2つ挙げたものだ。

表2　再演発話リスト2つ

01　山田：映画に出てみないか？
02　鉄矢：いっしょにやるのはだれですか？
03　山田：高倉健というひとだ。
04
05　鉄矢：あの，寅さん，寅さんとよばれて，
06　　　　渥美さんもたいへんですねえ。
07　渥美：てっちゃん。あのね，役者がね，
08　　　　あの，役名で呼ばれるってなあ，名誉なことだよ。

これらは，歌手で俳優でもある武田鉄矢出演のトークショウから取ったものだ［南 2008: 15］。2006年1月にNHK総合チャンネルで放映された『スタジオパークからこんにちは』の一部である。ここでは，鉄矢が売れない貧乏暮らしから抜け出す転機となった映画出演のときのエピソードを自分で再演している。最初（01-03行）が映画の山田洋次監督から出演依頼があったとき，2つめ（05-08行）はその撮影現

場での，共演した渥美清とのやりとりである。どちらも，放送では状況説明をしながらのせりふの再演だったが，表2ではせりふだけを載せている。その再演らしさは，鉄矢が山田監督や渥美清の口調をまねているところに見られる。

2節で取り上げた少女たちの対峙の場合，どのような口調で言ったのかはあまり問題とならなかった。なにを言ったのか，ほんとうに言ったのか，という点が問題とされていた。引用に際してオリジナルの発話者の口調を模倣しアニメートするということはなされてはいなかった。対照的に，再演においては，そのせりふで表象されている人物（これをゴフマンはフィギュアと呼んだ）らしさを伝えることがたいせつである。これこそまさに，トークショウにおいてホストが期待しているものでもあるだろう。武田鉄矢は音楽番組の司会もしており，話術に高い評価を得ていると思われる。表2のような再演のスキルは，鉄矢の話術の一部を構成すると言えるものである。

## 4　事前演技――プレスカンファランスフレーム

3節でみたように，再演とは，過去になされた発話をその口調を模して言うことである。だが，口調を模して言われるのは過去の発話にかぎらない。本番の「リハーサル」は前もっての再生・演技（play），つまり事前演技（preplay）と考えることができる[3]。

断片1は，ロボットラボ（研究室）でのミーティングからのものである。ロボットを宣伝するデモンストレーション（以下，「デモ」）を作るプロジェクトのミーティングだ。プロジェクトのワーキングチームリーダーである研究員と大学院生の2人が，ロボットにどのような

[3] ゴフマンは，儀礼の「リハーサル」[1974: 58] を論じている。ほかに，技術的再為（technical redoing）の下位カテゴリーとして，練習，エキシビションとしてのデモ，証拠資料作成（documentation）なども「本番」としてではなくおこなわれること（doing）として検討している [1974: 58-77]。

動き（ムーブメント）をさせるかを相談している。院生が提案した「バイバイ」という動きについて，研究員が答えているのが01-02行である[4]。

### 断片1　プレスカンファランスでのデモについての相談

01　研究員：ま，ホールボディムーブメントがなくてもいいんだった
02　　　　　ら，バイバイでもいいけども。まあ，両方見せるんかな。
03　　　　　たとえば，バイバイをライブで見せて，で「これはシン
04　　　　　プルモーションです」と。
05　院　生：《うなずく》
06　研究員：でたとえば，「whole body movement としては，」えっ
07　　　　　と，「standing behavior を」えー
08　院　生：《うなずく》しめす
09　研究員：「教えることができますよ」と。「これは実際には，few
10　　　　　hours かかりますよ」と。
11　院　生：《うなずく》
12　研究員：で，最初の，シーン，途中のシーン，最後のシーンを
13　　　　　ヴィデオで見せる。
14　院　生：《うなずく》
15　研究員：なんかな，まヴィデオになる（んだ）

このプロジェクトは研究員と院生の２人で取り組んでいる。どのような動きとするかを話し合うというのがこの場でおこなわれていること（what's going on），つまりフレームだ。そして，想定されているのが，完成したデモを発表するプレスカンファランスである。新聞社や放送局などメディアを集めてロボットのお披露目をする。そのときに説明として語る文句が03行から10行にわたって発せられている。つまり，「これはシンプルモーションです。whole body movement としては，standing behavior を教えることができますよ。これは実際には，

［4］このデモ開発プロジェクトの詳細については，南［2011］を参照のこと。

few hours かかりますよ。」というのである（以下では，この発話を「これは」発話と呼ぶ）。

図1は，プレスカンファランス場面のイメージ図だ。オーディエンスは実際には登場しないが，メディアの記者たちは市民であるオーディエンスの代表（民権擁護者 tribune）という使命をもっている [Clayman & Heritage 2002: 171]。

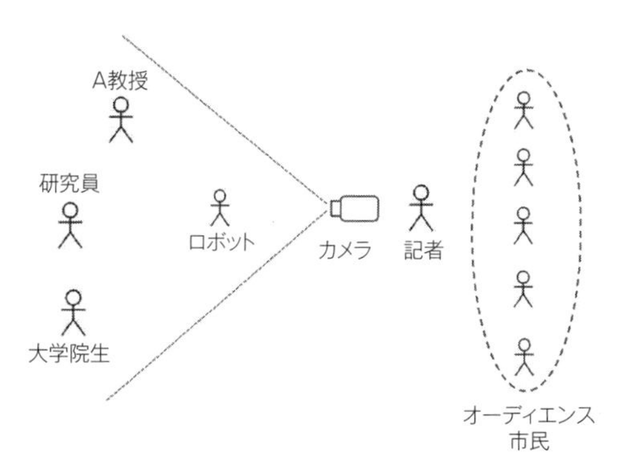


図1　プレスカンファランスフレーム

本番のプレスカンファランスでは，研究員も大学院生も出席してロボットを操作してみせた。だが，メディアに向かって説明をおこなったのはプロジェクト代表のA教授だった。断片1で事前再生された「これは」発話をA教授が実際に言ったかどうかは確認できなかったが，研究員の発話はプレスカンファランスで発せられることを想定したものということができる。それは，発話の形式的特徴からもわかる。まず，「です」や「ます」という敬体が使われている。引用符をつけていない部分では常体が使われているのとは対照的だ。そして，「よ」という主張（念押し・確認）の終助詞の存在，さらに，「と」という引用標識が使われていることだ[5]。

ただし，脚本のせりふのようにまったくそのまま発せられるものとして提示されているわけではない。「few hours かかりますよ」(09-10行)のように英語が使われているが，それは，院生がヨーロッパからの留学生であり，日本語はかなり話せるものの母語話者ではないからであろう。「whole body movement」といった専門用語が日本語に訳すことなく使われる一方，「数時間かかる」と英語で言うことが研究員とこの院生とのあいだではふつうにおこなわれている[6]。

A教授の口調を模したものとして提示されてはいないし，英語がそのまま使われていたりと，厳密な意味での再生とはずれているかもしれない。だが，本論の議論にとって重要なのは，「これは」発話がプレスカンファランスにおいてメディアを相手にロボットの説明をしているときになされるべき発話として提示され聞かれているということだ。つまり，プレスカンファランスフレームを参照し動員しているということができよう。しかも，それによって，望ましいロボットの動きとデモンストレーションについての具体的なイメージが伝えられている。逆に言うと，プレスカンファランスでそのように説明することができるような，ロボットの動きとデモを作りましょうと，研究員は院生に提案している。完成したロボットが動いている時点を時点2とすると，それを使ってのプレスカンファランスが時点3，そして，「これは」発話を発している「いま」は時点1となる。目標として投影(project)されるロボットの動きがなされているフレーム(時点2)，それを紹介し説明しているフレーム(時点3)という2つを「これは」発話はプロジェクトしている。

---

[5]「よ」について，早野［Hayano 2011］は，アセスメント連鎖において，指示対象について話者間の知識状態に差があるときに，その優越性(epistemic primacy)を主張するために使用されると述べている。

[6] ロボット研究の分野では，学会発表も投稿論文も英語が使われるのがふつうだ。このことも関係しているかもしれない。

## 5　むすび

引用発話と再演，リハーサルという 3 種類の発話のフレーム分析を通じて，活動フレームの複合性・重層性を示した。2 行ほどの発話に，時点と場面の異なる 3 つの活動が組み込まれていることが明らかになった。発話者と聞き手がこれらの位相の構造を苦もなく理解していることが示唆されるが，これも驚きである。このように複合的で重層的な経験の構造を解明する研究をゴフマンは切り開いている。これを活用して社会生活についての理解を深めていくのは，後に続くものの責務であろう。

*　本論が取り上げる研究は，科学研究費（基盤研究C「ポライトネスの独日英語対照比較――社会心理学を参照して」（課題番号　22520408；研究代表　渡辺学学習院大学教授））の助成を受けたものである。以下はこのときの成果である［Watanabe and Minami 2010］。本論の分析は，2011年 9 月の日本社会学会での報告をはじめ，数回にわたるビデオデータセッション研究会での報告に基づいている。また，本稿の草稿は2012年 3 月の新潟青陵大学ＥＭＣＡ研究会で報告した。これらの機会に寄せられたコメントに感謝する。

第8章

# 「ふつうの外見」と監視社会

永井良和

## 1 「儀礼的無関心」と「ふつうの外見」

数多くの著作のなかでゴフマンが示したさまざまなアイデアのうち，しばしばとりあげられるのが「儀礼的無関心（civil inattention）」である。対面的な場にいあわせる個人が，目の前にいる人を見て見ぬふりをすること，あたかもその人に関心がないかのような演技をすることをいう。「儀礼的無関心」という概念がとりたてて紹介されるのは，演劇論的アプローチと呼ばれるゴフマンの考え方や，ひいては彼の人間観をよくあらわしているとみなされるからだ。

「儀礼的無関心」についての説明がなされたのは『公共空間における行動 *Behavior in Public Places*』（1963年）である。ゴフマンの著作としては，早い時期に翻訳された（『集まりの構造』，1980年）。いっぽう，「儀礼的無関心」と強いかかわりのあるアイデアを，ゴフマンはのちに別のことばでとりあげている。『公共における諸関係 *Relations in Public*』（1971年）のなかで論じた「ふつうの外見（normal appearances）」が，それである。『公共における諸関係』の出版は8年おそく，邦訳も出されていない。「ふつうの外見」という概念が，さほど注目されない背景には，こういった出版事情のちがいもあるだろうか。

まず，これらふたつの概念の異同について考えておきたい。

ゴフマンは『公共空間における行動』で，「焦点の定まらない相互作用（unfocused interaction）」と「焦点の定まった相互作用（focused interaction)」とを対比して論じている。「焦点の定まらない相互作用」をイメージするには，たとえば都心の雑踏のように，たがいに面識のない人びとが行きかい，いあわせる場面を想定すればよい。人びとは，特定の目的を共有していっしょにいるわけではない。このような状況における人びとの行為が，「焦点の定まらない相互作用」とされたのである。

対面する人びとがかかわりあいを深め，知りあいになっていけば，そこでは「焦点の定まった相互作用」が観察される。「焦点の定まらない相互作用」と「焦点の定まった相互作用」とは相対的な関係にあり，「儀礼的無関心」は，知りあいどうしでない人びとのかかわりあいにおいて特徴的にみられる行動だといえよう。もっとも，知りあいどうしの相互作用においても「儀礼的無関心」が求められることは少なくないのだが。

その，「儀礼的無関心」について，ゴフマンは次のように解説する。「相手をちらっと見ることは見るが，その時の表情は相手の存在を認識したことを（そして認識したことをはっきりと認めたことを）表わす程度にとどめるのが普通である。そして，次の瞬間にすぐに視線をそらし，相手に対して特別の好奇心や特別の意図がないことを示す」[BP: 84=94]。公共空間でいあわせてはいるが，しかし，知りあいどうしでない人たちは，たがいに視線を交わさないし，挨拶もしない。会釈もせずに，眼を伏せる。この礼儀正しさが共有されていることで，その「場」はたもたれる。ゴフマンはつづけていう。

> 他人に対して儀礼的無関心を装うことによって，われわれはまわりに居合わせた他人の意図を疑ったり，その存在を恐れたりしていないことを，また彼らに敵意をもったり，彼らを避けてはいないことをほのめかす（同時に，他人にこのような態度で臨むことによって，われわれは自動的に他人からも同じような扱いを受けることになる）。[BP: 84=94]

「見て見ぬふり」をしているということは，よく「見ている」ことにほかならない。この記述は，のちに『公共における諸関係』のなかで，「ふつうの外見」として議論されることがらの，もとの発想だといえよう。ゴフマンが「ふつうの外見」についてどのように考えていたか。該当する箇所から抜粋しておく。「個人を直接とりまく世界が，常態からはずれているものをいっさい予兆していないとき」，あるいは「その人がいつもの行動をつづけてもよさそうに，まわりの世界が見えるとき」，その人は，その「外見（appearances）」を「自然（natural）」もしくは「ふつう（normal）」だと感じるだろう。反対に，「ヒトや動物が，何かが不自然でまちがっていると感じるとき」，個体は「いまの状況のなかに，思いがけない好機か，または脅威かを感じている」［RP: 239］。

ゴフマンによれば，まわりの世界や，いあわせる他者から，なんらの「警告（alarm）」が出ていなければ，個体は安心してふだんの行動をつづけることができる，ということになる。

もちいられている言葉からもわかるとおり，ゴフマンは，行動の主体としてひろく動物までをも想定している。「ふつうの外見」は，動物の行動においても，対面する人間のあいだでも，重要な役目をはたす。とすれば，さきに示した「儀礼的無関心」は，一定の条件のもとでみられる「ふつうの外見」の特別なばあいということになる。また，「ふつうの外見」とは別に「適切な外見」や「典型的な外見」といったものを想定することもできる。通常は，「ふつうの外見」と，たとえば「適切な外見」とは一致している。だから，通勤電車のなかで他者をじろじろ見ないこと，すなわち「儀礼的無関心」は，乗客がとるべき外見として，ふつうであり，かつ適切なものである。

「儀礼的無関心」は，「ふつうの外見」の特別なばあいとしてふくまれる。したがって，人間のコミュニケーションにおいては，ほぼ同義のものとしてもちいることもできよう。ただし，人間のばあい，何が「ふつう」であり「適切」であるのかを定めたコードは文化によってことなる。「儀礼的無関心」というアイデアは共通していても，具体的にどのようにふるまうことが期待されるのかは，文化ごとに差異があるはずだ。このちがいに目を向ければ，そのさきには，公共空間における人間行動の比較研究，たとえば個体距離にかかわるルールの文化的な差異をとりあげたホールの「プロクセミックス（近接学）」などの試みが位置づけられる。

他方，文化的差異をひとまずおいて，人間社会が「公共」における行動のルールを洗練させ，それを世界的に共有しつつある経緯について考えることもできる。そのひとつの例が，ロフランドによる「公共の領域」に関する歴史的分析である（*The Public Realm* [Lofland 1998]）。ロフランドは，かつて都市社会を「見知らぬ人びとの世界」として論じた（*A World of Stranger* [Lofland 1973]）。ロフランドが注目したのは，「見知らぬ人びと」が都市空間でいあわせるときに守られる暗黙のルールの存在である。ルールの細部には相違点があるにせよ，暗黙のルールが存在することそのものは，人間がつくりだす都市の公共空間に共通する特徴とみなしうる。それが，ロフランドの関心のもとにあった[1]。

## 2 「ふつうの外見」の更新と普及

では，公共空間における「ふつうの外見」について，近代日本の具体的事例をとりあげてみよう。

最初に確認しておくべき点がある。「ふつうの外見」として人びとに期待される容姿やふるまいは，いうまでもなく，時代によって大きく変化する。また，人為的に変更されることもある。じゅうらいの

[1] もっとも，ロフランドは，分析が適用できる範囲を，北米はじめ自分の慣れ親しんだ社会に限定しようとしているが。しかし，グローバル化は，そのような文化的境界をこえた都市の文化の共通化をすすめるだろうという見通しを示している。

「ふつうの外見」が否定され，新たな基準がもうけられると，意図せずして逸脱してしまう行為者もいるだろう。新しい基準を定着させたいと考える側からすれば，人びとが「ふつうの外見」になじむよう，フォーマルな統制さえもちいる。

そのきょくたんな例を，開化の時期の違式詿違条例に読みとることができる。違式詿違条例は，現在の軽犯罪法の原型となるもので，おもに日常生活での行動にかかわる法令である。文明化をすすめる明治政府にとっての課題は，都市の基盤構造や建築物などを近代的な施設，すなわち西洋風のモノにおきかえていくことだったが，同時に，街頭の人びとの行動を洗練する必要があった。欧米の社会で見聞をひろめた指導者たちは，蛮風を戒め，ヨーロッパ流の公衆道徳を手本にする必要を痛感していた。

裸はみっともない。子どもに乳をやったり，夕涼みで肌を露出させたりすることも控えるべきだ。立小便は見苦しいうえに，衛生の観点からもやめさせなければならない。そういったこまごまとした注意書きを，あまり整理しないまま羅列したのが，違式詿違条例である。政府が制定した統一的な法律ではなく，大都市から順次，個別の条例としてしめされた。東京は1872（明治５）年，大阪は1877（明治10）年といったぐあいである。東京のばあい，違式罪とされたのは，肌脱ぎをすることのほか，入れ墨や男女混浴，女装や男装などだった。やや軽い詿違罪では，便所以外での放尿のほか，無灯火の車を曳くこと，馬車を放置することのほか，路傍の花を手折ることや女性が断髪することも列挙されている。基本的には科料に処せられたが，支払えないばあいは笞で打たれた。また，情状を酌んで説諭のみで放された者もいたようだ［『日本近代思想大系23　風俗　性』］。生活者の側に立てば，昨日までとがめられることのなかったことが罪にされたのである。男女がいっしょに風呂に入ることも，役者が女装をすることも，「ふつう」のはずだった。それが，拭い去るべき古い慣習だとされた理由も，にわかには了解しがたかっただろう。

だが，法令によって罰則がもうけられれば，遵守せざるをえない。昨日までの暮らしのなかで身体化されていた技法を，新たな基準で上書きすることになる。

もちろん，法令の制定で人びとの暮らしがただちに，全面的に変貌したわけではない。地方によって罰則が制定された時期もちがえば，新しい慣習が人びとに受け入れられた時代もことなる。

文明化が進行すると，生活環境があらためられる。古い時代の行動様式では，そぐわないばあいも生じる。違式詿違条例からおよそ半世紀ののち，東京に出現した丸ノ内ビルヂングは，本格的な洋式オフィスビルだった。テナントとして商店も入居したので一般の利用にも開かれていたが，しかし，多くの人は，設備にとまどいをおぼえた。そのため，洋式の設備のつかいかたを啓蒙するためのハンドブックが出版されている。赤星陸治が著した『安全第一ビルヂング読本』である［赤星［1926］1985］。建築史関係者には，よく知られた資料だ。

たとえば，ビルの玄関から入るときの心得として「なるべく，靴か草履で，はいること」があげられている。「洋館に，下駄ばきで来るのは，元々無理で，自分も不便です」と。これは，家屋に入るときは下足を脱ぎ，預かってもらうのを「ふつう」と考えていた人たちにとって，新たに習得しなければならない作法だった。外出に際し，草履と下駄のどちらを選ぶかは，「ふつう」の人の悩みどころだった。

最新の設備として導入されたエレベーター（昇降機）の利用方法についても懇切丁寧な解説がほどこされている。曰く，「乗る前に，此昇降機は何階行きか，上りか下りかを，よく確かめて，乗ること」。「乗るときには，必らずボタンを押すこと　普通の昇降機には，入口の戸の横に，ボタンがあります。夫を押さなければ止まりません」。「運転手が，満員と云つたら，どんな急ぎの用があつても，乗らぬこと　定員以上乗ることは，危険の恐があります」。「最初に乗つた人から，順に奥の方に入つて，立つこと」。現在の人びとがエレベーターに乗るときの動作は，無意識にちかいものになっている。無人での自動運転が通常となり，満員の際の警告音など機械化されたものもある。だが，エレベーターをつかいこなすことも，生活に不可欠な能力として獲得されたものなのである。

エレベーターのなかで他の人と話してはいけない，という注意もある。だが，興味深いことに，これは現代の私たちが考えるような「儀礼的無関心」のすすめではない。解説には，もっと実際的な理由が添えられている。

> 一，運転手に話しかけたり，乗客同士でも，一切話をせぬこと。
>
> 話をしかけられた運転手が，運転を過つたり，話をして居る乗客が降りる処を気付かなかつたりして，自他の為に悪いからです。
>
> ［赤星［1926］1985］

便所の利用については，男女別になっていることの強調から。「男子用の便所と，婦人用の便所とは，必らず別になつて居ます。風紀其他の必要上からです」。「大便所は，あいて居るかどうかを，確めて，はいること」。「戸の引手のそばに，使用中とか，あきとか云ふ文字が，出る様になつて居ます。左もなければ，こつこつと，戸をたたくと，中から，せきばらいか何かで，合図をしてくれます」。設備が更新されたからこそ，新たなマナーが必要とされた。洋式便器についての解説には，生活様式を西洋化させつつあった当時の社会のとまどいを冷凍保存したかのような，くだりがある。この本の要所だ。洋式便器は，「丸い穴の上に，お尻を乗せて，腰をかける様になつて居ます。それを，日本式に，上に乗つたり，前後を間違へたりすると，第一具合が悪い上に，色々始末に困る結果があります」。いまの読者がこの箇所におもしろみを感じるのは，和式と洋式というふたつのスタイルに柔軟に対応できる身体をあたりまえのものだと思いこんでいるからだ。

ほかにも興味深い項目がすくなくない。たとえば廊下での注意点として，以下のような項目がある。「右側に用のある人でも，そこの前までは必らず左側を歩くこと　廊下は公道と同じです」。「公道と同じ」であれば勝手なふるまいができそうなのに，「唱歌を歌つたり，口笛を吹いたり，大声で話したりせぬこと」という。あるいは，「立ち話をせぬこと」と戒められる。いっぽう，「公道と同じ」だからこそなのだろう，「痰や唾を吐かぬこと」とある。痰や唾を「吐き散らすのは，第一汚なく，又一般衛生にも非常に悪いことです」。「紙片や，煙草の吸殻などを棄てぬこと　掃除係が困りますし，煙草の吸殻は，火の用心にも最も危険です」。誰もが通れるオフィスビルの廊下は，街路と同じとみなしうる。そのことが引き起こす混乱を，事前の学習で回避したい。それが，この小冊子の出版目的だった。

『安全第一ビルヂング読本』が掲げる注意事項は，明治の違式項目，詿違項目などとちがい，罰則によって強制されたわけではない。そうしないと迷惑をかけますよ，あなたが恥をかきますよというスタンスで，思いやりをもって書かれている。じっさい，マナー違反があっても，すぐに処罰の対象とされたわけではなかろう。ビルの数が増え，利用者がその環境になじむことで，トラブルは減少する。やがてマナーは内面化され，意識にのぼらなくなる。ハンドブックを配布する必要も消えうせる。

新しい行動規範も，それが内面化されれば，空文に等しくなる。違式詿違条例は，のち警察犯処罰令（1908年）として全国的に標準化された。その後継法令である軽犯罪法（1948年）を，現代の人びとが意識することはすくないだろう。だが，条項は生きている。第一条には，「拘留又は科料に処する」べき行為がしめされる。

二十　公衆の目に触れるような場所で公衆にけん悪の情を催させるような仕方でしり，ももその他身体の一部をみだりに露出した者

二十六　街路又は公園その他公衆の集合する場所で，たんつばを吐き，又は大小便をし，若しくはこれをさせた者

公共空間で裸になることや，不衛生あるいは非文明的なふるまいは，かわらず処罰の対象とされている。じっさいに，軽犯罪法違反で送致された人数も，年間で8000名をこえる（2013年度）［法務省 2014］。この数字には，無目的の徘徊や，銃刀を持ち歩くこと，他者をつけまわすことなど，現代的な問題行動もふくまれている。あるいは，もっと凶悪な犯罪にかかわる者を検挙するための当座の罪状である可能性もあるのだが。

ここでは「古典的」ともいえる立小便を例にとってみよう。現行の軽犯罪法に違反する者は，立小便をしてはいけないと知りながら，ついしてしまった，ということだろう。人前で立小便をしても問題にならないと信じている者は，いまではかなり少ないと推測される。開化の時期には法令の力をもって新しい行動規範が強制されたのだが，教育やしつけをつうじて規範が内面化されるようになり，他者の面前で放尿することに抵抗をおぼえる身体がつくりだされたということだ。

裸についてはやや事情がちがう。近年では，授乳や排泄のために路上で衣服を脱ぐ人はいない。しかし，慣習やマナーによって約束されていた「場に応じた服装」は，価値観の多様化とともに崩れている。したがって，ファッションとして肌を露出するケースがあらわれ，それはあるていど許容される。右の条文にあるとおり，それが，「公衆にけん悪の情を催させるような仕方」でないかぎりは，フォーマルな統制の対象とはならない。新奇なファッションのみならず，公共空間のマナーとして問題になることがら，たとえば電車内での飲食や化粧，携帯電話の使用などは，しばしばその是非が問われる。若い世代のマナーがなっていない，いや，悪いのはむしろ中高年だといった答えの出ない論争もくりかえされる。ここでは，誰が悪いのかを特定したり，どの世代にマナー違反が多いのかを検証したりする作業に従事する必要はない。じゅうらいの約束ごとからははずれた言動であっても，それらは許容されることがあり，慣習やマナーのような暗黙の了解事項は，不文律であるがゆえに揺れが生じ，時間の経過とともにゆっくりと変化していくという点を確認するにとどめる。

## 3　つくられる「ふつうの外見」と操作の可能性

ここまで，「ふつうの外見」に関する標準が変更され，普及し，内面化されて，人びとのふるまいとして身体化する流れをたどってきた。

いっぽう，「ふつうの外見」には，個人の身体に定着し意識にのぼらなくなるのとは別のありようがある。「ふつうの外見」を，意図的によそおい，その外見の下に「真意」を隠すようなくわだてがそれである。目の前にいる人びとの注意をかわし，警戒を解くために，「ふつうの外見」をまとうケースを考えよう。探偵の尾行調査のノウハウや，スパイが敵対する集団に潜入するときにもちいられる技術については別に論じたことがあるので［永井 2011］，ここでは警察官が捜査の現場で経験する状況をみておきたい。

1951（昭和26）年に国家地方警察本部が巡査見習生や現任巡査の「教養に資するため」に編集した『警察教科書　犯罪捜査篇』をとりあげる。犯罪捜査の基本が解説される箇所で，尾行をおこなう際の留意点とされた項目を書きだしておく。単独での尾行はやむをえないときにかぎり，なるべく他の警察官と協同してあたる。適当な間隔をたもち，尾行を覚知されないようにする。被尾行者の挙動をじゅうぶんに観察し，建物や樹木等を利用する……。このうち，「ふつうの外見」と関連するのは，街路の通行者にとけこむことの重要性を指摘した次の記述だろう。

> 被尾行者及びそれ以外の者からも察知されないよう注意すること。そのため挙動，服装，携行品等に注意し，つとめて一般の通行者らしくすること。なお，被尾行者が突如振りかえる等尾行が覚知されたと思われる場合においても，ろうばい，当惑の色をみせることなく平静にし相手方に疑念を抱かせないようつとめること。［国家地

方警察本部編 1951: 68]

新米巡査向けの教科書なので，演出のいきとどいた今どきの刑事ドラマに慣れた人には，記述が素朴すぎて物足りないのではなかろうか。ここでとりあげられている被尾行者は，誰かに追われていないかどうか警戒しているかもしれない。あるいは，すこし油断して作為なく歩いているかもしれない，という想定だ。警察官の存在に気づいていないばあいなら，尾行は比較的たやすいだろう。だが，「つとめて一般の通行者らしくすること」というあたりからは，制服を着ていない状態が念頭におかれていると読める。

警察官が制服を着ているばあい，隠しごとをしている者や逃走中の犯人などは，警戒を強める。いうまでもなく，警察官の制服そのものが，そのような事情をもつ者にとっては「警報（alarms）」であるからだ。近年の教科書をみよう。職務質問をつうじて不審者を発見する際，気をつけるべきポイントは，制服を着用した警察官がかけた言葉に，どう反応するか，その一瞬を見逃さないことだという。うつむく，目をそらす，目を合わせようとしない，立ち止まる，反転逃走する，急に店（又は路地）に入る，通り過ぎてから振り返る，聞こえないふりをする，顔色が変わる，鞄を抱え込む，逆に質問してくる（道を聞くなど），といった反応が，不審者を見抜く端緒とされている［警察実務研究会編 2007: 13-14］。

警察は，トラブルを事前に回避するために，「そぐわない外見（appearance "does not fit in"）」をとる者に特別の関心を抱く。ゴフマンの言葉を借りれば，これは，「ふつうの外見」が社会統制に関連するありかたのひとつである［RP: 240-241］。

けれども，上のような反応が警察官に疑わしいと思われる可能性が高いことを知っていれば，不審者は，疑われるようなそぶりを見せないはずだ。警察官の側も，犯罪企図者が制服を見れば，より警戒するだろうことを，よく知っている。

制服警察官が職務質問をするのとは状況が異なるばあいとして，掏摸の検挙を担当する刑事の事例をとりあげよう。スリは現行犯でつかまえなくてはならない。それは，スリが，誰かの懐をねらう瞬間をおさえるということである。スリじしんが，被害者に気づかれないよう「ふつうの外見」をとっているときに，担当刑事は，その外見がよそおわれたものであることを見抜く力がなければならない。同時に，刑事は，自分がスリの近くにいることを，スリにさとられてはならない。次の資料は，時代をさかのぼって昭和戦前期のものだが，場を共有する両者のかけひきの微妙さをよく示している［長谷川瀏 1933］。

公園などで人の懐中に狙いをつけたスリは，周囲に刑事がいないかどうかを確認する。なので，「一見して刑事巡査であることが判り得るやうな服装，態度」は論外だ。そして，スリの眼をくらますために身を隠す。だが，見つかりにくいところならよいというわけではなく，「ジン［群衆］へ寄り付いて行く人間の眼付，姿態等がはつきりと認め得る場所を選ばなければならない」。前述のとおり，容姿に「刑事らしさ」が出ないように気をくばる。「洋服を着て髯を生やしたりしてゐるのは得策でない。前垂掛にして帽子をかぶらずにゐるとかするのは刑事らしさを脱する一の方法だろう」［ibid: 105］。

刑事と見破られないようにする，という理屈はさきほどの初心者向け教科書と同じである。これを頭で理解することはむずかしくない。けれども，実質的に重要なのは，後段の指摘，すなわち髯づらで洋服は適切ではなく，前垂掛にして無帽なら刑事だと見られにくい，という具体的なアドバイスである。これは，当時の人びとにとっては納得できても，現代人には事情がのみこめないだろう。「ふつうの外見」が要求されることがわかっているからといって，どのような容姿，ふるまいが「ふつう」であるのかを具体的に表現・解釈できるとはかぎらない。

ベテランのスリは，刑事かどうかを，その目つきで判別する。だから，「検挙者の方でも自分のガン［目つき］に注意することが必要である。眼に力を入れて睨み付けるやうにすることは禁物であつて，一箇所に力を入れずに何処も注視せずボンヤリと視野を大きくしてゐる方がよい」。刑事は，自分が刑事であることを目つきから見破られないようにすると同時に，スリが誰かを狙う瞬間の目つきを見逃してはならない。にらみつけるのではなく，大きく視野をとっていれば，「広い視野の何処にでもモサのガン［スリ特有の目つき］が現はれゝば直ぐ之に気が付くやうになる。モサのガンが見えるやうになるには一年や二年では仲々達せられるものでなく，夏などは眼が疲れて，宛然水底にでもゐるやうにボウッとして何も見えなくなり眼病にもなる位の苦しい時代を経て来なければ完全な域に到達出来ない」［ibid: 105-106］。

では，「モサのガン」とはどういうものか。ほんとうのスリは，「掏摸の眼のやうだ」といわれるキョロキョロした目つきなどしない。「ジン［群衆］に寄り付く際，外廓より約三四歩乃至一二歩位迄の間に必らず外廓になつてゐる人間のポケット又は袂の辺，即ち腰の辺に極めて迅速な鋭い一瞥をチラッと投げ付ける」。その瞬間の目つきが「ガン」と呼ばれるもので，「一種名状し難い閃光を持つた鋭い眼眸である。それはほんの刹那的であるが，焼き付くやうな眼付である」［ibid: 24］。

興味深いのは，スリの側から見た刑事の目つきの特徴だ。「刑事は通常人よりも人をケンジル（見る）ことが多い。そして其の視線がモサに似てチカチカ光る」［ibid: 148］。このように，たがいに正体を見破ろうとしているスリと刑事は，いずれも同じかたち，すなわち「ふつうの外見」をとるのである。そして，そのなかに一瞬だけあらわれる特別の目つきを，「兆候」として察知する。

『公共における諸関係』から，ゴフマンの言葉を引いておこう。「ふつうの外見」は，長い時間をかけた訓練によって獲得され，操作可能になるものだ。

> 他者たちが関心を抱いている「ふつうの外見」は，かれらにとっての「ふつうの外見」ではなく，かれらが敵対するべき者にとっての「ふつうの外見」である。このことが意味するのは，かれらが，対象者にとって何が「自然」であるかについて自覚的な考えをもたなければならないということである。［中略］かれらは，現象学者か，あるいは日常生活についての緻密な研究家であることをしいられる。もちろん，それはかれらじしんの日常生活ではなく，対象者が日常生活だとみなしているもののほうである。［RP: 259-260］

くりかえすが，重要なのは，よそおう側にとっての「ふつうの外見」が，見抜く側にとっての「ふつうの外見」であることだ。くわえて，見抜く側も，よそおう側に気づかれないよう，よそおう側が想定する「ふつうの外見」をとっている。

ゴフマンが『公共における諸関係』のなかで示したことのなかで，もうひとつ見逃せないのは，「ふつうの外見」の両義性であろう。「ふつうの外見」は，何かの脅威の「予兆」でもあるが，何も起こらないという安心の根拠でもある。そして，「ふつうの外見」が，そのどちらを示しているのか確信できないとき，人は，大きな不安にさいなまれる。その不安を解消するには，どうすればよいだろうか。相手の「ふつうの外見」の奥にひそむ「真意」を知ればよい。もしくは，相手の警戒を解き，「ふつうの外見」をとっていない状態を確かめればよい。相手が気を許して，「真意」の断片を漏らしてしまうのは，こちらの姿が見えないときだ。

## 4 盗み見る技術

スリと刑事とのあいだのかけひきは，高度ではあっても，人間が生身の身体をつかってあざむこう，あばこうとする技法だった。訓練によって熟達はするが，到達できるレベルには限度がある。それに対し，相手の事情を盗み聴いたり盗み見たりする技術は，機械の助けをかりることで，さらに洗練されていく。とくに，人間の「眼」の機能は光学的，電子的に拡大され，さまざまな器具・機械が開発された。望遠鏡によって離れた人びとの動きを見ることが可能になり，カメラによって一瞬の動きを記録にとどめることもできるようになった。

盗聴や盗撮は，こちらの姿を隠すことで相手を油断させ，「ふつうの外見」による飾り立てをとりのぞこうとするものだ。生身の人間が同じ場にいあわせながら，相手を油断させるための単純な技法は，たとえば，木蔭に身を隠して覗くとか，本を読んでいるふりをして聞き耳を立てるとかいったものである。ゴフマンは，このような技法にもちいられる道具を「関与シールド（involvement shields）」と呼んで説明した。満員の通勤電車や混雑するエレベーターのなかでの人びとの視線のコントロールを論じたところでは，たがいに相手を見ずにすむ，見られずにすむことが重要で，このために新聞紙や吊り広告，階数表示器などが役に立つ。場にいる人びとが「儀礼的無関心」の実現のために協同する姿を，想定することができる。

だが，敵対的な関係にある当事者どうしでは，相手を見ていることを見られないようにするのが課題となる。兵器の分野でみると，望遠鏡という技術の延長線上に，たとえば偵察機や，レーダーといった装置が位置づけられる。機械化の時代には，遠隔操作による情報収集の機能が，装備として標準化された。遠く離れているから，情報を奪い取られても，奪い取られた側が気づくことはない。一方的な情報の略取が，機械によって容易になる。多くの情報を，ひそかに手に入れることのできるほうが，有利になる。

もちろん，技術の高度化は，情報を盗む側だけを利するわけではない。通信技術の革新で，より遠く離れた者どうしのコミュニケーションも可能になる。それは，密書を奪い取るような，モノを盗むことを前提とした戦術を時代遅れにした。電気的情報は，見えない。たちどころに受信者に届けられる。けれども，その技術的優位は，やがて崩される。有線無線にかかわらず，交信はインターセプトされる可能性をはらんでいる。暗号化がすすめば，解読の技法も発達する。技術の練磨に終わりはなく，あざむかれているのではないかという疑い，正体があばかれるかもしれないという不安を払拭することはできない。戦時期，冷戦期の兵器開発競争やスパイの戦いについても別稿［永井 2011］にしるしたので，ここでは，第二次世界大戦後，この社会で遠くから「見る」技術が民生利用された具体例を紹介したい。とりあげるのは，監視カメラである。

テレビカメラが監視用にもちいられるようになったのは，いまから40年くらい前のことである。そして，最近の10年ほどで，その数は急速に増加した。監視カメラを公共空間に設置することの是非や，防犯目的での撮影と被撮影者のプライバシー権とのかねあいなどの問題についての議論は，他にゆずる。ここでは，テレビカメラが監視技術のなかに組みこまれる経緯と，その社会的背景を跡づけておこう。

第二次世界大戦後，電機メーカーはテレビカメラの開発に力を注いだ。当初は，真空管の一種である撮像管が，画像を電気信号に変換する中核的な部分だった。その技術が確立することで，動画を撮影し別の場所で見ることが可能になった。どのメーカーも，テレビ時代の到来に乗り遅れまいと実用化を急いだ。

産業用のテレビカメラの分野では，三菱電機の動向が流れをつくりだした。1953（昭和28）年に開発がはじまり，1955（昭和30）年には中国電力の小野田発電所に納入された。設置の目的は，炉内の監視である。その後も火力発電所や原子力発電所，清掃局の焼却炉，製鉄所など重工業関連施設にある危険な箇所を撮影し，遠隔監視できる製品がつくられた。その後，鉄道や道路など交通関連にも応用がひろがったようだ（［三菱電機株式会社社史編纂室 1982］）。時期をみると，産業用のカメラの普及が，放送用のカメラの普及より，やや先行した印象を受ける。高度経済成長を支えた産業施設の設計・建設をトータルに請け負っていた三菱が，監視カメラの歴史と深くかかわっているのは必然でもあった。

この技術が防犯に応用されたのは，ふしぎなことではない。ただ，1970年代までの現場では，静止画を撮るフィルムカメラも併用されていたようだ。そちらのほうが，すでに安定した技術だったからだろう。事態が一変し，静止画から動画への移行を加速させたのは，1979年に大阪で発生した三菱銀行人質事件だった。偶然にも，事件が起こったのは三菱系列の銀行である。多くの犠牲者を出し，犯人の射殺で幕が引かれるこの人質事件以後，金融機関には防犯カメラが設置されていく。

1980年代には，コンビニエンスストアで24時間営業がひろがり，深夜の強盗を防ぐ目的でカメラが備えつけられた。1984年のグリコ・森永事件では，犯人と目される人物の画像が記録されている。当時の録画媒体はテープだったため，間歇的な保存（タイムラプス方式）にかぎられた。コマ落ちでぎくしゃくはしているが，それでも「動き」の一部を記録することが可能であった。三菱銀行事件から５年のあいだに監視カメラを設置する場所が増えたこと，技術の進展があったことを物語る。

しかし，こういった録画のしかたでは，犯行があったあとでテープの提出を依頼し，それを分析して犯人を特定するのが主要な用途になる。不鮮明な画像を捜査の端緒にするのが精いっぱいだろう。カメラがあれば犯行を躊躇するかもしれないという「抑止効果」も，多くは期待できない。犯罪を未然に防ぐという点では，限定的な力しか発揮できないレベルだった。打開すべき技術的限界がさまざまに残っていたため，まず記録して残すことを優先させるほかなかったのである。

さきの産業用のテレビカメラの設置は，遠くから見ることによって，状況を理解することを助けるのが目的だった。工場では，危険な作業を遠隔でおこない，現場を遠くから監視した。また，道路渋滞の監視や駅のホームでの乗降確認など交通での応用は，状況を俯瞰的に把握したり，死角を減らしたりするためにもちいられた。いずれも，録画して画像を残すことを必要とするわけではない。近づきにくいところの状況，遠くのようすがわかればそれで用は足りたのである。

やがて，テレビカメラやビデオデッキの性能が向上すると，より簡単に動画を残すことができるようになる。被写体となった人物の「挙動」は，くりかえし確認可能なものになった。録画映像の品質は，人の挙動を評価することができる段階にすすんだ。

通常，人は場を共有する他者の容姿だけでなく，行動からも「不適切さ」「不自然さ」の要素をとりだし，その人物の道徳的評価と関連づける。テレビカメラがない時代，それは肉眼での確認作業にもとづき，他者の行動の視覚的印象は，そのとき，その場かぎりのものとして消え去った（記憶にとどめうるとしても）。映像技術の発達は，その確認作業を遠隔でも可能にし，遡及的に反復できるものにしたのである。

1990年代にはいると，カメラや周辺機器がデジタル化されていく。記録媒体もテープからディスクにおきかえられ，容量も増大した。1990年代末の段階で，長時間にわたるデジタル画像の記録が実現した。この技術革新によって，常時監視・長期保存が可能になり，さらに画像データを専用のソフトウエアで加工・解析できるようになった。

こういった新技術を応用した商品や問題解決のための応用パッケージなどを，ひろく市場に紹介する機会がもうけられる。1993年，日本経済新聞の主催で「ストア・セキュリティ・ショー」がはじまった。当初は店舗への導入をうながす企画だったが，時をおかずに，社会全般の防犯という文脈に位置づけなおされ，イベント名称も「セキュリティ・ショー」と改められた。

阪神・淡路大震災やオウム真理教によるテロ事件などを経て，「不安」が言挙げされる機会は増えた。また，外国人労働者の増加を犯罪の多発傾向にむすびつけたり，インターネットや携帯電話の普及を少年犯罪と関連づけたりする意見がひろがった。この社会で暮らすことが，じゅうらいにくらべて安心なものでなくなったという言いかたが，いつごろから，どのようにひろがっていったかを丁寧に検証するのはむずかしい。けれどもひとつの目安となるのは『平成14年版　警察白書』の編集姿勢だろう。この年の白書は「国の治安回復に向けて」という副標題のもとに編集されている。背景には刑法犯の増加に対する危機感があった。2002年度の刑法犯認知件数は285万3739件で，この年度まで7年連続で戦後最多を更新していた。いっぽう検挙率は2001年度に19.8パーセントで最低を記録する。「治安の悪化」とは，こういった公式統計の数値にむすびつけられ，声高に語られる社会現象だったのである。そのようななかで，新しい情報技術が犯罪にもちいられたり，不安をひろげたりするだけではなく，リスクを減らすことにも貢献できるという方向性が示されていく。

2001年の大阪教育大学附属池田小事件は，小学校という，安全であるべき場所，安全だと思いこまれていた空間が無防備であることに注意を向けさせ，社会を大きな不安に陥れた。安全であるはずの場所は，もはや安全だとは言いきれない。だからこそ，安全を確認できるしくみが必要だと考えられた。おりから技術的に一定の成熟を遂げた監視カメラが，子どもたちを守るという大義名分を後ろ盾に売り上げを伸ばす。2000年代前半，「セキュリティ市場」は急速に拡大した。侵入者検知機や出入管理装置などをふくむ防犯設備機器の市場は全体で5000億円規模にふくらんだ。このうち「映像監視装置」だけをとりだしてみても，市場の推定規模は1999年が981億円だったのに対し，2003年には1999億円となっていて，4年ほどのあいだに倍増した勘定である［日本防犯設備協会 2006］。小学校や通学路といった子どもの安全にかかわる空間から，一般の商店や公共施設，さらには街頭にいたるまで，カメラの設置範囲は拡大した。この背景には，米国での同時多発テロ事件以降のさまざまな対応もある。

何百億円，何千億円という巨額の資金が「安心・安全」のために投入された。以前なら人が自分の目や耳で確かめるしかなかった「あやしい人物」や「不自然な動き」を，機械で感知・記録するようになったのである。人がおたがいの視線で見きわめる作業を機械に肩代わりさせることで，これだけの市場がうみだされたのだとみなせなくもない。

市場は，セキュリティ関連設備の効果も肯定的に評価した。監視カメラの導入は，犯人の特定にもちいられた。それによって事件の解決にいたった例もある。犯罪抑止の効果は限定的であっても，ないよりはましだと考えられた。2002年に認知件数のピークを記録した刑法犯は，その後じょじょに減少，2011年度は148万件にまで下がり，だいたい20年前の数字に落ち着いた。10年でおよそ100万件の減少で，ピークの半分よりはやや多いが，それでもかなりの変化だといってよい。このような減少傾向は，もちろん，機械の設置効果だけで説明されるわけではない。機械よりも，いや機械以上に人の力である。地域ぐるみの取り組みによって犯罪の抑制が達成されたのだ，と公的には評価される（『平成22年版　警察白書』）。

人の力が重視されているとはいえども，映像による監視技術の応用が犯罪を減らしたというとらえかたが否定されることは，あまりない情勢だ。2004年には，デジタルカメラが製品の主流になる。高品位画像が撮影でき，大量のデータを保存・管理する。そして必要な画像を選び出して解析する作業も自動化された。また，2005年あたりからは，さまざまな機器をネットワーク化する方式がひろがった。インターネットの利用や無線ＬＡＮの活用などにより，既存の設備との併用も容易になった。これは，じゅうらいのＣＣＴＶ方式（閉回路型のもの）が，電源を供給したり情報を送信したりするために配線をめぐらせなくてはならないなど設置の際の諸条件にしばられていた点を大幅に改善した。カメラが安価になりネットワークにつなぐ台数も増え，遠隔からの操作もたやすくなった。

監視カメラの「効果」はあいかわらず肯定的にとらえられているものの，ここ数年，国内市場は飽和状態にある（推定市場規模のピークは2007年度の2123億円）。そこで，さらなる性能の向上とともに，防犯以外の目的への転用，国外市場への進出が，いまの動向だ。このうち，市場の国際化を可能にするのは機器の規格を共通のものにすることだが，2008年には，ソニー，ＡＸＩＳ，ＢＯＳＣＨなどの企業がすすめた規格が国際化された。これが標準となれば，機器やシステムがグローバルに輸出入できるようになり，産業としての規模はさらに大きくなるだろう。じじつ，セキュリティ・ショーには，中国や台湾，韓国，インドからの出展も増加している。いずれの地域でも国際的な見本市が開かれ，業界雑誌が刊行されている。

似たような性能の機器やソフトが世界的に拡散したのであれば，公共領域における人びとの行動を判別する基準も画一化に向かっていると考えてよいだろう。世界の都市生活者にとって，公共空間が共通の特徴をもつ場として体験され，そこでの行動のありようも似かよっていくとすれば，それは「公共の秩序」のグローバル化と呼べそうな事態である。身ぶりやしぐさなど，行動にかかわる文化は，元来，多様なものだったはずだ。その偏差がほんとうに縮小しているといえるかどうかを判断するには，別の調査研究をまたねばならない。しかし，おかしな容姿，異常なふるまいに注意が向けられる点は，文明化された都市では共通のものになりつつある。たとえば大都市の中心商業地区にあるオフィスビルで，入居している企業に勤めるエリートサラリーマンが，ＩＤカードをもち，スーツに身をつつんで都会的な作法で行動していれば，問題はない。だが，そういった身なりをしていない人，ＩＤをもっていない人，何かしらおかしな行動をとる人は，警備員に見とがめられるだろう。

その場にいる者が，場にふさわしいようすをしているのか，あるいは何らかの危険の兆候を示す「不審者」なのか。それを判別するのは，警備員のような存在だけではない。現在の映像監視機器は，他の情報通信装置と連動することで，「不審者」を発見することができる。いわゆる「頭脳をもった監視カメラ」だ。

入館ゲートの前では，撮影されたデジタル動画から必要な情報が切り出され，顔認証システムによってデータベースとの照合がおこなわれる。ＩＤカードの確認だけではない。カードを持つ人物が，まさに発行された人でまちがいないかどうか，またそのゲートを通過する権限を与えられているかどうかが瞬時に判定される。ひとつでも疑わしい点があれば，ゲートは開かない。入退場管理は厳格になり，一枚のカードで，カードを持たない別の人物をいっしょに通過させようとしても，ふたりが近づきすぎているといった不自然な位置関係が「共連れ」として検知され，止められてしまう。

特定の有資格者だけが利用できる施設へのゲートを通る前の空間，たとえば駐車場やロビーのように不特定多数の人びとが利用する場所でも，解析ソフトが不自然な人物や行動を発見する。自動車を停めて外に出る。鍵をかけて用事のある建物に向かう。反対に，建物からもどってきて，鍵を開けて車に乗りこみ，発進させて駐車場を出る。こういった動きは，その空間を利用する人にふさわしい行動パターンとしてコンピューターに認識される。だが，複数の自動車のまわりを動き回るような行動は，すぐに検知され「不審者」として警戒される。その行動が継続されると，カメラは自動的に対象人物を追尾撮影しはじめる。顔認証システムと連動していれば，さしあたり，周辺の建物を利用する権限のある人かどうかも確認できる。

ほんらいあるべき場所にあったモノが持ち去られ，一定の時間が経つと，「持ち去り」の警報が出される。窃盗や置き引きが発生しても，その前後の映像が記録から切り出される手はずだ。ぎゃくに，モノが置かれ，まわりに持ち主らしき人がいない状態で一定時間が経過すると，警報が出される。爆発物などが仕掛けられたかもしれないからだ。

こういったかたちで，危険は事前に排除される。不審物だけではなく，不審な人物も排除の対象となる。セキュリティ・ショーでは，数年前から防犯設備に攻撃機能のオプションをつける事例も紹介されている。窃盗や強盗とおぼしき不審者を感知したばあい，録画したり警報を鳴らしたりするだけでなく，ネットを投下したり，前後のゲートを閉じたりして，逃走できないようにする。催涙ガスなどの噴霧も，望むなら可能である。こういった機械による警備は，こんごもひろがるだろう。技術の発展をＳＦ小説的に空想して，管理社会の深まりを憂える人もいようか。

けれども，社会全体をみわたせば，そのような事前検閲と排除のしくみが整えられている施設や空間は，かぎられている。〈機械に懲らしめられる人間〉という抽象的な空想よりも，むしろ現実的なのは，経済的階層によって享受できる安心・安全のレベルに格差が生じているということだ。都市社会学では，1990年代から「ジェントリフィケーション」にかかわる議論のなかで，この問題がとりあげられてきた。高価な警備システムを購入できる層は，危険のすくない空間を占有できる。いっぽう，そのようなしくみの効果を享受できない層は，危うい空間で生活せざるをえない。犯罪をくわだてる者は，警報装置がはりめぐらされたオフィスビル街や高級住宅街を避け，警備が手薄な場所を仕事場に選ぶかもしれない。この循環がつづけば，危険な空間はどんどん危険になり，安全な場所はいっそう安全になる。

外部から近づいてくる不審者を検知するしくみは，そのまま内部にいる人間の不正な行動を認識するだろう。起動されたパソコンで，一定の時間，何も操作がなければ，それは怠業の兆しである。アクセス権限のないファイルを外部に送ろうとしたり，コピーをとろうとしたりすれば，それが誰のＩＤによって実行されようとしているのかが記録される。疑いを晴らす合理的説明ができなければ，甘んじて処分を受けなければならない。そして，危険な人物だとされれば，くびを言いわたされるかもしれない。安全を求める企業は，リスク要因を排除するからだ。

産業スパイの活動を抑止するしくみは，内部告発の可能性をも削いでいく。外部の不審者も，内部の裏切り者も，いずれも行動が「不自然」だからこそ目をつけられる。では，どのような行動が「不自然」とされるのか。多くは，パターン化された行動からの偏差，ズレとして認知されるのが端緒となる。もちろん，機械の誤認識はあるだろう。だが，技術の洗練によって，精度は向上し，認識の誤りは減る。そうすれば，無計画な犯行は機械によって封じこめられるにちがいない。

しかしながら，機械の特性，人工知能の分析のしかたがわかっていれば，計画的に攻撃をしかけることは可能だ。そこに監視カメラがあることを知っている人物から見れば，監視カメラは制服警察官と同じに映るはずである。彼らを油断させればよいのだ。計画的に組織にはいりこみ，正当なＩＤを取得する。何年もかけて信頼をとりつけ，真面目な人物であるという評価を定着させる。そして，幾重もの防犯設備に守られた組織の奥にたどりつき，いっきょに計画を実行する……。

防禦システムが厚ければ厚いほど，その分，内部は安全であるにちがいないと過信するから，確信犯的な者による攻撃は，かなり深刻な事態をうむことになる。こういう想定にたつと，人びとは，よりいっそう過敏になってしまい，過剰な検閲と排除を望ましいものと考えるようになる。

機械的監視が常態化した公共領域におけるリスクの低減の方向性は，とどのつまり，コミュニケーションの抑制，あるいは遮断である。いったん機械に監視をゆだねてしまうと，「ふつうの外見」の幅はせばまる。人間的なコミュニケーションでは見逃されたり，許容されたりするようなばあいでも，機械は，文字どおり機械的にピックアップしてしまうからだ。人と人とが対面していたときのような融通は，そこではきかない。安全装置を解除して，ふたたびリスクをかかえることに，人は躊躇をおぼえるだろう。だが，「ふつうの外見」の基準をどんなに厳格なものにしても，それが完璧な安全を意味するわけではない。それは，裏切り者によってよそおわれている完璧な「ふつうの外見」なのかもしれないからだ。ここで，もういちどゴフマンの言葉を思い出しておきたい。

## 5　機械化と，都市的文明の衰退

つぎつぎに開発されるセキュリティ商品は，何のあらわれなのか。

これを，人びとの相互不信が生みだした技術だと考えることは，あながち的はずれではないだろう。

現在，セキュリティ・ショーが開催されているのは東京ビッグサイトだが，展示期間中，会場には100社から200社のブースが設けられ，10万人以上が見学にやってくる。私も，企業の担当者の説明を受けながら機器の実物を見てまわり，セミナーでは最新の技術についての解説に耳をかたむける。どのブースにも，たくさんのカメラが展示される。ひとつのブースに10台として，会場には少なく見積もっても1000台のカメラがあるだろう。カメラがとらえた画像を映し出すモニターもたくさんある。見学する私は四方からカメラに追われ，たまたま目に入ったモニターには，さまざまな角度から撮影された私の姿が映しだされる。以前は手持ちのカメラで展示物を撮影することが許されていたので，展示されているカメラを向けてみたことがある。モニターには，カメラを向けた私の姿があった。

ブースのあいだの通路をめぐると，そのさきざきで，自分の姿がとらえられる。私の背後にあるモニターがいっしょに映りこむと，その映像を映し出すモニター画面のなかに，モニターの画面が入れ子になって映り，それが無限につづく光景がみられる。この経験は，ゴフマンが『戦略的相互作用』で書いた文章を思い起こさせた。ゴフマンは，対面する人どうしがおたがいに真意を隠し，また相手の本心を暴露しようとする場面を考えている。そこでは，暴露の手だてと，暴露に対抗する手だての応酬がみられる。この「合わせ鏡の像」のような状況はいったいどこまでつづくのか，という問いである［Goffman 1969: 64］。

なんの悪意もなさそうな，完全に無垢な姿は，ひょっとすると怖ろしい計画の隠れ蓑なのかもしれない。いっけん，いかにもあやしそうな外見は，しかし，その人の純朴さを示している可能性がある。この境地にいたったとき，人は他者を信じることができるのか。無限鏡像の様相を呈する不信地獄。だが，現実には，その不信はどこかで留保される。――ゴフマンは，そう書きそえる。

『公共における諸関係』からも引用しておこう。「小さな逸脱は，全体としての裏切りの証拠として選び出される。完璧な外見でさえ，疑われうるのだ」[RP: 328]。個人のまわりの直接の環境が，疑わねばならない何かに変換されることには理論的な可能性がある。眼の前の人やモノだけでなく，音や動き，じかには見ていない場所さえも，あやしい。いったんこういう疑いがおこると，人は身のまわりの世界の，表だっていない特徴を自明視できなくなる。「ふつうの外見」は，ひろく大きな覆い（cover）になる。覆いの下では，誰かが，人を監視したり，攻撃のために近づいたり，人にとって害のある何かを隠したり，秘密裏に接触しようとくわだてたりといった，さまざまな試みがなされる。彼の「まわりの世界（Umwelt）」は，熱い（hot）ものになる［RP: 328］。

2001年の同時多発テロのあと，「不審」な人やモノに対する監視が強化された。また，リスクがじっさいに顕在化しているかどうかにはかかわりなく，市場に投入されるセキュリティ商品は増え，設備も増強されていった。そういった情勢に対して，冷静な反省も求められたのだろう。ゴフマンの『公共における諸関係』が再刊されている。さきに引用した箇所などをふくめ，いま，ゴフマンを読むことに意味があると考えられたのかもしれない。けれども，そこには，出版社の打算も見え隠れする。公共空間で出会う他者の何気ないしぐさから，危険の兆候を読みとる力をつけるためには何に気をつければよいか。逃げ遅れてしまわないためにも，この本を読みましょう……。そのような露骨な宣伝文句こそないが，購入者の一部には，これをノウハウ本，手引書とみなす人もいたはずだ。監視カメラや防犯グッズが売れるのと同じ力がはたらいたと邪推することもできる。

『公共における諸関係』でゴフマンは，対面的なコミュニケーションの限界と可能性を示していた。機械に依存しない，生物としてのヒトの素朴なコミュニケーションを見すえて，不信がどのように生じるのか，あるいは暫定的な信頼が成り立ちうるのかを，彼は問うた。

文明化の進展にともない，人は見知らぬ人びとに囲まれて過ごすことを常態として経験するようになる。世界じゅうで似たような都市的状況が生まれる。それを追って，機械化された防犯システムも世界に普及する。

『公共における諸関係』で「ふつうの外見」がくわしく論じられているのは第6章である。そして，この章を，ゴフマンはみずからの言葉ではなく，レヴィ＝ストロースの文章を長く引用してしめくくっている。出典は，『悲しき熱帯』にある「群衆」というエッセイだ。

ゴフマンは，物事が残酷になったときに，人は，獣性や野性をあてにすることができない，という。危険が差し迫ったときに頼れるのは，「都市の文明（urban civilization）」でしかない。ゴフマンにとって最良の導きが，レヴィ＝ストロースのエッセイだった。参照されているのは，レヴィ＝ストロースがインドのカルカッタに滞在し，路上で現地の人びとを見たときの印象を書きとめたくだりだ。行商人や人力車夫や物乞いなど，さまざまな人たちが，はじめてインドにやってきた裕福そうな白人，すなわちレヴィ＝ストロースその人をとりかこむ。「まわりの世界（Umwelten）」は「熱く（heated）」なっている。儀礼的無関心がくずれるとか，軽い警報のもとがあるとか，いずれにせよ小さな無秩序があらわれそうだ。

> 彼らはそれゆえ，自分たちを平等なものにしようとは考えてもいない。だが，たとえ人間であったとしても，この絶え間のない圧迫，あなたを騙そうと，あなたを「ものにしよう」と，奸計や嘘や盗みによってあなたから何かを得ようと，絶えず抜け目なくめぐらされ

ているあの工夫は，我慢のできないものである。だが，それでいて，どうして冷酷になれよう？　なぜなら，これらすべての遣り方は，——そしてここからはもう脱け出せない——様々な形をとった祈願なのだから。それにまた，あなたに対する基本的な態度は，人があなたから盗む時でさえ祈願の態度なのだから。［Lévi-Strauss 1955=2001: 226-227］[2]

はかりごとをめぐらせて，人をだまそうとしている他者の態度は，しかし，「祈り」なのだとレヴィ＝ストロースはいう。

危険が差し迫ったときに頼るべき「都市の文明」を論じた直後に，この難解な文章をおくことこそ，自分の言いたいことを伝える結語の代わりにふさわしいと，なぜゴフマンは考えたのか。「都市の文明」と「祈願の態度」とは，いったい，どうむすびつくのか。

貧困から抜け出せない人びとの態度は「祈り」なのだから，彼らに憐れみや施しを与えるべきだという主張だと解するのは，少なくともまちがいだろう。残念ながら，じゅうぶんな答えを出す用意は，いまの私にはない。しかし，人をだますことができるということは，面前の他者がだまされてくれると信じることである。それは，面前の他者が，自分が示している悪い兆候に気がついていない，あるいは，自分が操作している外見を疑っていない，と信じることである。

身のまわりに危険が潜んでいることを知っていても，私たちがすぐにそれを表明しないのは，なぜか。私たちは，トラブルにまきこまれたくない。危険にさらされることを望んでいない。だからこそ，他者に対するあからさまな不信の表明を差し控えている。不信感は宙吊りされただけなので，いつでも活性化する可能性をはらんでいる。だか

［2］レヴィ＝ストロースの『悲しき熱帯』はフランス語でつづられたものだが，ゴフマンが『公共における諸関係』への引用に際して依拠したのは，英訳され雑誌『ニュー・レフト・レビュー』に掲載されたものである。ここでは，該当箇所の最後の部分を，フランス語原著にもとづいた川田順造の邦訳で示した。

らといって，不信をあからさまにすることは，状況を悪いほうに導く。むしろ，たがいに無関心をきめこんで，うわべだけのおだやかさを協力してつくりあげる。そのような状態は，どんなにはかないものであろうとも，暴力が支配する秩序とは区別されるべき別のものだ。

ゴフマンは，『公共における諸関係』を書きあげるために，生物学の知見をとりこんでいる。他の動物をあざむくための擬態などの例を，数多く書きこんだ。本の扉には人類学者ラドクリフ＝ブラウンとの縁が書かれ，重要な第６章はレヴィ＝ストロースの文章で閉じられた。ゴフマンが，考えるに値するヒントを私たちに残すことができたのは，生物学や人類学など他の研究領域にもひろく好奇心をたもっていたからだろう。また，種や文化，社会による比較をしてちがいを見出して満足するのではなく，人間という社会的生物が共通してもつ特徴，なんらかの「信」をおいてコミュニケーションの場にのぞんでいる点を示したからでもある。

出会いの場を共有していたからこそ，人は不信をつつみ隠し，信頼するという賭けに出ることもあった。そして，その賭けを起点に，新しい人間関係がつくられていくことも期待できた。

ひるがえって，現代の監視社会化について，監視カメラの増殖が意味することを考えておきたい。監視カメラが問題なのは，権力によってプライバシーが侵害されるということにとどまっていない。あからさまなカメラの設置は，そこにいあわせる人たちに対する不信の念が，何はばかることなく表明されるようになったということではないか。それは，不信の表明をさしひかえる文化の衰退を意味するのかもしれない。

最後に。Google Earth でシェットランド，アンスト島の上空から地上に降り立ってみよう。ストリートビューの機能をもちいれば，博士論文を書くためにこの島に滞在したゴフマンが歩いたはずの道をたどることができる。彼が宿泊したであろうホテルも，名前は変わっているが，そこにある。クリックすれば，そのホテルのホームページが開かれ，宿泊の予約も可能だ。ここを拠点に島内をめぐり，360度の風景を楽しむ。羊たちがのんびりしている。あちこちの民家の庭先で立ちどまって，建物のしつらいをじっくりと眺め，窓から屋内を垣間見る気分も味わうことが可能だ。もちろん，人は誰ひとりとして画像に登場しない。むこうがこちらを見ることもなければ，私がむこうを覗いていることも相手にはわからない。

ゴフマンが60年前に，その道を歩き，その村の人びとと場を共有したこととのちがいを，考えてみてほしい。

第9章

# 修理屋モデル＝医学モデルへのハマらなさこそが極限状況を招く

## ――アイデンティティの機能的差異をも論じたゴフマン

天田城介

> 精神病院の患者は自分がある特異な拘束状態（バインド）に置かれているということを認めるはずだ。病院を出るにしろ，そこの生活を容易にするにしろ，自分に与えられた場所を受け入れていることを示さなくてはならないのである。ところが，彼らに与えられた場所というのが，右の取引き条件［「手の込んだ劇に仕組まれた朝貢」のような患者と職員の取引き］を強制するように見える人びとの職業的役割を支持することになっているのだ。この自己疎外的な精神的隷属状態――これはおそらく一部の患者の精神的混乱を説明する上で役に立つ――は，専門的サービスの提供関係，ことにその医療版，の偉大な伝統に頼ろうとしたことから生じた事態である。精神病院の患者たちは，郊外にある者たちの生活を容易にしているサービスという理念の重みこそ彼らを押しつぶすものだ，ということに気づくこともあるだろう。［Goffman 1961a=1984: 317 括弧内補足引用者］

### 1　「世界の様々な亀裂」をもたらす機能的差異 ――『アサイラム』最終論文の問い

エピグラフにあるように，精神病者たちは自らの晒されている現実を受け入れなければならないが，逆にそのことによって精神医療専門職の職業的役割を支持してしまう。私たちの社会関係の多くは都市郊外に住むような中産階級たちの日常を支えている「専門的サービス」のモデルを前提にしているが，精神病者たちはその「専門的サービス」のモデルには収まらないゆえ，その都度の相互行為の中で精神病者たちの現実もまたやむを得なしということが説明可能なものとして確認されていってしまうのだ。実は，ゴフマンは「世界の様々な亀裂」を感受する只中で形作られていく精神病者たちのアイデンティティの「機能的差異」をこうした「専門的サービス」，殊に「医療版修繕サービス」に収まらないゆえにもたらされたものであることを論証しようとしたのだ。本章では『アサイラム』の最終論文において記されたアイデンティティの亀裂の「機能的差異」についても論じた論考に照準した上で，別様な「ゴフマンの使い方」について論じるものとしたい[1]。

かの有名な『アサイラム』にもほとんど読解されていない箇所がある。第一論文「全制的施設の特徴について」，第二論文「精神障害者の精神的閲歴（モラルキャリア）」，第三論文「ある公共施設の裏面生活（アンダーライフ）」はこれまで何度も引用・参照されてきたが，最終論文「医療モデルと精神障害者の病院収容（ホスピタリゼーション）」に関してはこれまでほとんど記述・引用されてこなかった。ゴフマン自身も最終論文は「再び注意を専門職に向け，精神病院における被収容者に彼が置かれている状況内の諸事実が提示される際の医学的視角の役割を考察する」［Goffman 1961a=1984: vi］と紹介するにとどまっており，「序言」にそれ以上の説明は見当たらない。

ゴフマンは「［『アサイラム』の］主たる焦点は施設被収容者（inmate）の世界であって，職員（staff）の世界ではない。関心の中心は自己の構造について社会学的解釈を展開することである」［Goffman 1961a=1984: v　括弧内補足引用者］と記し，あくまで「被収容者」に焦

［1］本章ではゴフマンの『アサイラム』［Goffman 1961a=1984］を中心に検討するが，同様の指摘を『行為と演技』［Goffman 1959=1974］，『スティグマの社会学』［Goffman 1963b=1970］，『行為と演技』［Goffman 1963a=1980］等においても行うことも可能であろう。ただ，『アサイラム』はまさに具体的な事例を述べているゆえに「機能主義者ゴフマン」の立場から丁寧に書かれている側面がある。こうしたことは強調されて然るべきであろう。

点を置く態度表明を行っているが，なぜか最終論文は改めて「専門職」にこそ照準しているのだ。加えて，それまでの三論文が全制的施設における被収容者の「自己の構造」の「社会学的解釈」を展開しているが，最終論文は「精神医学における医療モデルと病院収容」がテーマである。その意味で，それまでの三論文と最終論文では随分と趣が異なる文章であるように見える。三論文と最終論文との接続がどこにあるかなかなか見えない。

しかしながら，ゴフマンにおいては三論文と最終論文は理論的に接続したものであった。多少大袈裟に言えば，『アサイラム』はあのような「構成」でなくてはならなかった。結論から言えば，三論文は「社会的役割論」に対する批判として構成され，最終論文はパーソンズ流の医師－患者関係における「病人役割論」を踏まえた批判的論考になっている。ゴフマンにとっては「病人役割を受け入れていく中で自己が構成される」というお話も全く納得がいかなかったし，『社会体系論』「X 社会構造と動態的過程――近代医療の事例」での「病人役割に関する制度化された期待体系には4つの側面がある」［Parsons 1951=1974: 432-433］という説明も合点がいくものではなかったのだ。

第三論文の末尾にてゴフマンは以下のようにまとめる。

> 私が本稿で論じたことは，全制的施設内における右と同一の事態（何か対抗するもの（against something）があるからこそ，自己は現出してくるということ）である。ともあれ，このような社会は自由社会での状況ではあるまいか。／帰属するものを何ももたずには，われわれは確固たる自己を持てない。しかるに何らかの社会的単位への全面的な傾心と愛着は一種の自己喪失（selflessness）である。一個の人間（a person）であるというわれわれの意識が，大規模な社会的単位に帰属することに由来するものであるならば，われわれが自己を所有している（selfhood）という意識は，その引力（the pull）に抵抗するときの様々な些々たる仕方に由来するのである。

われわれの［社会的］地位が世界の様々な堅固な構築物に裏付けられているとすれば，われわれの個人的アイデンティティの意識は往々にして，その世界の様々の亀裂を住処としているのである。［Goffman 1961a=1984: 317　括弧内補足引用者］

要するに，「何らかの社会的単位への全面的な傾心と愛着」などによって自己は構成されない，むしろ「自己喪失」となる——平たく言えば，「役割」と自らを全く同一にみなすならばむしろ自己などは生まれない。役割との距離こそが自己を作り出していくのだ——。むしろ，その期待された役割や立場などに何がしか（の引力として）抵抗するもの（against something）からこそ自己は立ち上がっていくと言うのだ。私たちは「社会的役割」を受け入れることによって自らのアイデンティティを感受しているのではなく，「役割距離」や「アイデンティティ・ペグ」のような形で「世界の様々な亀裂」の只中でアイデンティティを辛うじて保持しているのである。

そうであるならば，パーソンズが提示したように，病人役割——病人役割には①通常の役割義務の免除特権，②自力で回復する義務からの免除特権，③回復（悪化させない）義務，④医療専門職の援助を求め，これと協力する義務の 4 つの規範的役割がある［高城 2002：126］——を患者が受け入れることによって，あるいは患者が病人役割から逸脱／離脱する場合には「医療専門職は，患者に規律を与え，患者をコントロールする」［高城 2002：113］ことで「医療における社会秩序は可能となっている」といった指摘はあまりにも乱暴な説明である[2]。加えて，「役割距離」ないしは「アイデンティティ・ペグ」，『アサイラム』でいえば「第二次的調整」によってアイデンティティ

［2］むろん，ゴフマンは敬意を払い，最終論文の註でも「サービス関係に関するこの記述はパーソンズの論文 “The Professions and the Social Structure” に拠るところが非常に大きい。この論文はこの分野において今なお第一級の論文であると私は感じている」［Goffman 1961a=1984: 468］と述べる。

が辛うじて保たれているとしても，中年男の大学教員が「世界の様々な亀裂」の只中で感受しているアイデンティティと，精神病院にて精神病者が辛うじて保っているアイデンティティでは「機能的差異」はないのか。それぞれのアイデンティティがその都度作り出されるとしても，その機能的等価性のみならず，機能的差異こそ論じなければ社会学的な分析としては不徹底ではないか。もっと端的に言えば，【精神病院にいる当事者たちが「極限状態」の中でギリギリのところで自らのアイデンティティを保っているとして，なにゆえ／いかにしてそのような事態が生じているのか？】という問いをゴフマンは思考したのだ。思考せざるを得なかったのだ。彼にとって「患者が病人役割を受け入れたり，患者がその役割からはみ出した場合には医療者が取り繕うことによって医療における社会秩序は可能になっている」という説明は支持できるものではなかった。むしろ問うべきは【修理屋モデル＝医学モデルが精神医学に適用されることによって（あるいはそのモデルには収まらないゆえに）精神医療の日常はいかに形づくられ，その只中で精神病者と医療者の相互行為秩序はいかに可能となっているのか？】という問いであったのだ。だからこそ，「修繕業の多様性の範囲に関する覚書き」といった「腰砕け」な副題が付された「未完」の最終論文が『アサイラム』の最終章に組み込まれたのである。否，最終章にこそ組み込む必要があったのである。

しばしば言及されるように，ゴフマンの主要な関心は「社会秩序，とりわけ相互行為秩序はいかにして可能か？」という問いであったことは言を俟たない。しかしながら，ゴフマンの方法論，いや《方法論としてのゴフマン》の理論的設定を「日常的な相互行為場面において私たちのアイデンティティはいかに保たれているのか／達成されているのか」といった「問い」へと回収してしまうだけでは彼の重要な仕事の別の側面は見失われてしまう。彼は『アサイラム』で三論文に続けて最終論文を位置づけるほどには「機能主義的な問い」を失っていなかった。私たちが「世界の様々な亀裂」によってアイデンティティが構成されているにしても，その「世界の様々な亀裂」がいかにして生じているのかという「機能的差異」を解明するほどには「機能主義者」であったのだ。あるいはこう言ってもよい。ゴフマンは（その後になって彼がそう呼ばれる）「象徴的相互作用論」だの「ミクロ社会学」だの「意味学派」だのといった「役割」を冷ややかに見ていたであろうから――まさに役割距離をとっていたであろうから――，自らがいかに名づけられようが全くお構いなしであっただろう。彼は自らのアイデンティティが数多ある「世界の様々な亀裂」のうちのひとつないしはそのいくつかによって構成されているとして，その「世界の様々な亀裂」がいかに立ち現われているのかを論考したのだ。彼は自らの理論的テーゼを自らの研究実践・理論展開においても貫いたのだ。その意味で，ゴフマンとはやはり「アイデンティティの人」であった。『アサイラム』はこうした視点から再読されなければならない。

ちなみに，こうしたゴフマンの方法論は「中央ヨーロッパからの移民ユダヤ人の子」としての彼の自らの経験において形成されてきたものであろう。一方では，自らの一挙手一投足，一言一句に至るまで統制することで巧みに周囲とのやり取りにあわせ，何とか周りに溶け込むことで，辛うじて自らの身を守ろうとしたと同時に，他方では，ある時には，自らのその宙吊りのアイデンティティを強烈に打ち出そうとする場面では，周囲に対して「小柄な短刀（little dagger）」と呼ばれるほど暴力的に振る舞うことで必死に自らのアイデンティティを保たんとしたのだ。ゴフマン自身は「中央ヨーロッパからの移民ユダヤ人の子」という役割も，その中での「周囲への溶け込み役割」や「小柄な短刀役割」なども引き受けたわけではなく，その期待された役割や立場などの何がしか（の引力）に抵抗することによってこそ自らのアイデンティティを辛うじて保ってきたのである。

## 2 『アサイラム』の三論文――極限状況で耐え難きを耐え，忍び難きを忍ぶ

では，まずは三論文において何が書き込まれたのかを論じておこう。

結論から言えば，『アサイラム』における三論文では人びとは自らのアイデンティティが徹底的に剥奪されるような「極限状況」の只中でこそ，徒党を組んだり，自らの世界に引きこもったり，物分りのよい人になったり，優等生になることで何とか必死に自らを保たんとしており，さらには椅子をガタガタさせたり，マットレスを食いちぎることで施設に対する敵意を表現することで，ギリギリの状況においても何とか命懸けで自らを守らんとしていることを明らかにしたものである。このような「ある状況において採らざるを得ない方法としての処世術」「ある条件のもとでの適応的選好形成」への照準こそが《方法論としてのゴフマン》の核心のひとつだ。むろん，こうした「人びとの処世術」「適応的選好形成」，言い換えれば「酸っぱい葡萄」「幸福な奴隷」問題はしばしばその超越的視線からの判断・裁定なくして問題構成として成立しないと批判されるが，そのことをゴフマン自身は（この文脈では）あまり気にしていなかったように見える。あるいは禁欲的であったかもしれない。その事実の記述に徹しながらも「酸っぱい葡萄」の場面や「幸福な奴隷」の人びとを描き出したその《絶妙な手つき》こそ彼の方法論を「使える」ものにさせている。そして，そのような「観察身分」からそもそもそれらの「処世術」「幸福な奴隷」を可能たらしめている「魔術的機能」を通じていかに社会秩序が可能になっているのかを問うたのだ。

### 2-1 極限状況で自らを保たんとする営み

拙稿［天田 2008, 2010］でも詳述したが[3]，敢えて「傍観者」的な立ち位置にとどまり続けながらゴフマンは『アサイラム』において当事者をめぐる現実を克明かつ大胆に記述した[4]。そこでは精神病院の

精神病者が自らのアイデンティティが徹底的に剥奪されるような「極限状況」の只中でこそ自らのアイデンティティを辛うじて保っていこうとする現実こそが記されたのだ。当事者たちは徒党を組んだり，自らの世界に引きこもったり，物分りのよい人になったり，優等生になることで何とか必死に自らのアイデンティティを保たんとする。それができない場合でも何とか命懸けで自らのアイデンティティ守らんとする。彼はそうした現実を記述することを通じて「極限状況」の只中でこそ自らのアイデンティティを辛うじて保つ姿を考究したのだ。

では，少し丁寧に説明していこう。ゴフマンは，その『アサイラム』において「全制的施設（total institution）」などの概念を駆使しつつ，一定期間にわたって，閉鎖的・画一的に隔離・管理された生活を余儀なくされることを通じて，人びとはいかなる営みによって自らのアイデンティティを保持せんとするのか，そしてそうしたアイデンティティを保持せんとする人びとの実践のやりとりの捩れあいの社会的帰結としてどのような皮肉な事態が立ち現われてしまうのかを鮮明かつ大胆に描出した。

その要点のみ論じるならば，「全制的施設」[5]において，【A】その場に収容された人びとがどのように自らのアイデンティティを剥奪されていってしまうのか，【B】また，その只中で施設（職員）に従属せざるを得ない状況が作られてしまうのか，【C】さらには，そのような「極限状況」において人びとはいかにして自らのアイデンティティを保たんとしているのか，【D】そして，そのような人びとが（ギリギリのところで辛うじて）自らのアイデンティティを保たんとする営み

［3］すでに拙稿［天田 2008, 2010］でも詳述しているが，ここではゴフマンの方法論に照準した報告を行うものとしたい。

［4］こうした「ある状況において採らざるを得ない方法としての処世術」「ある条件のもとにおける適応的選好形成」への照準こそが《方法論としてのゴフマン》の核心の一つであり，そのような沈黙を余儀なくされた「ごく普通の人たち」の現実に拘泥した。なお，「適応的選好形成」は天田［2010］参照。

がいかなる事態を現出させてしまうのか，【E】そのような事態において人びとはさらにいかなる営みを遂行してしまうのか，を見事に描破した。それも徹底して「傍観者」の位置に立脚して〈当事者〉をめぐる現実を記述したのだ。逆にそのようにしか記せなかったのかもしれない。

ここで決定的に重要な点は，ゴフマンが人びとによる《自らのアイデンティティを保たんとする営み》を精神病院にのみ見られるものと考えていなかったことだ。もちろん，「全制的施設」と呼ぶ空間に端的に観察されるにせよ，「学校」や「家庭」などの空間においてもかかる社会的機制が作動していることを強調する。要するに，「異常」「逸脱」「病理的」に見える／思えるような振る舞いを日常的にどこにも見られる《自らのアイデンティティを保たんとする営み》という視点から解読しようとしたことがその特徴であると言える。

### 2-2　アイデンティティが剥奪されるという事態において

では，それはいかなるプロセスなのか。端的に言って，ゴフマンにとって「施設に収容される」という現実は，収容された人びとがそれまで日々の営みの中で何とか保持してきた自らのアイデンティティが「剥奪（extrusion/deprivation/stripping/dispossession）されることで，彼／彼女らが徹底的に「無力化されていく過程（mortification process）として析出される。具体的には，「施設収容」を契機に「一般社会（包括社会）」から遮断・隔離されることによって，彼／彼女らは，これ

[5]「全制的施設」とは「多数の類似の境遇にある個々人が，一緒に，相当期間にわたって包括社会から遮断されて，閉鎖的で形式的に管理された日常生活を送る居住と仕事の場所」[Goffman 1961a=1984: v] である。こうした「全制的施設」の具体例としてゴフマンは精神病院，刑務所，軍隊，修道院などを挙げる。天田 [2003→2010: 第三章] を参照。また，それらの認知症高齢者に照準をした上で彼・彼女らをとりまく相互行為場面を記述したものとして天田 [2010, 2011] 参照。

までに自らのアイデンティティを保持することを可能にしてきた習慣やライフスタイルを剥奪され（＝文化剥奪 disculturation），また過去の諸々の役割からの断絶を経験させられ（＝役割剥奪 role dispossession），さらには，私物の代替品として「規格品」の衣服を身に付けさせられたり，名前で呼ばれず「番号」で呼ばれたりして衣服や名前といった自らのアイデンティティを表示する装置さえも剥奪される（＝私物の剥奪 dispossession of property）。このようにして，彼／彼女らはこれまでの日々の営みにおいて何とか保ってきたアイデンティティがまるでガラガラと音を立てて崩れ去るような過酷な現実を生きることを余儀なくされてしまうのだ。

ただ，こうした指摘はさほどインパクトがある話ではない。こうした指摘であれば数多あるルポルタージュなどで鮮やかに記されてきたことだ。ゴフマンの記述においてより重要な点は，むしろ，このように日々の営みの中で何とか自ら保ってきたアイデンティティが毀損されていく過程こそ，逆にアイデンティティを剥奪した当の施設（職員）に否応なく従属してしまうという皮肉な「仕掛け」を論じた点にある。

### 2-3　巧妙な仕掛けのもとでの従属化

ここで不思議な逆転現象が起こる。こうした「剥奪過程」において，施設の「外部」の「市民社会（civil society）」では個人として享受して当然のものが剥奪されていくと同時に，市民として当然受け取るべき「権利」がなぜか「特権」へと転化していくのだ。さらには，施設内の「規則」に従順であることと引き換えにこの「特権」が与えられたり，違反すれば「罰」として失権させられたりするといった「特権体系（the privilege system）」なるものが示されることを通じて人びとは自己の再編を余儀なくされていってしまう。

具体的に記述しておこう。たとえば，私たちの日常において「手に入って当たり前なもの」――たとえば，三度の食事や本や雑誌などの品々，タバコやお酒などの嗜好品――が施設の「内部」では施設のルールに従うことで辛うじて手に入れることができる「特権」になってしまう。そんな過酷な事態が生まれることがある。そして，この「巧妙な仕掛け」を通じて，収容された人びとはしばしば“自ら進んで”施設職員に従属化していく。こうして“アメ”と“ムチ”が状況に応じて使い分けられながら，収容された人びとのアイデンティティの不安の穴を埋めるが如く「仕掛け」は巧妙に機能していくのだ。

たとえば，タバコを例に“アメ”の「仕掛け」を説明しよう。タバコは私たちの社会では基本的に（成人であれば）「手に入って当たり前のもの」だ。にもかかわらず，施設に入れられるや否や，施設の「表舞台」では収容された人びとは一律にタバコを取り上げられてしまう。しかし，一方で取り上げられながら，他方では施設の「裏舞台」——たとえば施設職員の喫煙所など——では収容された人びとが喫煙している施設職員に対して「タバコ一本恵んでや！」などと声をかけると，「今夜，俺，夜勤やから静かにしてな」などという言葉とともに施設職員から彼／彼女らにタバコが密かに提供されることがある！

そして，あろうことか，しばしば施設職員と収容された人たちが一緒になってお互いに煙をたゆらせながら「談笑」したりして，「裏舞台」での〈親密な関係〉さえも作り出されていくこともある。こうして収容された人びとは「あの人はええ人やで」というように親しみを感じて，“自ら進んで”その施設職員に従っていくような現実が作り出されていくのだ。こうした複層的な空間のもとで奇妙な従属化が達成されていくのである。

かかる「特権体系」はそうであるからこそ「巧妙な仕掛け」でもある。なぜなら，私物が完全に剥奪されている状況では，収容させられた人びとは何とか「抵抗」したり，「脱走」したり，「蜂起」したりするが，このように「裏舞台」を通じた〈親密な関係〉が形成されている場合——もともと手に入って当然のもの（タバコ）が剥奪されている状況であるにもかかわらず，施設職員の「好意」「善意」によってタバコが人びとに提供される場面では——施設職員に対して収容された人びとのほうから「いつもありがとな。サンキュー」などと礼を述べて感謝してしまうことがあるのだ。そして，時として，収容された人びとの口から「A さん（施設職員）の顔を潰したらアカン！」などと言って，“自発的”に施設職員や施設のルールに「従属化」していくことさえあるのだ。

反対に，“ムチ”もある。施設のルールに従わない場合，「食事」「買い物」「外出」が制限されたり（制限すると脅されたり）して施設のルールに従わざるを得ない場面が作られることもある。「強調されてしかるべきことは，全制的施設における特権は，役得，優遇・代価とは同一ではなく，通常ならば我慢する必要のないはずの［市民的権利が］剥奪されないこと」であり，我々の日常生活において子どもや動物を統制する姿勢に見られるように――「良い子にしないとご飯あげませんよ！」など――，「［ここでの］罰ならび特権という概念自体が市民社会から切り取られたものではない」［Goffman 1961=1984: 54］。ところが，ここでも巧妙な仕掛けが働く。誰もが厳しく“ムチ”をもって制限されるならば，収容された人びとは強い怒りをあらわにするが，施設職員 B がそのように「食事抜きだぞ！」と脅しをしながら，同時に，別の施設職員 C がそうして脅された人びとに対して「大丈夫だからね。ああ言っているけど，悪い人じゃないんだから」などと「フォロー」することを通じて，逆にそこにも〈親密な関係〉が形成され，そのもとで人びとは「C さん（施設職員）の言うことはきいてもよい」などと“自ら進んで”施設のルールに従属化されていってしまうような「仕掛け」が作動しているのである。

こうしたアメとムチの使い分けられた状況における〈親密な関係〉のもとで「巧妙な仕掛け」が作動することでまさにその場で人びとが自発的に従属化されていく！

### 2-4　「極限状況」において辛うじて自らで耐え忍ぶこと

とは言え，施設において様々に剥奪されることを通じて自らのアイデンティティが傷つけられ，そのような不安の只中にあるからこそ，「裏舞台」などにおいては〈親密な関係〉が形成され，そのことを通じて「施設では手に入らないもの」――私たちの日常においては「手に入って当たり前なもの」なのだ！――が提供され，そのことが皮肉にも人びとが施設のルールに自発的に従属化してしまうような「巧妙な仕掛け」として作動してしまう事態を描き出したゴフマンの“手際のよさ”は鮮やかだが，それは「知っている人は知っている話」でもある。ゴフマンの論考が真に卓越している点は「この後の（続きの）話」を丁寧に記したからだ。この点こそがゴフマンの大きな仕事のひとつでもあるのだ。

実際，このような剥奪過程と特権体系の機制（メカニズム）が同時に作動することを通じて収容された人びとは徹底的に無力化されていくが，当事者たちはただたんに「手を拱（こまぬ）いている（だけ）存在」ではない。むしろ，こうした「極限状況」においてこそ，自らのアイデンティティがバラバラになりそうな不安の只中でこそ，ギリギリのところで自らのアイデンティティを防衛（プロテクト）する営みを常に試みもする。この意味において，私たちは，そのぐらいには逞しく強（したた）かであり，愚かで哀しくもある「日々の営み」を日常的に繰り広げているのだ。

実際，私たちはこうした「極限状況」にあって，いかにして自らのアイデンティティを守らんとするのか――イメージしにくい読者は「学校」などを想起してもらうとよい――。

私たちが様々に剥奪され，従属化させられている「極限状況」において自らのアイデンティティを保たんとする「第一の方法」は《徒党を組んで抵抗すること》である。アイデンティティ剥奪された人びとは，しばしば，仲間同士で徒党を組み，施設職員の悪口を言い合ったり，時には施設職員をからかったり，あるいは施設職員の私物をどこかに隠したり，施設の廊下に水を撒いたりするなどのイタズラをして，辛うじて自らのアイデンティティを守らんとする実践を試みることがある。さらには，集団で施設職員を無視したり，施設職員が怒っている場面で「お〜，怖い，怖い」などと冷かしたりするなどの実践もここに含まれるだろう。ゴフマンはかかる実践を「身内化（fraternization）」と呼んだ。

「第二の方法」は，端的に言えば《自らの世界に引きこもること》である。私たちは周囲とのコミュニケーションが耐え難く感じる状況においてはその状況から撤退し，他者とのコミュニケーションを切断することによって自らの内的世界に埋没し，空想・幻想などを抱くことによって自分だけの「秘密空間」を創出することで，辛うじてその「耐え難い状況」を耐え忍ぶことが可能となる。平たく言えば，“外界からの情報をシャットアウトすること” で自らの “殻” に閉じこもり，そのことで何とか自分を守らん（プロテクト）とする。これは「最も手っ取り早く自らを防御する方法」だ。彼はこれを「秘密空間の創出」と呼ぶ。

「第三の方法」は《慎ましやかで物分りのよい人になること》である。私たちは，こうした「極限状況」に置かれているにもかかわらず，いや置かれているがゆえに，施設内での生活において受け取ることができるものから最大限の「満足」を感得したり，そこでの生活に肯定的な意味づけを与えることで何とかこの「極限状況」を耐え忍ぼうとする。こうした実践をゴフマンは「植民地化（colonization）」と名づける。具体的に言えば，様々に剥奪されているにもかかわらず，「三度三度の食事が食べられるだけよしとせなアカン」「雨露がしのげるだけありがたい」「外にいたら野たれ死にしていた」といったように「極限状況」にもかかわらず，その状況のもとでも肯定的な意味づけを与え，そのことによって何とかその状況においてさえ「最大の満足」を得てしまう。このように《慎ましやかで物分りのよい人になること》で辛うじて “耐え難きを耐え，忍び難きを忍ぶ” のだ。言い換えれば，そのようにしか生きられない状況にあるということでもある。

「第四の方法」は，極めて乱暴に言ってしまえば，《優等生になること》である。私たちは，ある状況の規律やルールに過剰に「適応」してしまい，その規律やルールを徹底的に内面化してしまうことがある。

たとえば，新しく収容された「新米」がいち早くその規律やルールを身につけてしまったり，過剰適応してしまったりする。長期に収容されている「古参」であれば，施設職員以上に規律やルールを遵守して，規律やルールを守ろうとしない他の仲間（患者）たちに対して「お前ら，そんなところでダラダラしてはダメだろう！」などと言って，施設職員以上に厳しく管理してしまうことがある。ゴフマンはこうした営みを「転向（conversion）」と実に的確に命名している。

このように，私たちは「極限状況」の只中にあるがゆえに，《徒党を組んで抵抗すること》《自らの世界に引きこもること》《慎ましやかで物分りのよい人になること》《優等生になること》などによって自らのアイデンティティを何とか保たんとする。換言すれば，私たちは組織や状況が要請する「役割」をそのまま演じるのではなく，それに抵抗したり，それを拒絶したり，そこから得られる満足を最大化したり，むしろ管理する側の役割を自ら進んで選び取るなどの「様々な手立て」[Goffman 1961a=1984: 201]）によって——彼はこれを「職員に真っ向から挑戦することはないが，被収容者には禁じられている満足を得させる，あるいは禁じられている手段によって許容されている実践的便法」[Goffman 1961a: 57] としての「第二次的調整（secondary adjustments）」と呼ぶ——，私たちのアイデンティティが作り出されていくのだ。ゴフマンはかかる私たちの逞しく強かな，愚かで哀しくもある日々の生存のための営みを描いたのだ。

### 2-5　自らを守らんとすることが招いてしまう皮肉な事態

先に述べたとおりこうした「極限状況」におけるアイデンティティを保たんとする営みを見事に描写したことがまず画期的なことだが，ゴフマンの記述した世界の「醍醐味」はこれにとどまらない。むしろ，「この後の（更なる続きの）話」を記述したことに最大の精髄（エッセンス）があるとも言える。

ひとつには，このように私たちが「極限状況」において自らを保たん／守らんとする営みが皮肉にも施設収容や剥奪行為を正当化してしまうという皮肉な機制を提示したことだ。

ゴフマンは圧倒的な迫力で以下のように描写する。「〈重症〉病棟に入院させられた者たちには，どういう種類のものにしろ備え付けの器具は何も与えられていない」が，それでも何とか必死に彼／彼／彼女らが自らのアイデンティティを保たん／守らんとすれば，「施設に対する敵意は，椅子で床をがたがたさせるとか，新聞紙を鳴らして耳障りな破裂音をさせるとか，乏しい数の目的には不向きな用具に頼るより手がないのだ。備え付けの器具が病院に対する拒絶を伝えるのに不適当であればあるだけ，することはいっそう精神病の徴候らしく見え，管理者側はますますその患者を重症病棟に入れるのは正当だと感ずるのである［そして備え付けの器具は奪われるであろう］。患者は隔離室に入れられると，裸でこれという表出の手立てもないので，歯が立てば，マットレスを食いちぎったり，大便を壁に塗りたくったりする（これによって身体の拘束が正当化され，その結果，患者は自らのアイデンティティを維持するためには自己の世界へと埋没し，「妄想」や「呻き」といった状態に陥り，それが更に病院収容の正当化の証拠となっていく）。――これらの行為こそ管理者側がこの種の人物には隔離が正当と判断する行為なのだ」［Goffman 1961=1984: 303 括弧内補足引用者］。

もうひとつは，これまた全く皮肉なことだが，「極限状況」の只中にあるがゆえに，私たちは《徒党を組んで抵抗すること》《自らの世界に引きこもること》《慎ましやかで物分りのよい人になること》《優等生になること》などによって文字通り必死に自らを何とか保たんとするが，その保ち方（プロテクト・ツール）は人によって様々であるがために，私たちと他者とのあいだには様々な葛藤・摩擦・亀裂・断絶・対立が惹起することになる。実際，たとえば，《徒党を組んで抵抗する人びと》は《自らの世界に引きこもる人びと》を「自分の世界に埋没しやがって！」と疎ましく思うであろうし，《慎ましやかで物分りのよい人びと》には「押し黙って施設側の言いなりになりやがって！」と不満を感じるであろうし，《優等生になろうとする人びと》に対しては強い憤怒の感情を抱いてしまうこともある。このようにお互いに諍いを起こし，いがみ合ってしまうのだ。こうして私たちと他者とのあいだには様々なコンフリクト（葛藤・摩擦・亀裂・断絶・対立など）が常に立ち現われていくことになる。しかもそれが「厄介」なのは，そうしたコンフリクトが「極限状況」ゆえに自らを守らんとするがために生じている事態としては捉えられず，「あいつは性格が悪い」「やつらに取り込まれやがって」などというように個人の性格やその都度の状況での利害・力学や局域的（ローカル）な政治のもとでの行為や帰結として解釈されてしまうことにあるのだ！

こうして人びとは「仲違（なかたが）い」「不和」「分裂」などを余儀なくされる。そしてそれがより一層厄介なのは，こうした事態が幾重にも輻輳する力学を出来させるがゆえに，その負荷と逃れ難さゆえに，件のアイロニカルな機制が見えなくなってしまうことなのだ。

このように『アサイラム』における三論文とは，精神病院の事例分析を通じて「世界の様々な亀裂」の中での日々の実践こそがアイデンティティを辛うじて保つこと，しかしながらそのアイデンティティを保たんとする実践こそが精神病院への収容を正当化し，当事者同士の複雑なコンフリクトを生じさせてしまうことを鮮やかに照らし出したのである。

## 3　危うく脆くとも社会秩序を可能にする魔術的機能

### 3-1　機能的差異の論じ方

以上までが『アサイラム』三論文の要諦だ。ここにこそ，我々はある皮肉な事態を確認できる。つまり自らのアイデンティティがズタズタに切り裂かれていくプロセスの中でこそ，自らが自発的に進んで他者に従ってしまう状況が作られていき，そのような「極限状況」において人びとは「様々な手立て」を用いてギリギリのところで命懸けで自らのアイデンティティを保たんとする。そしてそれにとどまらず，そのような当事者の「生きるための手練手管の手立て」こそが，当事者間のコンフリクトをより強化してしまったり，他者による剥奪行為を正当化したりするような皮肉な事態をもたらし，周囲の人びとにとっても過酷な状況を作り出していくために更なる極限状況を出来させてしまうのである。私たちはこうしたゴフマンの仕事の《手際のよさ》を学ぶことが大切だ。

繰り返すが，ゴフマンはこれら三論文に続き最終論文を書く必要があった。否，書かざるを得なかったのだ。冒頭のエピグラフで説明したように，精神病者たちは自らの晒されている現実を受け入れなければならないが，逆にそのことによって精神医療専門職の職業的役割を支持してしまう——当事者のニーズがあって専門職があるのではなく，現実を受け入れることを通じて専門職の職業的役割が説明可能なものとして達成されていくのだ——。そして，私たちの社会関係の多くは都市郊外に住むような中産階級たちの日常を支えている「専門的サービス」のモデルを前提にしているが，精神病者たちはその「専門的サービス」のモデルにはハマらないゆえに，その都度のコミュニケーション場面において精神病者たちの現実がやむを得ないもの／正しいものとして説明可能なものとして達成されていくのだ。ゴフマンは「世界の様々な亀裂」を感受する只中で形作られていく精神病者たちのアイデンティティの「機能的差異」をこうした「専門的サービス」としての「修理屋モデル＝医学モデル」にハマらないゆえにもたらされたものであることを論証しようしたのだ。最終論文はまさにかかる「世界の様々な亀裂」の只中で感受しているアイデンティティがそれぞれにおいてなにゆえ／いかに形づくられていくのかという「機能的差異」を論考するために残されたものなのだ！

精神病院にいる当事者たちが「極限状態」の中でギリギリのところで自らのアイデンティティを保っているとして，なにゆえ／いかにしてそのような事態が生じているのか，という問いが「機能論者ゴフマン」には間違いなくあったのだ。「世界の様々な亀裂」の只中で作り出されていくアイデンティティはいかなる「魔術的機能」を通じて達成されていくのかを明らかにしているのだ[6]。精神医学においては修理屋モデル＝医学モデルには全くハマらないにもかかわらず，精神病者と医療者のあいだの社会秩序が達成されていってしまう，そんな魔術的機能を論じようとしたのである。このことは何度強調してもし過ぎることはない。

### 3－2　暗黙の紳士協定のもとでの修繕サービスにおける相互行為

では，精神病者たちは「専門的サービス」のモデルにはハマらないゆえに，その都度のコミュニケーション場面において精神病者たちの現実がやむを得ないもの／正しいものとして説明可能なものとして達成されていくことをいかに記すのか。少し迂回しながら説明していこう。

まず最初に，ゴフマンは私たちの日常における相互行為は何らかの参照枠組みがあってこそ可能になっていると指摘する。実際，「これらの接触の枠組みの一つ一つは，同時に，アイデンティティの根拠，理想的言動への手引き，さらには連帯と区分の基盤たりうるものである。枠組みはどれでも，一組の相互依存的な非明示的仮定を含んでおり，それらの仮定は相互に整合されて，一種のモデルを形成する」［Goffman 1961a=1984: 321］という。これはゴフマンお馴染みの暗黙の

［6］「観察身分論」としては超越的視線の立場＝身分を回避しつつ，そこに「他者」を置いたのである。言い換えれば，「幸福な奴隷」の他者として「心優しき主人」を置き，ただその皮肉な帰結を冷静に記述する作業に徹したとも言える。あるいは，「幸福な奴隷の面子・プライドの保ち方」と「プロサッカー選手になれなかった中年男の面子・プライドの保ち方」を同時に扱うことでその「観察身分」を無効化する立場を採ったのであろう。こうした「観察身分」問題はここでは言及し得ないが，このギリギリのところで禁欲すると同時に，自らの「観察身分」をそれとなく醸し出す立場取りにこそ，方法論としてのゴフマンの《手際のよさ》がある。私たちはもう一度そこに立ち返って考えてよい。

参照枠組み＝モデル（フレーム）によって私たちの相互行為は達成されていくという説明だ。

では，私たちの日常における相互行為の主要なモデルは何か。彼は，その主要なモデルこそ「サービス提供者とその享受者というモデル」［Goffman 1961a=1984: 322］という。こうした「パーソナルサービス業」とは「専門的サービス提供の実際の根底にある非明示的な社会的道徳仮定であって単純労働的サービスのそれではない」［Goffman 1961a=1984: 322］[7]。では，この専門的サービスの根底にある理念は何であろうか。彼はこう説明する。

「欧米における専門的サービス提供の根底にある諸理念は，修復したり，組み立てたり，修繕したりしなくてはならないのが複雑な物理的システムである場合を原型的事態としている」［Goffman 1961a=1984: 324］と。簡単に言えば，私たちの日常における相互行為の主要なモデルとは，何かを修復したり，組み立てたり，修繕したりするような「修繕サービス（the tinkering service）」であると解説するのだ。ちなみに，こうした修繕サービスは①技術，②契約，③社交の 3 つの要素によって成り立っている。

では，こうした「修繕サービス」は専門的サービスの提供者が個人の利害を超えて関与することができる種類の職種となっているが——要するに，提供者の個人的利得を超えて関わることができる職種である——，それは「サービス提供者が，利害関心を超越した専門家であるという自己像に愛着を持ち，いつでもこの自己像に基づいて人びとの関係を持つ用意ができているということは，一種の世俗的貞潔の誓いであり，依頼人にとって彼が素晴らしい利用価値があるということの根源にはこの事実がある」［Goffman 1961a=1984: 326］から可能に

［7］こうしたパーソナルサービス業には，広く公衆に接するサービスと特定の決まった構成員にのみ接するものがあり，公衆に接するサービスにも歯医者のように一対一で対応するサービスもあるし，一度に複数を相手にするサービスもあると説明するが，ここでは割愛する。

なっている。専門サービス提供者と依頼者はこのような参照前提によって日々の相互行為が可能になっている。例えば，自動車整備工が壊れた車を「これはもう使えませんね」などと嘘をついて自分の所有物にすることなく，適切に修理して返却するのもこうした特徴ゆえである。こうした「信頼」をベースに相互行為が達成されていく。

では，こうしたサービス関係ないしは修繕サイクルを可能にしている前提は何か。

第一に，ある所有物ないしはモノがその所有者（依頼者）に有用なものであること——つまりそうでなければそもそもなおそうともしないだろう——，第二に，所有物が依頼人に完全に属していること——私たちは他人の所有物を勝手に修理・処分するわけにはいかない——，第三に，所有者が動かすことができる程度のサイズのものであること——荒れ果てた広大な山林や森は修復サービスではなおせない——，第四に，所有物が比較的取り扱いやすく，同じタイプのものが参照でき，標準的解決法をもつこと——さすがにNASAのスペースシャトルは修繕サービスでなおせない——などがある［Goffman 1961a=1984: 333-335］。そして，こうした特徴を有しているゆえに，依頼人の自宅から離れた場所（仕事場）にて修繕することができるものになっていたのだ。

このように「サービス関係の有り様は，依頼人側がサービス提供〔の水準〕に関して一致して協調行動を取ることをせず，各自の自由な意思に基づいてサービスを利用する人びとの集合である」［Goffman 1961a=1984: 336］。要するに，「理念的に言って，専門的サービス提供は依頼人とサービス提供者が相互に敬意を表する紳士的過程であるように設計されているのだ」［Goffman 1961a=1984: 336］。言うなれば，「修繕サービス」とは「暗黙の紳士協定」によって達成されている相互行為なのだ！

### 3－3　修繕サービスモデルにおける相互行為の脆弱性

しかしながら，こうした「暗黙の紳士協定のもとで達成される相互行為」は常に亀裂が生じ得る危ういものである。その相互行為は常に綻びを内在した脆弱なものである。ゴフマンが言及するように，「この関係の有り様のそれぞれの権利と義務の枠組みは関係の当事者相互が適切に行動しているときですら，ある種の不安と疑惑の母胎になる」[Goffman 1961a=1984: 338]。ここでもゴフマンお得意の相互行為の脆弱性理論が強調される。

具体的には，いくら「暗黙の紳士協定」によって可能になっているとはいえ，ちょっとすれば危うい関係へと陥る。たとえば，依頼人の目の前で修理している場合，依頼人側に支払料金とサービスが見合っていないのではないかという疑惑が生じることがある。たとえば，簡単に修繕できそうなテレビや車などの修理の際，その修理費用が高額だと「ボラれている」と感じることもあるだろう。たとえば，新しいモノを買ってしまったほうが修理するより安い際など修繕サービスに関する確かさはゆらぐ。たとえば，金持ちを優先するなどのことをすれば，金儲けだけを考えて修理しており，自分たちが軽視されていると感じるものだ。

加えて，サービスモデルが崩れる可能性も生じる。たとえば，雇われているサービス提供者の場合，サービス提供者自身による自由な判断は失われてしまい，依頼人のニーズではなく雇用主の利益を考えてしまうこともある。たとえば，地元での「うわさ」をもとに依頼人がサービス提供者を評価・判断してしまい――ゴフマンはこれを「民間参照システム」[Goffman 1961a=1984: 340] と呼ぶ――，信頼関係が危うくなる。たとえば，サービス提供者でも理想の利用者像を抱き，それにそぐわない客を断ってしまうことがある。さらには，公共的な利益を考えて，依頼人の直接の利益には結びつかないこともある。こうして，サービスモデルの参照前提は常に危ぶまれる事態に変転する可能性があるのだ。

### 3-4　医療における修繕サービスの相互行為の危うさ

特に「修繕サービス」を医療に適用する場合，その相互行為秩序はさらに危うさを孕むことになる。それは「身体の治療をサービスという枠組みに適合させるためには幾つかのゆがみを生じさせてしまう」［Goffman 1961a=1984: 341］からだ。なぜか。

当然ではあるが，第一には，私たちは自分の身体に大きな心的エネルギーを注ぎ，他人に自らの身を委ねることに不安を感じる。「では，あとの私の身体の治療をよろしくお願いします」という具合に「全てお任せ」とはならないのだ。ここに疑念や不信が生じる可能性がある。第二に，自らの身体は依頼人が自分の仕事をしている時間帯は――時計の修繕をしてもらうように――サービス提供者に「お任せ」で預けておくことができない。そして，治療の時間は自分の身体がどのように扱われているのかに最大の関心を寄せることになる。むろん，こうした問題への対処法として，「麻酔」なしいは「人間扱いしないこと（モノのように扱うこと）」があるが，それこそが「暗黙の紳士協定」に対する強烈な疑念や不信をもたらしてしまうことがある。第三に，人間の身体はパーツ交換できないし，廃棄もできないゆえに，修繕サービスのように「修繕サイクル」にうまく乗っていかない。そのように扱われると強い猜疑心が喚起される。こうした点から「暗黙の紳士協定のもとで達成される相互行為」たる修繕サービスには常に危うさを孕む［Goffman 1961a=1984: 341］。

こうした不安があるからこそ，サービス提供者たる医療者も「手術の成功率」を低めに伝えたり，あえて慎重に予後を伝えたりする。「万が一」に備えて関係が修復困難になるほどの「最大の不信」を招かないようにするのだ。むろん，患者はこうした中でも「やらないよりはやったほうがマシ」「依頼しないわけにはいかない」といった態度で臨むことになるから，不安と疑念が燻りながらも相互行為が営まれることになる。さらには，多くの場合，病気や障害は当事者の日常の生活水準やそのスタイルに関係しているが，さりとて治療者から

「引越しろ！」「仕事を変えろ！」とは言えない。また，患者があくまで自律的な行動をすることが想定されており，勝手な振る舞いや周囲に迷惑をかける行為は考えられていない。このように治療者からは関係が修復困難になるほどの無理・無茶は言わずとも，患者の自律的行動がある程度は期待できることから「リスク」は最小限に収まることになる。加えて，治療者は公共的利益との関係からも判断することもあり，そこでも「あいつは国家・行政の手先だ！」というように患者に思われてしまうといった危うさが生じることもあるが，そうした相互行為秩序上の脆弱さを回避しつつコミュニケーションが営まれる。

したがって，こうした危うさと脆さを孕んだサービス提供者と依頼人の相互行為秩序においては「包摂」の機能が働くことも少なくない。第一に，サービスの利用によって辛うじて依頼人は高額な資本を要する装置と機械を利用できるからして，そこから離脱するわけにはいかない。自分では高額な医療機器を購入して利用することなどできないのだ。第二に，安静にすべきであるという規範があるゆえに，病院でおとなしくしていることになる。自分で勝手に退院・脱走して無理・無茶をすることは規範的に許されない。第三に，ギブスのようなキットによって自らを病人として証明することができるゆえに，しぶしぶながらも医療の中に留まることになる。こうして医療への「封じ込め」が可能になる。

### 3-5　「修理屋モデル＝医学モデル」が精神医学にもたらしたもの

しかしながら，こうした「修繕サービスモデル」を参照した医療での社会関係はうまくいかないことも少なくない。特に，「修理屋モデル＝医学モデル」を施設の精神医学に適用することは困難を極めることになる［Goffman 1961a=1984: 352］。換言すれば，「修理屋モデル＝医学モデル」にうまくハマらないゆえに，精神病院の現実は形作られていくのだ！

以上でわれわれはどうにか本稿の標題に示された問題，すなわち専門的サービス－モデルの医療版を施設の精神医学（institutional psychiatry）に適用するという問題，に向かうことができるところに達した。／奇異な行動をしていると思われる人びとの欧米における解釈の歴史は劇的なものである。自らの意思あるいは本意ならずも悪魔の意のままになるとか，野獣の性質が憑依する，というのがそれである。イギリス本国においては18世紀後半になって，この種の逸脱者（オフェンダー）の医療機関への委託が真剣に行われ始めた。被収容者は患者とよばれ，看護婦も養成され，医学的様式を整えた記録がとられるようになったのである。物狂いの家（madhouse）は精神異常者収容所（asylums for the insane）と改称され，さらに精神〔を病む者の〕病院（mental hospital）と名称を改めた。類似の動きはアメリカでもペンシルヴァニア病院を中心に，1756年以来始まっていた。今日欧米では〈器質的（organic）〉アプローチを採用する医師と〈機能的（functional）〉アプローチを採用する医師では強調点での上で差異があるが，両アプローチはともにその根底に収容施設の被収容者に医療版サービス－モデルを適用することを正当とするという非明示的な仮定を秘めている。たとえば，地域社会の多くで，本人の自発的意思によらない精神病院収容には，医師による証明が法的に必要とされているのはその一例である。[Goffman 1961a=1984: 352-353]

「修理屋モデル＝医学モデル」を施設の精神医学に適用することは困難であることも少なくない。むろん，ゴフマンが上記にはっきりと記すように，収容施設での精神医学の根底には被収容者に医療版サービス－モデルを適用することが望ましいという前提がある。だからこそ，自発的意思によらない精神病院収容には「医師が（自らの利害を超えて）この患者にはその意思に反してでも治療が必要である」という判断・説明が法的に必要なのだ。基本的には，施設の精神医療はこうした専門的サービスモデルをベースに営まれている。

しかしながら，一方で「修理屋モデル＝医学モデル」における「暗黙の紳士協定」を前提にしながらも，施設の精神医学に対してはそれを適用することが難しいゆえに，患者と医師の関係はひどく困難を極めることになる。こうして修理屋モデル＝医学モデルが適用されながらその外部にもあることによって精神病院での相互行為は形作られていくことになる。ゴフマンの言葉を借りるなら，精神病者と医師の関係は「絶えず偽りのむずかしい関係を表すような接触」[Goffman 1961a=1984: 370] となっていくのだ！

### 3-6　修理屋モデル＝医学モデルにハマらないゆえに極限状況を生み出す

では，なにゆえに修理屋モデル＝医学モデルにうまくハマらないのか。

第一には，公立精神病院に公式に委任されていることの一部には地域社会を様々な異常な行動による危険や迷惑から保護する役割が与えられているからである。実は，精神医学とセキュリティはそもそもが「同じ根っこ」にあるゆえに，一方では修理屋モデル＝医学モデルが装われながらも，他方ではセキュリティ装置として作動しているからだ。こうして精神医療における医療者と患者の間には相互の疑心暗鬼が渦巻くことになる。危うく脆い相互行為秩序のもとでのコミュニケーションにならざるを得ないのだ。

第二に，精神病院とは歴史的にも厄介な人たちに住居を与えるために考案・発明された装置であり，諸施設のネットワークの要なのである。したがって，専門的サービスモデルにはうまくハマらない形で機能するし，そこでの相互行為も形成されることになるのだ。こうして精神医療の相互行為は複雑な利害と政治が絡み合う中で作り出されていくことになる。

第三に，自己決定原則が効かないのだ。不本意な形を余儀なくされる形での収容が専門的サービスの判断のもとで支持されることがあるからだ。こうしたことを背景に医療者と患者の相互の関係上の軋轢や対立が深まっていくことも少なくない。

第四に，世間的なスティグマゆえに当事者をむしろ保護する形で入院・収容が支持・肯定されることもある。このような形で専門的サービスの外部の判断が働くのだ。本人が自発的になおすというよりは「やむなし」との形で相互行為が達成されるのだ。

第五に，医療者の技法は専門職サービスのそれとはみなされないことがある。とりわけ精神医学における医療の技法は専門職サービスのような自律したそれとしてみなされないことも少なくない。その意味では，ここでも専門的サービスモデルからはみ出す形になる。

第六に，「精神」の世界にここまでという線引きがないゆえに，どの段階で治療が完了するか，どのような治療をもってすれば効果的であるのかといったことの判断が他の専門的サービスほど単純ではないのだ。患者からすれば医療者の判断はあまりに恣意的であり，勝手に決めていることのように思えてしまう。深い関係の裂け目が生じてしまう。

第七に，上記のような社会的装置として機能してきたがゆえに，収容施設の治療者に生殺与奪の権限が与えられてきたことがある。ここにこそ全制的施設が立ちあがっていく。相互に強烈な疑心暗鬼や不安を抱えるために，精神医療場面における相互行為秩序は極めて危うく脆いものになるがゆえに，それを修復・補完する相互行為が達成されていくのだ。

第八に，全制的施設がひとたび立ちあがれば様々な生活条件が治療に組み込まれるゆえに，治療と治療終了の判断が難しくなる。現在，患者が置かれている環境ゆえに発症しているのか，仕事を一時的に離れればよくなるのか，それともそのいずれでもないのか，元の環境に戻ったら再発するのか，元の環境では安定的な生活することは困難なのかといったことの判断がつきにくい。単純な専門職サービスのようにそれなりにルール化された評価・判断とはならないのだ。

第九に，精神病院は修復サイクルが現われる場所になっていないのだ。修理工の場合には「工程表」にもとづいて修理・修復していけばよいが，精神病院ではこうした修復サイクルはきちんと機能せず，修復サービスのモデルは挫折を余儀なくされていく。誰が誰をいついつまでにいかになおすかが見えないゆえに，精神病者と医療者の間には大いなる亀裂が生じる。

第十に，施設は外部との関係を断ち切っているゆえに，施設から出て外で暮らしていけるのか判断がつきにくい。長期入院すればするほどその判断は困難となる。こうして修理屋モデル＝医学モデルは宙づりのまま機能不全を起こしていく。こうして精神医療場面における相互行為秩序は極めて危うく脆いものになるがゆえに，精神病院という空間ではまさにその危うさと脆さを補うがごとく，前節で述べたような相互行為が繰り広げられていくのだ。

それ以外にも，治療が一律におこなわれることがあること，特権体系による統制があること，医療モデルに包摂しきれないなどのことがあって，修理屋モデル＝医学モデルに全くうまくハマらない。こうしたハマらなさゆえに，『アサイラム』の三論文で記述されたような過酷な極限状態が作り出されていき，その只中で当事者は自らのズタボロになったアイデンティティを何とか必死に保とうとするが，そのことが皮肉にも施設収容を正当化してしまうという事態をもたらすのである[8]。かくして精神病者と医師の関係は「絶えず偽りのむずかしい関係を表すような接触」［Goffman 1961a=1984: 370］となっていくのだ！

［8］現代社会における精神医学がこうした修理屋モデル＝医学モデルに準拠するのではなく，むしろお手伝いモデル＝支援モデルに立脚するようになっているゆえに，水膨れしていく精神医療市場については天田［2014］で詳述した。当該論文では，現代の精神医療市場の変容を主軸に論じたのに対し，本論文ではゴフマンが精神医療のもとでの社会秩序を可能にしている魔術的機能を論じた。

## 4　ゴフマンの方法論の使い方

繰り返すが，ゴフマンは『アサイラム』の最終論文で「世界の様々な亀裂」を感受する只中で形作られていく精神病者たちのアイデンティティの現実こそが修理屋モデル＝医学モデルとしての「専門的サービス」には全くうまくハマらないゆえに出来することを指摘した。そして，そんな修理屋モデル＝医学モデルにハマっていないにもかかわらず精神医学における社会秩序が達成されていく魔術的機能について考究したのである。ゴフマンはまさにそうしたアイデンティティを形作っている「機能的差異」を剔出したのである。中年男の大学教員が辛うじて保っているアイデンティティと精神病院の精神病者のそれとの「機能的差異」をこうして描出したのだ。このような「患者役割」との距離，「収容者役割」との「第二次調整」，アイデンティティ・ペグがそれぞれでいかに形づくられていくのか，それはいかなる相互行為を通じて達成されていくのかを論じるほどにはパーソンズを（批判することで）愛していたし，「世界の様々な亀裂」がいかにして生じているのかという「機能的差異」を解明するほどには「機能主義者」であったのだ。こうした「パーソンズ批判論者」であり，「機能主義者」であったゴフマンの分析の《手際のよさ》も私たちは学んでおきたい。

私たちにはこうした「ゴフマンの使い方」が残されているし，ゴフマンはそのような複眼的・重層的な読み方ができるほどには複数の役割を演じながらそれにはハマらないアイデンティティをもった社会学者なのである。かくして彼が生涯かけて描出した社会理論は彼の社会学者としての振る舞いによっても証明されている。その意味でやはり自己呈示の人でもあった。

第 10 章

# ゴフマンと言語研究

――ポライトネスをめぐって

滝浦真人

## 1　メジャーでないゴフマン

エスノメソドロジーや会話分析の流れを作った1人がゴフマンであることからすれば，ゴフマンは言語研究の領域でもメジャーな存在だと思われるかもしれない。だがじつは，日本の言語学の世界で，ゴフマンの名前を見ることはむしろ珍しい。

ゴフマンと最も関わりの深い概念は「ポライトネス（politeness: 言語的対人配慮）」だが，その理論を作ったブラウン&レヴィンソン（以下B&Lと略）が日本に紹介されたとき，彼らの理論が依拠している人類学的・社会学的基盤――具体的にはデュルケームとゴフマン――を抜きにして，対人的な言語使用の語用論的側面だけが「方略（strategy）」として取り上げられたために，まずもって社会的な人のふるまいについての理論が持つはずの厚みが十分に伝わらなかった。しかし，ゴフマンの「フェイス」概念と，儀礼における忌避的／交感的な二方向性はB&L理論の屋台骨であり，その正当な評価なしにはポライトネス理論の評価も定まらない［滝浦 2005: 第Ⅱ部］。

よく知られているように，ゴフマンはこれらの概念をデュルケームの「聖性」と「消極的儀礼／積極的儀礼」に負っている。それによって，ポライトネス理論の枠組みで，配慮の対象となる“小さな聖性”のような中心と，忌避的か交感的かという配慮の二方向性が，デュルケームからゴフマン，B&Lまで受け継がれることとなった。このことは，あらゆる言語文化におけるコミュニケーションの形を置き入れることのできる“枠組みとしての普遍”を可能にした［滝浦 2005: 204, 滝浦 2008: 46］。もっとも，そのことは，B＆L以降の「ポストモダン」派の論者たちによって，「還元主義的」な「合理主義」モデルであるとして批判の対象となるのだが，それと同時に，ゴフマンとB＆Lの差異の中に，B＆Lの限界を超える可能性が見出せるとの指摘もなされている［Eelen 2001; Bargiela-Chiappini 2003; 山下 2007］。この小稿では，そこに焦点を当てながら，配慮の対象たるフェイスと配慮の二方向性について，少し検討してみたい。

## 2　B＆Lのポライトネス理論

本題に入る前に，この本の読者にはあまり馴染みがないかもしれないB＆Lのポライトネス理論について，少し補足的に記しておこう。ペネロピ・ブラウンはツェルタル語圏のマヤ文化をフィールドとする言語人類学者，スティーヴン・レヴィンソンは，語用論研究で有名だが，元はイギリスのケンブリッジ大学で人類学を学んだ。2人ともカリフォルニア大学バークレー校でPh. Dを取り，現在はオランダにあるマックス・プランク心理言語学研究所に籍を置く夫婦である。細かいことを書いたのは，ゴフマンが1958年からUCバークレーで教鞭をとっていたからで，ゴフマンがペンシルベニア大学に移るのが1968年，B＆LがUCバークレーの大学院生になるのがともに1970年ということで，すれ違いではあるがゴフマンの気風もまだ残っていただろうと思われる。詳細はわからないが実際に親交もあったようで，単行本として1987年に再刊された *Politeness* のエピグラムは「アーヴィング・ゴフマンの思い出に捧ぐ」である。

2011年に出た日本語訳にB＆Lが文章を寄せている。彼らの理論が生まれた頃の雰囲気やその中で彼らが何を考えたかがよくわかる。「私たちのポライトネス理論は，1970年代初頭，カリフォルニア大学バークレー校で，当時そこに集まった学者たちによって育まれた，現在とはかなり違った知的風土から生まれた。」[ブラウン＆レヴィンソン 2011: xi] 続けて挙げられている名前には，会話の理論のグライス，言語行為論のサール，人類学のガンパース，言語学では，ポライトネス研究の先駆でもあるレイコフ＆レイコフ，格文法のフィルモア，言語心理学のスロービンらがいる。文字どおり錚々たる学者たちが最先端の研究成果を発信していた場所で，Ｂ＆Ｌも言語的対人配慮についての一般理論を構想した（初版は1978年に本の一部として刊行された)。

この文章には，30数年後から振り返る見通しの良さが表れているので，少し長いが引用したい。

> 私たちの理論の出発点は，敬語その他の社会的地位を示す様々な「標識（markers)」の存在にもかかわらず，総体としてのポライトネスは個々の語や文自体に備わっているのではないということである。そうではなく，ポライトネスとは１つの「含意（implicature)」，つまり，状況の中で発せられる言葉によって，ポライトな態度や意図を首尾よく伝えることにより，伝達される可能性を持つある推論なのである。この見方によれば，ポライトネスは社会的関係を構築したり維持したりするために欠くことのできないものだと考えられ，まさしく人間の協調行動一般にとっての前提条件であるということになる。このきわめて抽象的な意味において，ポライトネスは普遍的側面を持ち，これらの普遍性は，異なる社会集団に見出されるポライトな話し方に関する様々な文化的思考様式とも矛盾しないのである。[ibid.: xii]

彼らの構想が非常に抽象度の高いものであったことがわかる。様々な語や表現のうちに対人配慮が込められるといったことではなく，ポライトな推論を引き出すようなコミュニケーションの普遍的な慣習行動が前提となって，社会的人間関係の構築や維持が図られるという全体像が描かれていた。

相互行為の研究についてゴフマンは，*Interaction Ritual* の序文を，相互行為の適切な研究とは，個人とその心理を対象とするのではなく，相互に対面する人びとの多様な行為の間にある連辞的な関係を対象とするものとわたしは見なす。[IR: 2]

と述べたうえで，

かくして，人びとがあってその契機があるのではなく，むしろ，契機があってそれを持った人びとがいるのだ。[IR: 3]

と結んだ。個別を支える普遍へのこうした視点がＢ＆Ｌにも受け継がれている。

## 3　自己－他者－自己……

「フェイス」という用語はゴフマンとＢ＆Ｌで共通している。しかし，Ｂ＆Ｌのそれが，モデル・パーソンが持つ２種類の欲求の非両立性を重要な契機とするのに対し，ゴフマンのフェイスでは，自己と他者の相互的な関係が鍵となっているという相違がある。ゴフマンのフェイスとは，そのつどの出会いの中で，様々な社会的属性を尺度として自分と他者が相互に認知しあう，互いの積極的な自己像のことである［IR: 5］。このように規定されるフェイスに対する配慮は，必然的に自己と他者の間で相互的に参照し合う関係となる。

たとえばゴフマンは，男性が女性を大晦日のデートに誘うとき，あまり早すぎる誘いはよくないという例を挙げる。時期が迫ってから誘っても相手のスケジュールはすでに埋まっている可能性が高く，そうなれば誘う側は自己のフェイスを保つことができない。そのリスクを承知で誘い手が時期を待つのは，スケジュールが空いているのに誘いを断るという，誘い手のフェイスをつぶす積極的な行為を相手にさせないようにとの配慮が勝るからである。ここで重要なのは，誘う側のフェイスが失われるかどうかではない。誘う側のフェイスをつぶす行為をさせることは，誘われた側のフェイスをも失わせずにはいないのである。反対から見れば，相手が自然に断れるような “逃げ道” を残しておくことが相手のフェイスを保つやり方であり，そのような “紳士的” なやり方をとることで，ひいては誘い手自身のフェイスも守ることにもなるのである［IR: 29］。

ゴフマンは，同じフェイス・ワークでも，相手を守るのは「防衛（protect）」，自己を守るなら「防御（defense）」として，それぞれに対応する配慮にも別の名前を与えて区別する。相手への配慮が「表敬（deference）」，自己自身への配慮が「品行（demeanor）」である。配慮といえば相手に対する配慮のことと思いがちだが，相手に配慮しているばかりでは，自尊心を維持することができない——その最も悲劇的な形が，中学校などでグループの隷属的地位に置かれて自殺などに追い込まれてしまう「パシリ」のケースである。実際，相手への配慮を示すこと自体，自分にそれだけ心の余裕があることの証しとも言え，その意味では，配慮と自尊心は不可分の関係にあると言わなければならない。ゴフマンはこのように言う。

> そうすると，一般に，品行を通して個人は自己イメージを作り上げるが，正しく言えば，それは自分の目に映すためのイメージではないことになる。［IR: 78］

ゴフマンにおいては，自己像さえもが他者との相互行為の中で作られてくるような徹底した相互性が際立っている。

表敬と品行の違いを表す言語的な例を挙げるなら，日本語の敬語使用に見られる “上向き” と “下向き” の敬語が好適だろう。対象者への忌避的な配慮を示すことを敬語の基本と見るならば，目上の人物への敬語は典型的な表敬の例と言える。だが敬語は，しばしば目上から目下に向かっても用いられる。会社で，上司が部下に「君，これやっておいてくれたまえ」などとはあまり言わないもので，「これお願いしていいですか？」などと言うことが多い。また，学校でも教師が学生に「○△さん，発表してもらえますか？」など，実質は行為指示であるのに形だけ見ればずいぶんと丁寧な言葉遣いをしている。その優位性ゆえに上位者は下位者に対する配慮の義務を負っていないにもかかわらず，こうした“下向き”の敬語によって，敬語使用の全体像はあたかも上下対称かのようにさえ見えることになる。しかし，“下向き”の敬語を“上向き”の敬語と同じ表敬の例と見るのは無理がある。そこで前者を，下位者に対して配慮するだけの度量を示す品行の敬語と捉えるならば，表敬の敬語に対する返礼の意味合いも帯びた上位者のふるまいとして，見かけ上の対称性に説明を与えることができる。

こうした自己と他者の相互参照的な関係は，B＆Lの枠組ではあまり生かされていない。自分側のフェイスを侵害する行為（たとえば謝罪）と相手側のフェイスを侵害する行為（たとえば命令）というように，言語行為の種類によって自分と相手のどちら側フェイスが主に関与するかが異なるという認識は述べられるものの，理論の実際においては事実上相手のフェイスに対する配慮だけが取り上げられ，自己のフェイスをめぐる「フェイス・ワーク」についての具体的考察は見られない。しかし，相手の出方が攻撃的か友好的かによって，こちら側の応対は大いに変わり得るという事実を，実証的研究も明らかにしている［Kiyama, Tamaoka and Takiura 2012］――そこでは，上下や親疎といった人間関係要因よりも，文脈的要因つまり相手の出方の方が話し手の言語的行動を左右することが，統計的な多変量解析によって示された。ゴフマンの枠組みは，このことに対して視点を提供することができる。

批判的言語分析の山下仁も，この他者の目に映る自分という点を重く見て，ゴフマンの再評価を唱える。

人は，社会的な生活において，他人からの解釈や判断を気にするも

> のである。それゆえ，できるだけ「その場にいる人たちに対して，自分がまわりから見て望ましい性質を持っている人間であること」を表そうとする。それが，相互行為における「品行」という側面であるとするならば，「敬語を話す」もしくは「敬語が話せる」ということは「自分がまわりから見て望ましい性質を持っている人間であること」を示すひとつの手段ということができるであろう。[山下 2007: 147]

こうして品行は，人びとのアイデンティティの問題と密接に関わることになり，ひいてはその形成過程におけるイデオロギーの問題――たとえば「敬語が話せる」ことが「望ましい性質」であるとはどういうことか？――にもアプローチする観点となり得ると山下は指摘する。

B＆Lは，話し手のストラテジー選択と聞き手の推論による解釈を，“一階的” なモデルによって説明しようとしたため，こうした相互参照的な配慮の関係を理論の中に含めることができなかった。ポストモダニストたちから，「話し手偏重」であると批判される点である。

## 4　ネガティブ‐ポジティブ

デュルケーム自身も構想していたように，現代社会では，共同体の求心力たる “聖なるもの” が個々人に配分されている。ゴフマンは個人間的な出会いと共在においてそのつど秩序が作られる過程を描き出そうとしたが，その中心にあるのが個々人に配分された “小さな聖性” である以上，それへの態度の取り方もデュルケームを引き継いだ「儀礼」という形となる。かくして，デュルケームの社会的距離がゴフマンでは個人間的距離に置き換えられる。

ゴフマンの儀礼は表敬の下位分類であり，「何がなされるべきでないか」との否定形の契機と「何がなされるべきか」との肯定形の契機に対応するものとして，「回避儀礼（avoidance rituals)」と「呈示的儀礼（presentational rituals）」が分類される［IR: 62ff, 71ff］。たとえば，人が相手の個人名を呼ぶことを避けるなら――たとえば，「斉藤さん」と呼ばずに肩書だけで「部長」と呼ぶなら――それは回避儀礼行為であり，相手のファーストネームを呼ぶなら――たとえば，「斉藤さん」と呼ばずに「まことちゃん」と呼ぶなら――それは呈示的儀礼行為となる。この二方向性は「忌避的／交感的」と言い換えることができる。忌避的であることを，“踏み込まない，邪魔しない”という否定の契機による配慮として，交感的であることを，“受け入れる，仲間として扱う”という肯定の契機による配慮として置き直せば，それはほぼそのままＢ＆Ｌの「ネガティブ・ポライトネス／ポジティブ・ポライトネス」となる。そのようにして，この対は，初めにも述べたように，デュルケームからＢ＆Ｌまで引き継がれた配慮の二方向性となる。

では，ゴフマンの「回避儀礼／呈示的儀礼」とＢ＆Ｌの「ネガティブ／ポジティブ・ポライトネス」は，実質的に同じものと見ることができるのだろうか？　じつは，両者の違いは，対そのものの内容にあるというよりも，対のどちらに比重を置くかの違いにある。ゴフマンは，“パーソナル・スペース”のような円の内側に踏み込むことがその人物の名誉を侵害することになるとし，「いかなる社会も，敬して避ける（deferential stand-off）仕組みのシステムとして研究することが有効だろう」と一般化する［IR: 62-63］。この見方は，禁止と抑制を旨とする消極的儀礼が，限られた条件下での許可の前提条件となるというふうに，前者をより原初的と考えたデュルケームと同様，社会における人間関係の秩序をまずもって“敬避的”契機によって作られた秩序と捉えることである。

一方，Ｂ＆Ｌのスタンスは，微妙に異なった方向を向いている。Ｂ＆Ｌの理論には，忌避的な配慮ばかりが対人配慮と考えられてきた流れ――日本語の敬語と日本における敬語観がその最たるものだろう――に対するいわば異議申し立てとして，交感的な配慮もまた同じ資格を持った配慮なのだと主張した側面がある。実際，彼らの挙げる「ポジティブ・ポライトネス」のストラテジーには，「冗談（joke）」や「内輪であることのマーカー（in-group markers）」といった，“polite ＝丁寧” という半面的な理解には収まらない，それどころか馴れ馴れしいぞんざいな言葉遣いと受け取られかねない項目が立てられている——Ｂ＆Ｌはラドクリフ＝ブラウンの「冗談関係」を意識している［Radcliffe-Brown 1952］。コミュニケーション・スタイルの異文化比較を考えようと思うなら，たとえば中国的な近しい関係でのコミュニケーションや，アメリカ西海岸的な親しげなスタイルなどを，いうなれば “親密さの礼儀” のような人間関係のひとつの形として捉え，それらを親密さのコミュニケーションとして定位できる枠組みが必要となる。そうした意味で，Ｂ＆Ｌの理論は，「丁寧」や「丁重」の語感とは反対をゆく親密さの表現もまたフェイスに配慮した「ポライト」な言語的ふるまいだとして取り込んだところに新しさがあった。

このように，ゴフマンが儀礼の忌避的な方向性を原初的と見たのに対し，Ｂ＆Ｌは，むしろ交感的なふるまいの対等性を重視した。そしてもうひとつ，Ｂ＆Ｌの理論が広く言語研究に影響力を持った要因としては，この２つの方向性を，単に全体を二分する二項対立として捉えるのではなく，相手の領域に踏み込む度合い↔敬避する度合いという１つの尺度上での程度として置き直し，伝達効率↔語用論的配慮の反比例的な関係との平行性において連続的に捉えることを可能にした点が大きい。逆に言えば，ゴフマンの議論は大変魅力的ではあるが，言語学的語用論の理論として展開するという観点からすると，具体的な手がかりが多くなかったと言える。

もっとも，Ｂ＆Ｌはこの点に強みを発揮したものの，今度はまさにその点が後のポストモダニストたちから批判されることにもなった。言語哲学者グライスの流れを汲むＢ＆Ｌは，配慮ゼロの段階からの逸脱の度合いによって生じる含みの大きさを配慮の大きさと考えたが，その配慮は話し手が込めて聞き手が推論によって解釈するものとして理論に組み込まれている。この考え方からすると，コミュニケーションのプロセスは話し手の意図が成就するか否かという点での問題となるが，これに対し，聞き手の受容の仕方こそがコミュニケーションを決するという考え方も当然成り立つ。B＆Lは前者の立場であり，エーレンはこれをポライトネス理論における「話し手への偏向」と「産出への偏向」として批判している［Eelen 2001］。

## 5　上－下——関係の非対称

ゴフマンにおける配慮の二方向性は対称的だと書いたが，そのことは，ゴフマンにおける対人距離の捉え方も対称的だということを意味するわけではない。ゴフマンにおける個人間的関係は多様であるところに特徴があり，それを反映して対人距離もまた多元的である［IR: 63-66］。たとえば，対人距離の大きさと社会階層の上下との関係を考察しながら，ゴフマンは，上位の階層におけるほど対人距離が大きく，下位の階層ほど対人距離は小さくなると述べる。上の階層では身体接触に対する抑制が広汎かつ微細になり，上位者が下位者に親密さを表すことは許されるが，その逆は許されない。言語的な事例としては，ヨーロッパの諸言語によく見られるような二人称単数代名詞のT／V（親称／敬称）形のほか，日本語のような「敬語」がまさに当てはまり，敬語が支配階層の礼儀の体系として発達したものであり，上位者同士の間と下位者から上位者に対する使用が基本だという事実を自然に説明することができる。

この，上下関係の非対称性をめぐる問題で，現在的な人間関係のありよう（変容）を見せている例を挙げよう。それは〈褒め〉に関するふるまいである。かつての日本では“目上を褒めてはいけない”という文化的規範があった。ゴフマンの分類でいえば〈褒め〉は呈示的儀礼の例であり，相手の行為や判断や趣味などが自分の価値観と合致することの積極的な表明である。それは相手と自分が何かを共有していることを明示する働きをもつが，相手が上位者である場合，共有の表明は自分と相手の対等性を含意してしまうため，自分が尊大化する可能性がある。そのことを上位者のフェイスに対する侵害と捉える文化規範の下では，上位者に対してはただ感謝を表明するしかないことになる――たとえば，「先生，授業が上手ですね」ではなく「先生，ありがとうございました」と言うように。では，今はどうだろう？ 現在の日本では，この対人的な構えはもはや規範とは言えないものになっている。上位者への褒めにまったく抵抗のない人もいれば――視聴者参加の料理番組で「麻婆豆腐がお上手な陳健一さんに教わりたいと思って応募しました」と滑らかに話した視聴者を見たことがある！――，少しは気の利いた言葉が言えたらと思いながら「ありがとうございます」しか言えない旧来型の人もいる。このことは，対人距離の非対称性が現代日本において解消に向かう過程にあることを示しているだろう。

似たような例だが，相手から褒められたときの反応という問題も，面白い視点を提供してくれる。たとえば，「いつもお洒落だね」と褒められたときにどんな反応をするかは，個々人の性格ももちろん関係するが，相手と自分との人間関係（親疎や，とりわけ上下の関係）によっても大きく左右される。大学生にアンケートをしてみると，自分は服装に自信がないといった消極的な反応をする率は上位者から褒められたときに高く，自分はファッションにうるさいといった積極的な反応をする率は，親しい友人など対人距離の近い相手から褒められたときに高くなる。ここまではゴフマンの非対称性に沿った話だが，一定数必ずある答えが，とりあえずは謝意を表しておいてから逆に相手を褒め返すという――「ありがとうございます。でも，店長こそお洒落じゃないですか」のような――なかなか高度にストラテジックな反応で，これなども，上下に関する対人距離に変化が生じていることの表れと見ることができるだろう［滝浦 2008: 110-113, 滝浦 2013: 172-174］。

## 6　これからのゴフマン

以上，配慮の対象であるフェイスと配慮の二方向性，対人距離の対称性／非対称性という３つの点に事寄せて，Ｂ＆Ｌと比べながらゴフマン的なポライトネスへのアプローチを見てきた。言語研究の語用論の理論としては，たしかにＢ＆Ｌは大きな成功を収めたが，バージーラ・チャッピーニが指摘するように，Ｂ＆Ｌがゴフマンの持っていたいくつかの可能性を平板化して不活性にしてしまった側面も否定できない［Bargiela-Chiappini 2003］。とりわけ，自己と他者の相互参照的な関係と，対人距離自体が非対称に変動するようなダイナミックな捉え方は，人びとが出会いと共在において精緻な仕方で営んでいるコミュニケーションを理解する上で，欠かせない視点であるように思われる。ゴフマンのこうした柔らかい思考を理論の形に組み入れることは容易ではないだろうが，しかしゴフマンは，コミュニケーションの襞にアイロンをかけてほしいとは思わないだろう。私たちもまた，そうでありたいと思う。

第 11 章

# ゴフマンのクラフトワーク

――その言語人類学における遺産

高田　明

## 1　はじめに

ゴフマンの言葉から始めよう。以下は，1964年にアメリカ人類学会の機関誌『*American Anthropologist*』に掲載された彼の小論 "The Neglected Situation" からの一節である。この一節には，ゴフマンの考え方が簡潔に提示されている。

> では，私たちがとらえ損なってきたもの，すなわち社会的状況に向き合おう。私はここで社会的状況を，お互いにモニターが可能な環境，すなわちどこであれ，ある人がそこに「いる」すべての他者のナマの感覚に接近でき，他者たちもその人に接近できることがわかる環境と定義する。この定義に従えば，社会的状況は，２人以上の人々がお互いにその場にいることを見いだすときには常に生じる。そして，最後から２人目の人がその場を離れるまで続く。この状況にある人々を「集まり」と呼ぶことができるだろう。この状況にある限り，参与者がどんなに分離しており，あるいは沈黙し，離れており，あるいは一瞬だけそこにいるようにみえても，それは１つの集まりなのである。文化的なルールは，その人々が集まりの中にいるためにどう振る舞うべきかを定める。そしてこれらのルールは，それが守られるとき，その状況にいる人々の行動を社会的に組織する。
>
> 集まりへの参加は常に制約と組織化を伴うが，その場にいる人のすべてもしくは一部には，振る舞いのさらなる構造化を伴う特別の

社会的な配置が生じる。というのは，社会的状況におかれた２人以上の人々は，ともにお互いを視覚的および認知的な注意の焦点を正当に共有する者として認めることができるからである。こうした共同での企ては，「出会い」あるいは対面的な関わり（face engagement）と呼べるであろう。これにはコミュニケーションのすべての作法に優先する相互の開放性が伴う。典型的には，物理的に一緒にいること，つまり生態学的な群がりも伴う。生態学的な群がりの中では参与者はお互いに向き合い，その状況にいても公式には出会っていない人々は避けられる。出会いの開始と終了，特定の参与者の参入と離脱，出会いがそれを支える者に課す要求，その状況における排除された参与者との関係で生じる空間と音声の作法には，はっきりとしたルールがある。もちろん出会いを伴わず，焦点の定まらない相互行為によってのみつながる，関与していない参与者からなる社会的集まりもあるかもしれない。また，ただ１つの出会いがその状況にいるすべての人々との出会いとなる（性的な含意を持つ相互行為では好まれるアレンジメントである）社会的集まりもあるかもしれない。さらに接近可能な出会い，つまり関与していない参与者がいたり，他の出会いが生じたりする中で進めなくてはならない社会的集まりもあるかもしれない［Goffman 1964: 135］。

ゴフマンは，そのキャリアの最後の十数年間をペンシルバニア大学の人類学・社会学部のベンジャミン・フランクリン記念教授として過ごした。この時期にはアメリカ社会学会の会長に選任された期間（1982年）が含まれる一方で，現在も活躍する多くの人類学者を育てている。そして彼自身のアイデンティティは，ずっと社会学者と人類学者の間でゆれていたという［M. Goodwin 私信］。もっとも，ゴフマンの個人的な志向や関心の如何にかかわらず，彼が人類学に多大な貢献をしてきたことに疑念の余地はない。ゴフマンは，時期によるテーマや主張の違いはある［速水（本書所収，１章）も参照］が，一貫して人類学に新鮮な問題提起をし続けた。この遺産は現在の人類学，とくに言語人類学（Linguistic Anthropology）と呼ばれている一群の研究に発展的に受け継がれている。もっともゴフマンの影響は広く，深くに及ぶため，こうした研究ではゴフマンの仕事が直接言及されていることもあれば，いないこともある。こうした影響を眺望するため，本章では私案の見取り図を提示したい。以下では，冒頭で引用した“The Neglected Situation”の一節を導きの糸としながら，1．社会的状況，2．関わり，3．参与枠組みという3つのキーワードを軸として，ゴフマンが人類学に提起した問題をたどっていく。

## 2　社会的状況（social situation）

ゴフマン自身が観察をおこなったフィールドは，スコットランドにあるシェトランド諸島のコミュニティ，精神病院，カジノ，街頭，ラジオ番組，政治スピーチ，演劇など多岐に渡る。とりあげられるフィールドは論文ごとに，さらには1つの論文の中でも次々と変わっていく。その振れ幅は大きい。またこれにあわせて，エチケットの教本，小説，新聞などの資料もしばしば分析の対象となる。論文では，そうした素材から特定の社会的状況が切り取られ，分析される。

上記の“The Neglected Situation”で述べられているように，ゴフマンにとっての「社会的状況」は，ある人がそこに「いる」すべての他者のナマの感覚に接近でき，他者たちもその人に接近できることがわかる環境を指す。「特定の」という言葉には，少し説明が必要であろう。ゴフマンの論文では，なぜその社会的状況を例にあげたのかについての説明はあっても，なぜあげたのがそれ以外ではなかったのかについての説明はたいてい示されない。そうした特定の社会的状況が選ばれるのは，それがその場で生じている意識の流れの全体像を描写するための舞台装置を提供するからである。実際，ゴフマンによる社会的状況の描写は，よく練られた戯曲のように読者をその世界に引き込んでいく。彼の英文は決して読みやすいとはいえないが，生き生きとした相互行為を呵責なく切り刻むあざやかな手際に我が意を得たりと思うことは多い。ゴフマンは，一連なりの相互行為を念入りに分析する方が，フィールドの歴史や各種の文化的要素を体系的に分析していく（しばしば，広く浅くならざるを得ない）よりも，その文化についての重要な知識をもたらしうることを示したパイオニアだといえよう。

社会的状況とある意味で対比されうるのが，「社会的場面（social occasion）」という概念である。ゴフマンのいう社会的場面は，広範な社会的事象，行為，あるいは出来事で，場所と時間が定められており，前もって場面の段取りが決まっていることが多い。例としてはパーティ，ピクニック，告別式などがある［Goffman 1963a=1980: 20-21］。こうした社会的場面では，状況づけられた活動システム（situated activity system），すなわち「ある程度，閉鎖的で，自己補正的，自己終結的な，参与者間の相互依存的な行為の回路である，1つの共同的活動」［Goffman 1961b=1985: 98］が遂行される（第3節も参照）。このため社会的場面では，その場の状況や集まりに特定の社会的文脈が与えられ，あるパターン化された行為がその場に適した，あるいは予定されたものとして承認される。

社会的状況－社会的場面という区分は，ゴフマンの影響を受けつつ発展した会話分析［Heritage 2005; Schegloff 2007］で用いられている通常（ordinary）－制度的（institutional）という区分を思い起こさせるかもしれない。しかし，会話分析では分析の対象や分析者の視点がゴフマンとはかなり異なるため[1]，これらの区分には重要な点で違いが

［1］会話分析では，会話におけるターン，トピックなどの連鎖（sequence）がどのように組織化されているのかを実際の会話の詳細な書き起こしに基づいて経験的に分析・考察する。また分析にあたっては，会話の参与者の視点から，前後するターンやトピックの関連性を理解していくことが強く求められる［Schegloff 2007］。これに対してゴフマンは，相互行為の背後に想定される社会組織（e.g. ジェンダー）が参与者間のアレンジメントを構造化していると考え，この社会組織も分析の対象とする［Goffman 1977; 第3節も参照］。また分析者は，しばしば会話の参与者の視点から若干の距離をとり，その場で起こっていることの意味を判断する審判のように振る舞う［Heritage 私信］。

ある。たとえば会話分析では，制度的トークにおける参与者の目的はその制度に特徴的なものに限定されており，それが相互行為における連鎖の組織に特定の制約をもたらすのに対して，通常会話はそうした制約を受けず，基礎的な連鎖の組織をあらわすと考えられている［Heritage 2005: 104］。ヘリティジ［Heritage 2005］はさらに，通常会話の研究は「会話という原型的な制度（master institution）」を解明するものであり，これに対して制度的トークの研究は，特定の制度的文脈におけるトークの分析を通じてその制度を解明するものであると論じている。一方，ゴフマンのいう社会的状況は，そこに1つのあるいは複数の社会的場面が生じるかもしれない「環境」である。またある社会的状況で一部の人々が特定の出来事，つまり社会的場面に従事し始めた場合には，取り残された人々は焦点の定まらない相互行為（次節参照）を余儀なくされるかもしれない。

ゴフマンが "The Neglected Situation" で述べているように，社会的状況においてお互いにその場にいることを見いだす2人以上の人々，すなわち「集まり」は，不当にも社会科学の研究において見過ごされ，十分な分析の対象となってこなかった。だが，そこにも社会的な秩序があった。ゴフマンは，ポーカーやブリッジといったゲームを楽しむプレイヤーたち［Goffman 1961b=1985: 3-81］，家庭でおこなわれるパーティに参加する人々［Goffman 1963a=1980: 93-118］，といった集まりが始まり，進行し，終了する過程を分析的に描写する。これを通じてゴフマンは，集まりを構成する人々がそこでどのように振る舞うべきかを規定している文化的なルールの体系を明らかにしていく。

たとえば，（少なくとも）西欧の中産階級の人々の間では，正当な出会いの手続きを経る前には，人々は同じ場所に居合わせていても儀礼的無関心を装うことが礼儀だとされる。出会いは，相手との関係，出会った場所，以前会った時期などを考慮して，それに応じた手続きを踏まなければならない。コミュニケーションが始まってからも，相手との関係に応じて適切な空間的な距離を保つ必要がある。集まりを離れるときは利己的でない理由を提示するべきだし，残る者はそれを上手に許可しなければならない，といった具合である［Goffman 1963a=1980: 93-118］。これらのルールが尊重されるとき，その社会的状況にいる人々は社会的に組織化される。

こうしたゴフマンのアプローチに呼応するように，人類学者のグッドイナフ［Goodengough 1981: 102-103］は，ローカルな活動には文化的な構造が状況づけられており，文化の研究は，ある（抽象的な）社会ではなく，そうしたローカルな活動に注目するべきである，と論じている。こうした見方は，言語人類学の鍵となる方略となって現在に受け継がれている。ゴフマンの分析スタイルの発展した姿を，後の言語人類学の研究からみてみよう[2]。以下に紹介するチャールズ・グッドウィンは，現在 UCLA の応用言語学部の教授で，ゴフマンがペンシルバニア大学の教授であった頃は，同大学でコミュニケーションの研究を専攻する大学院生であった。C. グッドウィンは，ゴフマンの直接の指導院生ではなかったが，授業や知人とのやりとりを通じて伝わってくる，彼の研究に対するストイックな姿勢や彼の学生に対する厳しい指導方針から大きな影響を受けたという。また C. グッドウィンは，ゴフマン以外にもマーシャル・マクルーハンの斬新なメディア論やグレゴリー・ベイトソンの生態学的なアプローチをとる，スケールの大きなコミュニケーション論に強い関心を抱いていた［C. Goodwin 私信］。そして，ゴフマンの時代には容易に入手することの

［2］ここではゴフマンの影響を強く受けた欧米の言語人類学に限定して紹介をおこなうが，我が国でもゴフマンの影響を受けた優れた人類学的な研究が多くある。たとえば，谷泰を中心として活動をおこなってきたグループは，その研究［e.g., 谷 1997］を通じてコミュニケーション論にユニークな貢献をおこなってきた。その特徴を 1 点だけあげるならば，谷らのグループでは現象そのものの魅力に基盤をおきつつ，さまざまな領域の研究者が緊密な相互対話を続けていることであろう。一方，ゴフマンから強い影響を受けた欧米の研究者は，会話分析，言語人類学，語用論等の専門分野に分化し，それぞれの研究領域と理論を整備するようになっている。

できなかった，ビデオテープに録画された動画をその研究の基礎的資料として用いるようになった。動画資料は，状況づけられ，身体化された実践やトークが時間的に展開していく過程を，複数の研究者が繰り返し検討できるという大きな利点を持っている［C. Goodwin 1994: 607］。

C. グッドウィン［C. Goodwin 1994］は，（1）考古学者がフィールドで地図を作る場面，および（2）スピード違反を犯した黒人男性を複数の白人警官が殴打した事件（ロドニー・キング事件）をめぐって，弁護士と検察がまったく異なる主張を繰り広げる場面という，一見ずいぶん異なる2つの社会的場面における相互行為を分析している。C. グッドウィン［C. Goodwin 1994］の基本的な問いは，専門家がある出来事を専門的な精査の対象として形作るためにどのような実践をおこなうのか，というものである。彼はこう主張する。この出来事の形成過程では，見ること（seeing）は社会的に状況づけられ，歴史的に構築された実践である。専門家はこの実践＝見ることを通じてその談話を活気づけ，技能を特徴付ける知識の対象（i.e., 理論，専門技術やその産物）を創り出している。実際の分析では，彼は相互行為の連鎖の中で見られる以下の3つの実践，すなわちコード化スキーマ，ハイライトをあてること，身体化された実践としての描写的表象に注目している。考古学者のフィールドスクールの例にそって3つの実践を概説しよう。

（1）コード化スキーマ：考古学者のフィールドスクールでは，土壌の見方についての組織だった訓練がおこなわれる。学生はまず，さまざまな土壌の色，土質，テクスチャーを記述するための洗練された分類が示された書式とそれを補助する道具（e.g., カラーチャート）を与えられる。土壌がカラーチャートに示された色のどれにもっとも近いのかを判断するために，学生は特製の小手で土壌のサンプルを収集し，それを水に濡らして色ごとに設けられた小さな穴から観察する。このような厳密な観察の手続きが設定されているにもかかわらず，ある土壌を正しいカテゴリーにあてはめることは容易ではない。というのも，カラーチャートは離散的なカテゴリーから構成されており，しかも紙に印刷されているので，実際の土壌の色がそのうちのどれかと完全に一致することはあり得ないからだ。したがって学生は，限られた選択肢からもっとも似ている色を選ばなくてはならない。このように，外在する世界と考古学者のコード化スキーマが出会うことによって，多面的で複雑な「自然」は，考古学の研究環境を作り上げているカテゴリー，すなわち「文化」に変換される。この点で上記のフィールドスクールは，科学の実践の鍵となる場である。

（2）ハイライトをあてること：人の認知的な活動は，知覚的に複雑な場を提供する環境で起こる。認知的な実践は，精査する領域を図と地に分け，その瞬間の活動に関連のある出来事を際立たせるための方法を伴う。たとえば，知覚的に複雑な場に直面したとき，考古学者はカラーマーカーや手書きのメモなどによってその場の一部にハイライトをあてる。これによって，その場を自分の仕事に適した情報を含むものとするのである。この図と地を分ける過程は，その考古学者の頭の中だけではなく，外在物に施される可視的な作業として生じる。したがって，その考古学者にとって意味のある，環境を関連づけている構造は，他の人々の知覚をも形作ることになる。

（3）身体化された実践としての描写的表象：科学的な講演や論文は，単なる言語学的なテキストとしてだけではなく，そのプレゼンテーションの核心をなす図表や写真，すなわち描写的表象への再帰的なコメントとしてみるべきである。例として，考古学者が地図を作成する場面をとりあげる。この場面では，発掘作業を進める中で，太古の建物を支えていた柱の跡を示す小さな穴が見つかり，その周りの土壌の層を描写することになった。まず2つの異なる土壌の層の境界を示すため，土壌の上にコテで線が引かれた。次に，1人の研究者が土壌の上のそれぞれの配置を定規とメジャーを用いて測定・報告し，それにもとづいてもう1人がグラフ用紙にいくつかの点と数字を書き，それをつないで上記の線と土壌の表面の地図を作成した。この過程では，２人は相互理解を達成するため，道具を使った動作，ジェスチャーや発話によるやりとり，身体的な位置取りの調整などをおこなっていた。このように，考古学者がその専門性の中心的な表象である地図をどのように作成し，用いるかを調べることによって，書くこと，トーク，相互行為，道具使用の接点について考えることができる。

出来事の形成過程にこれら３つの実践を適用することによって，フィールドスクールの参与者は，その社会集団の特徴的な関心に応えることのできる，出来事を知覚し，理解するための社会的に組織された方法，すなわち「専門家のヴィジョン（professional vision）」を構築する。経験の浅い参与者は，このように構造化された相互行為に参加する中でその専門的な能力の証左となる対象を適切に構成し，知覚することができるようになっていくのである。

ゴフマンはさまざまな社会的場面に注目し，そこでのトークの型（forms of talk）を形作っているルールを明らかにすることを通じて，独自のコミュニケーション論を打ち立てようとした。これをさらに進めて C. グッドウィンは，相互行為におけるトーク（talk-in-interaction）だけではなく，参与者たちの身体動作や道具使用，参与者たちの周囲にある環境などをも分析の対象とし，これらが１つの統合された世界として社会的に組織される仕組みについて考察する。たとえば上で例にあげたフィールドスクールでは，柱の跡を示す小さな穴が正確にどこにあるのかを示すため，インストラクターを務める考古学者が受講生である大学院生に向かって，発話（「あなたの方，並行に（コテで土壌を動かして)」）とジェスチャー（発話で言及された土壌があった場所の辺りを人差し指で指し，続けてその指を別の場所に動かした）を組み合わせて，その辺りにあった土壌を少しどけるようにという要請（request）をおこなった。C. グッドウィン［C. Goodwin 2003］によれば，こうした要請についての分析では，発話やジェスチャーだけではなく，地表の状態を考慮することが不可欠である。これらの記号論的資源（semiotic resources）［C. Goodwin 2000］は相互に結びつき，影響し合って1つの全体としての複雑な行為を形作っているからである。

また，ゴフマンは相互行為の参与者がお互いにモニターしあうことに注意を促しているが，トークの分析では主として話者の側を扱っている［Goffman 1981a: 1］。これに対してC. グッドウィンは，上記のような幅広い記号論的資源を分析の対象とすることで，相互行為における発話やジェスチャーの「受け手」の側の状況づけられ，身体化された行為に分析のメスを入れる。上述のフィールドスクールの例では，要請を受ける大学院生の位置，姿勢，視線などに応じて，インストラクターの発話やジェスチャーはそれが発さられる間にさえ調整されていた。この点で発話やジェスチャーの受け手は，それをおこなう側と共同することで，行為を構築するための中心的な役割を担っているといえる。

さらに，C. グッドウィンの上記のような分析は，会話分析が確立した手法を発展させた，動画資料の正確かつ微細な書き起こしにもとづくものである。その結果，分析者の視点はゴフマンのそれよりも参与者たちに寄り添うものとなっている。このため，参与者たちが構成する間主観的な時間［Gratier & Apter-Danon 2009］の相で，相互行為が展開していく動的な過程をとらえることが可能になっているといえるだろう。

## 3　関わり（engagement）

2つ目のキーワードは関わり（engagement）である。私たちは，ある場面にふさわしい活動に携わるために，その活動に自分の心理生物学的な資質を向ける，すなわち認知的・感情的に関わりを持つ。これをゴフマンは，その活動に関与する（involve）と表現する［Goffman 1963a=1980: 40］。ゴフマンは，「関わり」と「関与（involvement）」をしばしば言い換え可能に用いている［Goffman 1963a=1980: 272-273］。

ゴフマンの分析では，その場の状況における義務や期待と実際の行為のズレに鋭利なまなざしが向けられる。「関わり」は，こうした Goffman の分析を読み解いていく上で必須の概念である。

周知のように G. H. ミード［Mead 1934］は，社会化の過程で個人は，他者がその人に対してとる態度を自らもとるようになると論じたが，ゴフマン［1967=2002: 85］はこれを単純すぎるという。これはまず，相互行為の経験的な分析にもとづいて考察すれば，他者がその人に対してとる態度は自分が自分自身に対してとる態度と本来的に同じものではなく，それぞれ一方が他方を正当化し，保証しあうに過ぎないから［Goffman 1967=2002: 82-86］であり，また周囲からの義務や期待と実際の行為には不可避的にズレが生じ，その個人の自己はこのズレによって特徴付けられるからである。

これと関連してゴフマン［Goffman 1961b=1985: 85-172］は，「役割」という伝統的な社会学の分析概念が，実際の相互行為においてどのように実現し，働くのかを論じている。個人がある役割のもとに関わる社会的状況を分析するために，ゴフマンは，さまざまな役割からなる社会における特定の位置との結びつきの強さをあらわすコミットメント（commitment），その位置につくことに伴って生じうる感情的，認知的な愛着（attachment），役割から期待されるイメージとの一致をあらわす受け入れ（embracement）という概念を導入する。そして実際の行為によって示される，個人とその個人が担っているとされる役割とのズレを役割距離（role distance）とよぶ。役割距離の取り方によって，個人はその役割へのコミットメント，愛着，受け入れの程度を周りの人々に伝えることができる。いいかえれば，その個人の社会的な次元での特徴は，役割距離の取り方によって示される。これらの概念は，心理生物学的な過程だと想定されている「関わり」を社会的な過程として分析することを可能にする。

また『集まりの構造』［Goffman 1963a=1980］は，丸ごと 1 冊が関わりの分析に捧げられた著作である。私たちが社会的状況に関わるときに適切な行為とは何か，この問いに答えるためにゴフマン［Goffman 1963a=1980］はまず，対面的な相互行為における焦点（focus）という概念を導入する。集まりにおいて，参与者がその注意を1つの焦点に維持しようと協力し合い，それをお互いに認めている場合の相互行為は焦点の定まった相互行為（focused interaction），そうでない相互行為は焦点の定まらない相互行為（unfocused interaction）と大別される［Goffman 1963a=1980: 27］。この区分は，先に引用した“The Neglected Situation”の2段落目でも述べられている。

両者のうち，ゴフマン［Goffman 1963a=1980］がより力を入れて考察を展開したのは，焦点の定まった相互行為である。そして，焦点の定まった相互行為の代表的なタイプの1つに対面的な関わり（面目への関わり）がある。上記の“The Neglected Situation”で端的に述べられているように，ゴフマンは，対面的な関わりを出会い（encounter）と同義に用いている。出会い＝対面的な関わりでは，ある社会的状況におかれた2人以上の人々が，ともにお互いを視覚的および認知的な注意の焦点を正当に共有する者として認める。こうした状況では，参与者は1つの相互行為に従事していると感じ，その相互行為が他の行為に優先する。対面的な関わりには境界があり，その外にいる人々は相手の存在を認めたことを表す一方で，それ以上の好奇心や意図はないことを示す，すなわち儀礼的無関心を装うことが多い。こうした状況では，対面的な関わりは焦点の定まらない関わりの一部となる。

ゴフマン［Goffman 1963a=1980］によれば，私たちの社会では，対面的な関わりに参加する権利と義務に関連した制度がある。「知り合い」という社会関係はその具体例を示している。知り合いは，さまざまな種類や強さの人間関係の基礎にあるような関係である。知り合い同士では，社会的状況で対面的な関わりを開始することが義務となっており，これを拒否するためにはそれなりの理由がなくてはならない。これに対して知り合いでないもの同士では，対面的な関わりを始める場合に，それを正当化するためのそれなりの理由が求められる[3]。こうした場面（e.g., サーヴィス業者とその顧客，道に迷っている旅行者とそこに居合わせた地元の人）では，その人々は自己のある側面を相手に開示しながら社会的な認識を実行することになる。この点で，知り合いでないもの同士の対面的な関わり（face engagement）は，まさに面目（face）への関わりである[4]。

同時に，ある社会的状況における個人の行為は，その社会に特徴的な価値（e.g., 米国と日本では，知り合い同士に公共の場で許される接触の程度はずいぶん異なる）や関与の規範（出会いの中でどの種類の関与をどの程度示すべきかについての規範）によって規制されている。関与の規範による規制は社会的場面によってずいぶん異なり，緩やかなもの（e.g., 休日の公園で見られる光景）から厳しいもの（e.g., 軍隊における式典）まで連続的に分布している。対面的な関わりにおける自己の一側面の開示と社会的価値あるいは関与の規範による規制は，同じコインの裏表である。したがって対面的な関わりでは，その社会的状況における適切な行為が定まることによって，それとの関係で個人の行為によって提示される自己の特徴も定まる。

上記のような関わりの分析を通じてゴフマンは，日常的な相互行為において面目を維持しようとしておこなわれる行為がどのように組織化されているか，さらにその行為者の道徳的なアイデンティティがどのように構成されるかについて考察した。これは社会における自己

---

[3] これらのルールに通底する基本原理は，対面的な関わりを許すことによって，個人の利益が損なわれないことであるゴフマン［Goffman 1963a=1980: 132］。

[4] ゴフマン［Goffman 1967=2002: 5, 9, 18］は面目を，出会いの際，ある人が打ち出した方針（line），その人が打ち出したものと他人たちが想定する方針に沿って，その人が自分自身に要求する積極的な社会的価値，あるいは認知されているいろいろな社会的属性を尺度にして記述できる，自分をめぐる属性と定義している。この定義に示されているように，面目は相互行為の過程で構築され，維持されたり，失われたり，修正されたりする。さらに，ある人が面目によって表現される自己イメージをいったん身につけてしまうと，その人はそのイメージにふさわしく生きることを期待されるようになる。

（self in society）の研究に１つの新しい道筋をつけ，言語人類学，会話分析，語用論におけるポライトネス理論［Brown & Levinson 1987］などに大きな影響を与えた。このうちゴフマン自身は十分な考察を展開しなかったが，関わりの特徴がもっともよく見られる領域の１つに社会化があげられる。この点で，言語人類学の一翼をなし，エレノア・オックスらが推進している言語的社会化パースペクティブは，ゴフマンの構想を発展させるものである。オックスはペンシルバニア大学の大学院で，コミュニケーションの民族誌［Hymes 1964］などで有名であり，ゴフマンの親しい同僚であったデル・ハイムズに師事した[5]。言語的社会化パースペクティブでは，子どもは成長の過程で（大半の心理学者が仮定するように）認知的な能力を発現したり獲得したりするのではなく，状況に応じた適切な行為をおこなうようになっていくと考える［Ochs 1988; Duranti et al. 2012］。こうしたオックスらのパースペクティブには，ゴフマンの直接の影響，およびハイムズやグッドウィン夫妻（C. Goodwin と M. Goodwin），会話分析などを介した間接的な影響が認められる。

オックス&イズキエルド［Ochs & Izquierdo 2009］は，ペルーのマチゲンカ，サモア，米国ロサンゼルス（LA）の中産階級における責任の発達について論じている。ゴフマンと同様，オックス&イズキエルド［Ochs & Izquierdo 2009］は子どもたちの日常的な生活から特定の社会的状況を切り取る。そしてその丁寧な分析を通じて，責任の文化的な布置を比較するための枠組みを提示する。子どもは家事や子守りの手伝い，セルフ・ケアに取り組むことによって，責任の普遍的な基盤として想定される，他者の面目の要請（face-wants）［Goffman 1967］に対して応答することを学ぶ。さらに責任は，文化的な次元で

［5］ただし，ゴフマンがペンシルバニア大学の教授であった頃にはオックスは同大学には長期滞在しておらず，サモアでのフィールドワークをおこない，その後，ケンブリッジで言語学を学び，教えていた［M. Goodwin 私信］。

の特徴も備えている。オックス＆イズキエルド［Ochs & Izquierdo 2009］は，３つの社会の民族誌から示される，コミュニティや家族の活動に対する子どもの特徴的な関わりについて分析をおこなっている。

マチゲンカは，家族的なつながりを基盤とする小規模で平等主義的な社会である。マチゲンカの家族と社会で有能なメンバーになるためには，社交性を身につけ，日常的な課題について自律的（self-sufficient）であることが何よりも求められる。こうした考え方はマチゲンカの日常生活に浸透しており，子どもは早くから両親らのさまざまな手伝いをおこなうようになる。

サモアの社会には明確な階層構造が認められ，多様な課題を成し遂げるための責任の所在が細かく分割されている。子どもは早くからさまざまな大人の手伝いをする。両親らは子どもにしばしば指示をおこない，子どもがそれに従わないと諭したり罰したりする。

LA の中産階級の子どもを取り巻く環境は，上の２つの社会と大きく異なる。子どもの乳児期から青年期を通じて，両親の生活の中心は子どもにおかれている。両親は実質的な子どもの手伝いはほとんどなしに家事をおこなう。子どもをおだてるようにして何かを丁寧に頼むことはあるが，これが組織的，日常的におこなわれるわけではない。多くの両親は，子どもに手伝いをさせるのは，自分でやるよりもたいへんだという。逆に子どもが，両親に子どもの課題（e.g., 食事や着替え）をおこなうように指示することさえある。

３つの事例の間にみられる子どもによる家族の手伝い，および家族による子どもの手伝いについての差異は，どのように説明できるであろうか？　オックス＆イズキエルド［Ochs & Izquierdo 2009］は，（１）社会政治的組織，（２）必要性，（３）発達，（４）学校の第一義性，（５）相互独立性－相互依存性，（６）注意の実践，（７）非一貫性という７つの議論に関して，上記の差異との関連を検討している。ここで７つの議論は，順に説明力が強くなるように並べられている。

まず上記の差異は，（１）～（３）から予想されるものとはなっていない。したがって，これらは上記の差異を説明するための根拠としては不十分である。

（4）米国における学校の第一義性は，LA の子どもがあまり両親の手伝いをしないことを部分的に説明する。しかし，これだけでは子どもがほとんど時間を必要としない手伝いをおこなうことにさえ抵抗することは説明し難い。

（5）興味深いことに，LA の両親は子どもの独立性を理想としているが，家庭での社会化の実践はむしろ依存性を推進している。逆に，マチゲンカやサモアの家族とコミュニティは相互依存性を推進しているが，子どもは実際的な課題においては高い自律性を持つように社会化される。こうした逆説は，自己，相互独立性，相互依存性に関する従来の比較文化的な研究が，理論的にはあいまいで，民族誌的には単純すぎたことを示している。オックス＆イズキエルド［Ochs & Izquierdo 2009］のデータが示唆するように，自主性と相互依存性は両立可能である。またカセロー［Kusserow 2004］が指摘するように，相互独立性にはいくつかのバリエーション（e.g., ソフトな個人主義とハードな個人主義）が想定できる。

（6）社会化の実践は，社会的な世界に身体や感覚を向けることによって子どもの注意を組織化し，道徳的責任の基礎を育む。マチゲンカやサモアの子どもは，LA の子どもと比べて他者や他者がおこなっている課題により注意を向けている。これは，相互依存性（e.g., 社会的気づき，社会的責任）と相互独立性（e.g., 自己への信頼）の双方に基盤を提供する。

（7）家事や子守りの手伝い，セルフ・ケアといった実際的な課題に対する責任についての子どもの見方は，そうした課題を与え，その実施をモニターする養育者の側の一貫性に大きく影響される。この点で，マチゲンカやサモアの養育者は，LA の養育者と比べてより一貫している。慣習化がもたらす安定性は，規範的な意味での道徳的自己の発達の鍵となる。

3つの事例のうち LA の家族のみにおいては，相互独立性を推進し，子どもをケアするための価値と家庭における実践との矛盾が，はっきりと表明されるようになっている。そしてこうした状況は，LA の子どもにおける「依存性のジレンマ」［Whiting 1978］，すなわち子どもが独立性と他者への依存のいずれかというよりもむしろ，その双方が強調される環境において育つこと，を生み出している。

オックス＆イズキエルド［Ochs & Izquierdo 2009］がいうように，社会的気づき，社会的責任，自己への信頼は，責任を形成していく上で核となる特徴である。そして子どもたちは，家庭における日常的な課題に取り組む場合に生じる対面的な関わりの中でこれらを示すようになる。すなわち，こうした日常的な課題は，他者の需要に対する応答性への気づき，および他者の判断を考慮に入れた知識への信頼という形で社会的責任を形成し，さらには自己を道徳的な主体として制御する道徳的責任を育んでいくことができる。道徳的責任を特徴付けている価値は，ここでの事例が示しているように，それぞれの社会によって異なりうる。そしてこうした文化的に特徴付けられた子どもの社会化に関する実践の違いは，子どもによる社会的気づき，社会的責任，自己への信頼の達成を促進したり，困難にしたりすることを通じて，再帰的に子どもたちにおける道徳的責任の発達にも影響を与えると考えられる。

我が国でも，西欧的な相互独立的自己と東アジア的な相互依存的自己という区分［e.g., Marcus & Kitayama 1991］はよく知られている。公の場でしばしばそういう価値観が表明されたり，そうした価値観に合わない言動が非難されたりすることも否定できないように思う。たとえば大きな災害に直面したとき，我が国のメディアや政府は被災者への共感と草の根からの助け合いの大切さを繰り返し確認しているのに対して，米国のメディアや政府は困難を乗り越えるための確固たる目標の設定と強いリーダーシップの必要性を強調しているように思える。

しかし，社会的な実践としての対面的な関わりにおいては，時にこうした価値観とは矛盾する逆説的な事態，たとえば米国における依存性のジレンマ，が生み出されている。そしてそこにこそ，人類学的なフィールドワークを推進する醍醐味が見出せる。ゴフマンはこうした逆説的な事態に敏感であった。上記のオックス&イズキエルド［Ochs & Izquierdo 2009］などが推進する言語的社会化パースペクティブにおいては，義務や期待と実際の行為のズレについてのゴフマンの考察が，通俗的な文化の特徴付けやそれに追随するような安易な比較文化的研究に対する批判的な分析という形をとって受け継がれている。言語的社会化の研究は，あるコミュニティにおいて，子どもや他の新参者がその「文化の文脈」との関連で「状況の文脈」を理解し，実演する場面を分析的に記述することを通じて，彼ら・彼女らがどのようにしてそのコミュニティのメンバーになっていくのかを明らかにしつつある［Duranti et al., 2012］。その研究対象は，さまざまなコミュニティにおいて音声言語を習得しつつある子どもに加えて，前言語期にある乳児［Takada 2012］，手話の話者［Nonaka 2012］，第二言語の学習者［Duff 2012］，音楽のパフォーマー［Duranti & Black 2012］などに広がっている。人類学は，自らの身を削るようなフィールドワークと安易な結論付けを許さない「厚い記述」をもって旨とする。その現代的な使命は，ステレオタイプを生産・再生産することではなく，フィールドの知によってそれを打破し，乗り越えることであろう。

## 4　参与枠組み（participation framework）

オックスの師であったハイムズ［Hymes 1972］による発話共同体についての研究は，コミュニケーションへの参与の仕方のさまざまなタイプを区分している（e.g., 話者，情報の発信者，聞き手，聴衆，情報の受信者）。こうした研究の影響を受けて，ゴフマンは相互行為の分析に参与枠組み（participation framework）という次元を導入した。

“The Neglected Situation” で述べられているように,「集まり」への参与の仕方は，参与者によって異なる。そして，参与者が相互に出会い，コミュニケーションを進めていくためにはさまざまな儀礼的なルールがある。このゴフマンのコミュニケーション観は，参与枠組みに関する議論［Goffman 1981a: 124-157］でさらに精緻に展開されている。参与枠組みは相互行為において参与者たちが構成する布置の全体を指す。相互行為のある時点においてどのような参与枠組みがとられているのかを理解するためには，発話者が発話を産出するフォーマット（production format），および相互行為がおこなわれている状況におけるそれぞれの参与者の参与の身分（participation status）を分析することが有効である。

ゴフマンは，産出フォーマットとの関連で以下の概念を提唱した：（１）身体を使って声を出し，発話をおこなう「アニメーター（animator)」,（２）発話の意味とそれを表現する言葉を選んだ「著者（author)」,（３）発話によってその立場が確立し，その信念が語られているとされる「文責者（principal)」,（４）言及されるシーンに登場する主人公（protagonist）やその他の人物である「フィギュア（figure)」。これらは発話者のフッティング（footing），すなわち発話に対するその発話者の同調（alignment），スタンス，姿勢，あるいは投射された自己などを提示する［Goffman 1981a: 128］。

またゴフマンは，参与の身分との関連では以下のような概念を提唱した：（５）発話を聞き，そのメッセージを受け取ることができる「受け手（recipient)」,（６）発話が直接向けられた相手である「アドレッシー（addressee)」,（７）集まりへの参加が公式に認められた「認可された参与者（ratified participant)」,（８）認可された参与者ではないが，意図的に発話を聞いている「立ち聞き者（eavesdropper)」,（９）認可された参与者ではなく，たまたま発話を聞く機会を得た「偶然聞く者（overhearer)」,（10）認可された参与者ではないが，たまたま発話を見たり聞いたりできるところにおり，認可された参与者からもそれが知覚可能な「傍観者（bystander）」。これらの概念は相互排除的なものではなく，入り組んだ包含関係，重複関係を持つ。

発話の産出フォーマットや各参与者の参与の身分に注目する参与枠組みというとらえ方は，相互行為におけるトークは，しばしばそれぞれの参与者がその立ち位置を変えながら展開していることに目を向けさせる。さらに，相互行為において重要である当事者という概念をさらに分解し，「今」「ここ」を越えた複数の声（voice）からなる多声性とその動態に関する分析をおこなうことを可能にする。その結果，言語人類学では，状況づけられた活動システムの中で社会的リアリティが構成される仕組みの多様性に関心が集まるとともに，その仕組みが生みだすさまざまな社会問題についての議論も盛んになっている。この点で，マージョリー・ハーネス・グッドウィンはゴフマンの問題意識を受け継ぎ，さらにそれを発展させている。M. グッドウィンは第1節で紹介したチャールズ・グッドウィンの公私にわたるパートナーで，UCLA の人類学部の教授である。ゴフマンは，ウィリアム・ラボフ（黒人英語や英語の方言についての刺激的な研究をおこなった。「社会言語学の父」としても知られる。）とともに，M. グッドウィンがペンシルバニア大学で博士研究をおこなったときの指導教員であった。ゴフマンらの指導のもと，M. グッドウィンはフィラデルフィアの都市民族誌センターから資金を得て，フィラデルフィアのストリートを遊び場としていた子どもたちの生活，トーク，社会組織について入念なフィールドワークをおこなうようになった。

“He-Said-She-Said”［M. Goodwin 1990］はその成果である。この著作のタイトルにもなったゴシップ場面の分析は，少女たちが日常的に繰り広げる，きわめて洗練された会話実践をとらえている。ある事例では，遊びの中である少女が，別の少女が彼女の陰口を言っていた，と非難した。非難された側は「それを正し」たいので，非難する側と対決する。この対決を開始する発言は，入り組んだ，高度に構造化された発話によって構成されていた。「A は，私が新しいブラウスを見せびらかせていた，とあんたが言っていた，と言っていた。」「B は，私がもうポプラの辺りには行かない，とあんたが言っていた，と言っていた。」といった具合である。非難をおこなう者は，こうした発話によって非難の根拠（正当な理由）を確立する。一方，こうした非難への応答は，たいてい自分がそうした発言をしたことの否定（「えーえー，私は何も言ってないわ」），あるいは対立の開始部分で発言が参照された少女に対する非難（「えーと，彼女は嘘をついているのよ。私はそんなこと言ってないもの。」）であった。このように，発話者は，受け手に応じて発話のさまざまな要素をデザインしている（第 1 節も参照）。たった 1 つの発話によってさえ，少女たちは非難を正当化する過去の出来事を呼び起こし，次に特定の行為がなされることを適切にする状況を準備する。そしてさらに，参与者たちのアイデンティティ，行為，履歴をその内に含む少女たちの小さな文化を呼び起こすことができる［Goodwin 2006: 7-8］。

また "The Hidden Life of Girls"［M. Goodwin 2006］では，子どもたちがおこなうホップスコッチ（おもに少女たちによっておこなわれる。何人ものプレイヤーが，ジャンプしながら地面に描かれた格子を次々と移動していく。審判は各プレイヤーが格子からはみ出したり線を踏んだりしていないかチェックする。）やなわとびといったゲーム場面が分析の対象となっている。たとえばホップスコッチにおいて審判として振る舞う参与者は，他の参与者とは異なるタイプのフッティングをとることができる。前述のように，フッティングは相互行為における参与者の同調，スタンス，姿勢，あるいは投射された自己などを提示する［Goffman 1981a: 128］。こうしたゴフマンの議論を進めて，M. グッドウィン［M. Goodwin 2006］は相互行為におけるターンの形状や韻律，身体の位置取りなどが行為者の同調やスタンスを構築するためにどのように働くのか分析している。たとえば，ホップスコッチで審判の役をしていた少女が発した発話「出た！（out!）」は，格子から出てしまったことが疑われるジャンプの直後におこなわれた。この発話は，高い上昇調のピッチと引き延ばされた母音で発音され，審判の非難を込めた指さしという，生き生きと身体化された感情的な同調を伴っている。対照的に，足を枠から踏み外したであろうプレイヤーの少女は，審判を務めている少女に何かいわんとしながらも，笑っていた。感情は身体化された行為の連鎖に宿る。感情と行為の組織を提供する現象は，そのフィールドを構成する複数のメディアに分散しているのである［M. Goodwin 2006: 40-42］。

また M. グッドウィン［M. Goodwin 2006: 161-164］の事例では，少女 M が妹のニックネームについて話していた。すると少女 G が，独り言のようにそのニックネームをもじって茶化すような発言をした。M はすぐさま G を非難した。別の少女 L は G に侮蔑的な発言をおこない，M と目配せをした。さらに M は G に向けていやな顔をした。別の場面では，同じ少女たちがホップスコッチの格子を書いていたとき，やはり少女 G が接近してきた。少女 L は「誰がきたと思う」と述べ，少女 A も部分的な繰り返しをおこない，「誰がきたと思う。G だよー」と述べた。A が「一緒に遊んでもいい？」と尋ねると，今度は少女 J が「G，私たちもうゲームを始めてるの」といい，他の少女たちもそのフレーズを繰り返した［M. Goodwin 2006: 227-228］。このように，少女たちが日常的におこなう短い物語りやゲームの中でも，排除されるもの（ここでは G）と認可された参与者（残りの少女たち）［Goffman 1981: 124-157］が生み出される。物語りやゲームの過程では，話題やゲームの種類の選び方，その話題やゲームに誰をどのように参加させるか，またそれぞれの参与者の物語りやゲームへの貢献をどのように評価するかによって，話者と聞き手はさまざまなタイプの社会秩序を構築し，多種にわたる参与を認可，あるいは不認可することができるのである。

さらに，M. グッドウィンが参与観察した子どもたちの間では，4 年生ぐらいになると男女が別々にグループを作って遊ぶようになっていた。それぞれの参与者を特徴付けている相互行為パターンだけでなく，男女の間のアレンジメントを構造化している社会組織［Goffman 1977］について考察することにより，こうした遊びのパターンの変化についても論じることが可能になる[6]。4年生の少女たちのグループが運動場を使おうとするときはしばしば，コーチらに認められてそこで各種のスポーツをする4～6年生の少年たちのグループと交渉しなくてはならなかった。あるときには，遊びで乱暴に振る舞う少年が，少年は強いので弱い少女には気を遣わなくてはならない，とコーチに諭されていた。しかしながら，こうした発言そのものが男女の身体的な差異を顕在化させ，ジェンダーの意味づけを含む社会構造を再生産していることには注意が必要である。別の機会には，少女たちのグループと少年たちのグループが一日おきに運動場を使うことに合意した。しかし，この非公式の協定はすぐに破られ，先生たちを巻き込んだ論争をもたらした。少年たちのグループは，自分たちは常に運動場でサッカーをするんだと主張し，少女たちのやり方を不作法（rude）だとなじった。少女たちは，少年たちは乱暴でボールを独占するし，彼女たちを自分たちよりも劣っているとみなすと不平を言った。副校長先生によって双方のグループが意見を交わす場が設けられ，一度に

［6］後期のゴフマン［e.g., Goffman 1977, 1981a］では，こうした対面的相互行為と社会組織とを結びつけて分析しようとする姿勢がより鮮明になっている。こうした姿勢は，より大きな社会構造が行為者の実践によってどのように再生産あるいは交渉されるかを論じたギデンズ［Giddens 1984］の姿勢にも通じるものである。またペンシルバニア大学でゴフマンやハイムズの指導を受けたフィリップス［Philips 1983］は，ゴフマンの提起した概念に依拠しながら，参与枠組みと社会組織の関連についての入念な分析を行っている。フィリップス［Philips 1983］は，相互行為における特定の構造的なアレンジメントをあらわす，参与構造という概念を提唱している。フィリップス［Philips 1983］が研究の対象とした学校の教室では，教師と相互行為を行う生徒の数，非言語的な注意の構造，生徒のトークにおけるターンを制御する原理などにおいて異なる複数のタイプの参与構造が認められる。フィリップス［Philips 1983］によれば，エスニシティの違いはしばしば教室において支配的な参与構造の違いと結びついている。そして，参与構造の違いは授業における生徒の活発さなどに影響を与える。

何人が運動場で遊べるかについてのルールを作り，希望するグループが順番に割りあてられたスペースを使うことになった。少女たちはそれまで運動場を使う権利を事実上大幅に制限されていたが，相互行為の実践を通じて新たな社会関係を主体的に構築し，その権利を正式に勝ち取ったのである［M. Goodwin 2006: 96-106］。

もう一例。ままごとや物語りといった遊びの最中，少女たちはフッティングを操作して，自分たちにとって重要な人格を演じるだけではなく，彼女たちがその中におかれている消費文化との関係を明示できる。少女たちは，しばしばポジティブなアイデンティティを示すために，遊びの中で仮想の名前，所有する自動車，年齢，職業などを述べる（e.g., 少女 A: 私の名前はベッキー。私は紫色のムスタングを運転しているの。私は16歳で，仕事は有名な女優よ。）。それに続いて，次々と別の話者が同じようなフォーマットを用いて，自分のアイデンティティを示すこともある（e.g., 少女 B: 私は銀紫色のポルシェを持っているの。少女 C: 私は黒のコルベットを持っているわ。）。こうした発話は，その相互行為の枠組みの中でその適切性を評価されていた。そしてこうした過程を通じて，少女たちはその消費文化における重要なシンボルについてお互いに社会化しあい，ものの価値についてのお互いの知識をテストし合っていたのである［M. Goodwin 2006: 186-187］。

上記のように，M. グッドウィン［M. Goodwin 1990, 2006］は，ゴフマン［Goffman 1981a］が提起した参与枠組みに関する分析をさらに進めることによって，相互行為における参与者間のコンフリクト，立場の違い，いじめや差別などが，その場でどのように構築されるのかを明らかにしている。その結果，道徳的な行為そのものを経験的な研究の対象とすることが可能となっている。これは，おもに質問紙調査を用いて道徳的な経験について聞いたり，社会的認知実験で道徳的な状況を設定して推論をさせたりする心理学者たちではなしえなかったことである。質問紙調査や社会的認知実験でわかることは，控えめにいってもリアリティのほんの一部でしかない［M. Goodwin 2006: 20］。

これに対して参与枠組みに関する分析は，実際の出来事が進行する過程でそれぞれの参与者が話し手と聞き手という枠を超えて多様なやりとりをおこない，相互理解，協力，相互関与などを達成する場面，すなわち道徳的な社会化が今まさに起こっている場面をとらえることを可能にする。

参与枠組みの動態に注目することによって M. グッドウィン［M. Goodwin 1990, 2006］はさらに，ジェンダーや消費文化のような社会組織が相互行為において顕在化し，再生産される，あるいは抵抗される過程，さらには新しい社会組織が創造される過程についての経験的な分析をおこなっている。こうした分析は，具体的な社会的状況に注目することで，上記のような社会組織についてのトップダウン式の，歴史に無関心な，あるいは本質主義的な議論を避けることができる［M. Goodwin 2006: 246-250］。それとともに，その社会的状況における制約・資源の土台の上で発揮される行為者の主体性をとらえることができる。

## 5　まとめ

本章では，社会的状況，関わり，参与枠組みをキーワードとして，ゴフマンの仕事の特徴，およびそれが言語人類学に与えた影響を整理した。ここで紹介した特徴は実際の分析では相互に入り組んだつながりをみせる。こうしたゴフマンの仕事を重要な源泉の 1 つとして，言語人類学はさらにその研究の領域を広げ，関心を深めながら発展してきている。最後に，人類学者がゴフマンから受け継いだものについて，筆者自身の例を振り返りながら述べることでこの小論のまとめとしたい。

最初の出会いは学部生のとき。おそらく多くのゴフマンの読み手と同じように，身近さと面白さを兼ね備えた話題の切り取り方，そこに向けられたクールな視線に惹かれた。研究会などで，スポーツの選手や解説者が繰り広げるやりとり，精神病についての語り，お地蔵さんをめぐる社会関係など雑多な話題を取りあげ，その真似事を繰り返した。当然のことながら，ゴフマンの分析の切れ味は再現できなかった。しかしながら，いっけん個人の自由に委ねられた行為をその背後で秩序づけている仕組みを垣間見た気がして，興奮を覚えた。まだ研究の生産者ではなく，消費者だったのだと思うが，この興奮の感覚は，研究者の世界に踏み込む動機づけの1つになった。

それから筆者はおもに，南部アフリカ一帯の先住民また／あるいは狩猟採集民として知られてきたサンの社会的相互行為，とりわけ養育者と子どもの間で社会的相互行為がどのように発達するか，またサンの社会的相互行為がその環境の特徴とどのように関わっているのかについて研究してきた［e.g., Takada 2012; 高田 2013］。これらに関する人類学的なフィールドワークをおこなうようになって，ゴフマンの著作をそれまでより丁寧に読む機会が増えた。ページをめくることに苦痛が混じり始めた。ゴフマンの仕事のユニークさが身に染みるようになったからだ。また，ゴフマンから直接的・間接的に影響を受けてきた国内外の研究者と知り合うようになった。碩学たちが，ゴフマンが提起した問題を換骨奪胎しようと，たいへんな努力を重ねていることを知った。その成果の一部は，本章の本文や本書所収の他の章にも示されている。

人類学者は，「未知」の社会の常識（の構造とその成り立ち）を理解しようとすることによって自らの社会を相対化し，両者に通底する仕組みを論じる。ゴフマンは，こうした課題に取り組むにあたって何を分析の単位とし，どこまでをその射程に収めるべきかについて，示唆に富んだ実例を提示している。また，しばしば執拗なまでに記述を深めていこうとするゴフマンの文章を読み返すことは，自分が見聞きしたことについて安易にわかったつもりにならないためにも有用だ。さらに，ゴフマンの社会的状況，関わり，参与枠組みといった考え方は，おそらくは種としてのヒトを特徴付けるもっとも重要な特徴の1つである，相互に協調的に行為するという現象について考察を進めていくための基盤にもなり得るだろう［Takada forthcoming］。

一見派手に見える人類学者の仕事の舞台裏は，極めて地味な営みの積み重ねから成り立っている。当該社会のメンバーにとってはあたりまえで些細な日常的な行為が，人類学者にとっては上記の課題に取り組んでいくための重要な素材となる。この作業にあらかじめ決められた作法はない。与えられた素材を整理する方向を自らが見定め，そのための道具を磨き，複雑に絡み合っている糸を丁寧にほぐしていくしかない。

ゴフマンのクラフトワーク，すなわち彼が洗練された目で良質の素材を選び，シンプルな道具を巧みに使い，あざやかな手さばきでそれを優れた作品へと仕立て上げていく行程は，この課題に対するもっとも優れた回答の１つを提供した。しかもゴフマンは，他の社会学の理論家とは異なり，考察の素材となった具体的な出来事への関心を維持し続けた。ゴフマンが出来事に対して保ち続けた適度な距離感とその手作り感に彩られた分析の見事さは，同様の課題に取り組んでいる人類学者を惹きつけて止まない。

# 文献表

## 本書内で参照されるゴフマン文献一覧

＊太字は、略称を示す。


Goffman, E., 1951, "Symbols of Class Status," *British Journal of Sociology*, 2（4）: 294-304.

———, 1952, "On Cooling the Mask Out: Some Aspects of Adaptation to Failure," *Psychiatry*, 15（4）: 451-463.

———, 1953, *Communication Conduct in an Island Community*, Unpublished doctoral dissertation, University of Chicago. **[CCIC]**

———, 1959, *The Presentation of Self in Everyday Life*, Doubleday, Anchor Books.（＝1974，石黒 毅訳『行為と演技――日常生活における自己呈示』誠信書房.）**[PS]**

———, 1961a, *Asylums: Essays on the Social Situation of Mental Patients and Other Inmates*, Doubleday, Anchor Books.（＝1984，石黒毅訳『アサイラム――施設非収容者の日常世界』誠信書房.）**[AS]**

———, 1961b, *Encounters: Two Studies in the Sociology of Interaction*, Bobbs- Merrill.（＝1985，佐藤 毅・折橋徹彦訳『出会い――相互行為の社会学』誠信書房.）**[EN]**，（本書３章で参照 "Role Distance", in *Encounters*. **[RD]**）

———, 1963a, *Behavior in Public Places: Notes on the Social Organization of Gatherings*, Free Press.（＝1980，丸木恵祐・本名信行訳『集まりの構造――新しい日常行動論を求めて』誠信書房.）**[BP]**

———, 1963b, *Stigma: Notes on the Management of Spoiled Identity*, Prentice Hall.（＝［1970］1980，石黒 毅訳『スティグマの社会学――烙印を押されたアイデンティティ』せりか書房.）**[ST]**

———, 1964, "The Neglected Situation," *American Anthropologist*, 66（6, part II, special issue）: 133-136.

———, 1967, *Interaction Ritual: Essays on Face to Face Behavior*, Doubleday, Anchor Books.（＝1986，広瀬英彦・安江孝司訳『儀礼としての相互行為――対面行動の社会学』法政大学出版局；＝2002，浅野敏夫訳『儀礼としての相互行為――対面行動の社会学』法政大学出版局.）**[IR]**

———, 1969, *Strategic Interaction*, University of Pennsylvania Press. **[SI]**

———, 1971, *Relations in Public: Micro-Studies of the Public Order*, Basic Books.

[RP]
――――, 1974, *Frame Analysis: an Essay on the Organization of Experience*, Harvard University Press (hardbound) ; Harper and Row (paperback). [FA]
――――, 1977, "The Arrangement Between the Sexes," *Theory & Society*, 4（3）: 301-331.
――――, 1979, *Gender Advertisements*, Harper and Row. [GA]
――――, 1981a, *Forms of Talk*, University of Pennsylvania Press. [FT]（本書7章で参照 "Footing,"In *Forms of talk*, 124-157.（初出 1979. Semiotica 25: 1-30.））
――――, 1981b, "Reply to Denzin and Keller," *Contemporary Sociology*, 10（1）: 60-68.
――――, 1983a, "Felicity's Condition," *American Journal of Sociology*, 89（1）: 1-53.
――――, 1983b, "The Interaction Order: American Association, 1982 Presidential Address," *American Sociological Review*, 48（1）: 1-17.（＝1992, 椎野信雄訳,「E. ゴフマンの『相互行為秩序』を読む（第1部）その一」『人文学報』232: 105-123, 1993, 椎野信雄訳,「E. ゴフマンの『相互行為秩序』を読む（第1部）その二」『人文学報』241: 119-147.）

## 「はじめに」参照文献

Fine, G. A., & Gregory W. H. Smith eds., 2000, *Erving Goffman: Sage Masters of Modern Social Thought*, 4 vols.
Francis, D. J., & S. Hester, 2004, *An Invitation to Ethnomethodology: Language, Society and Interaction*, London: Sage（＝2014, 中河伸俊・岡田光弘・是永 論・小宮友根訳『エスノメソドロジーへの招待――言語・社会・相互行為』ナカニシヤ出版.）
Gardner, C. B., 1995, *Passing By: Gender and Public Harassment*, The University of California Press.
Goffman, A., 2014, *On the Run: Fugitive Life in an American City*, The University of Chicago Press.
Hochschild, A., 1983, *The Managed Heart: Commercialization of Human Feeling*, Berkley, CA: The University of California Press.（＝2000, 石川准・室伏亜希訳『管理される心――感情が商品になるとき』世界思想社.）
Jacobsen, M. H. ed., 2009, *The Contemporary Goffman*, Routledge.
Jacobsen, M. H. & S. Kristiansen, 2014, *The Social Thought of Erving Goffman*, Sage.
Joseph, I., 1998, *Erving Goffman et la microsociologie*, Presse Universitaires de France.
Lübcke, v. E., 2011, *It's too funny to be science: Goffmans Rahmenanalyse und die Untersuchung von interkulturellen Videokonferenzen*, Uvk Verlags Gmbh.

前田泰樹・水川喜文・岡田光弘編著，2007,『エスノメソドロジー――人びとの実践から学ぶ』新曜社.

Nizet, J., & N. Rigaux, 2005, *La sociologie de Erving Goffman*, Editions La Découverte. (Tr. Mónica Silvia Nasi, *La sociología de Erving Goffman*, Editorial Melusina S. L. 2006).

Raab, J., 2008, *Erving Goffman*, Uvk Verlags Gmbh.

Scheff, T. J., 2006, *Goffman Unbound ! : A New Paradigm for Social Science*, Paradigm Publishers.

Smith, G., 2006, *Erving Goffman: Key Sociologist*, Routledge.

酒井泰斗・浦野 茂・前田泰樹・中村和生編著，2009,『概念分析の社会学』ナカニシヤ出版.

Trevino, A. J. ed., 2003, *Goffman's Legacy*, Roman & Littlefield.

Winkin, Y., 1988, *Erving Goffman: les moments et leurs hommes*, Éditions du Seuil & Éditions de Minuit.（=1999, 石黒 毅訳『アーヴィング・ゴッフマン』せりか書房.）

Winkin, Y., & W. Leeds-Hurwitz eds., 2013, *Erving Goffman: A Critical Introduction to Media and Communication Theory*, Peter Lang.

安川 一編，1991,『ゴフマン世界の再構成』世界思想社.

## 「第１章」参照文献

Bateson, G., 1972, *Steps to an Ecology of Mind*, Ballatine Books.（=1999, 佐藤良明訳『精神の生体学』新思索社.）

Bateson, G., & M. Mead, 1942, *Balinese Character*, New York Academy of Sciences.

Burns, T., 1992, *Erving Goffman*, Routledge.

Burk, K., 1969, *A Rhetoric of Motives*, University of California Press.（=2009, 森 常治訳『動機の修辞学』晶文社.）

Caillois, R., 1957, "Unity of Play: Diversity of Games," *Diogenes*, 19.

Cambell, C., 1987, *The Romantic Ethic and the Spirit of modern Consumerism*, Basil Blackwell.

Chriss, J. J., 2004, "Goffman as Microfunctionalist," A. J. Trevino ed., *Goffman's Legacy*, Rowman and Littlefield.

Crossley, N., 1995, "Body Techniques, Agency and Intercorporeality: on Goffman's Relations in Public," *Sociology*, 29（1）.

Collins, R., 1985, *Four Sociological Traditions*, Oxford University.（=1997, 友枝敏雄他訳『ランドル・コリンズが語る社会学の歴史』有斐閣.）

Cook, G. H., 1993, *George Herbert Mead: The Making of a Social Pragmatist*, University of Illinois Press.

Denzin, K & M. Keller, 1981, "Review Symposium," *Contemporary Sociology*, 4 (6).
Ditton, J., ed., 1980, *The View from Goffman*, St. Martine's.
Dua, H. R., 1990, "The Phenomenology of Miscommunication," S. H. Riggins ed., *Beyond Goffman; Studies on Communication, Institution and Social Interaction*, Mouton de Gruyter.
Durkheim, E., 1912, *Les Formes élémentaires de la vie religieuse*, Free Press.（=1975, 古野清人訳『宗教生活の原初形態』（上・下）岩波書店.）
Drew, P. & A. Wootton, 1988, *Erving Goffman: Exploring the Interaction Order*, Polity Press.
Featherstone, M., 1982, "The Body in Consumer Culture," *Theory, Culture & Society*, 1 (2) : 18-33.
Featherstone, M., M. Hepworth & B. S. Turner, 1991, *The Body: Social Process and Cultural Theory*, Sage Publications.
Fine, G. A., P. Manning & G. Smith, 1984, *Erving Goffman: Sage Masters of Modern Social Thought*, Sage Publications.
Frank, A., 1990, "Bringing Bodies Back In: A Decade Review," *Theory, Culture & Society*, 7 (1) : 131-62.
Garfinkel, H., 1952, *The Perception of the Other: A Study in Social Order*, Unpublished doctoral dissertation, Harvard University.
————, 1967, *Studies in Ethnomethodology*, Prentice-Hall.（=1989, 北澤 裕・西阪仰訳『日常性の解剖学』マルジュ社.）
Geertz, C., 1980, *Negara: the Theatre State in Nineteenth-century Bali*, Princeton University Press.（=1990, 小泉潤二訳『ヌガラ――19世紀ばりの劇場国家』みすず書房.）
Giddens, A., 1987, *Social Theory and Modern Sociology*, Cambridge University Press.（=2000, 藤田弘夫監訳『社会理論と現代社会学』青木書店.）
Gouldner, A. W., 1971, The Coming crisis of Western Sociology, Heinemann（=1975, 岡田直之ほか共訳『社会学の再生を求めて』新曜社.）
速水奈名子, 2005,「身体の社会学におけるゴフマン理論」大野道邦・油井清光・竹中克人編『身体の社会学　フロンティアと応用』世界思想社, 106-179.
————, 2006,「身体の社会学とゴフマン理論」『コロキウム：現代社会学理論・新地平』2 : 80-102.
————, 2009,「ゴフマン理論における個人化」『社会学史研究』31: 19-34.
————, 2009,「現代社会における自己形成と身体――ゴフマンのフレーム論をもとに」『文化の社会学――社会と文化のダイナミクス』文理閣, 244 - 258.
————, 2011,「相互行為と身体――電子メディア社会におけるゴフマン理論の可能性を問う」『社会学雑誌』神戸大学社会学研究室, 27-28: 20-40.
Gubrium, J. F., & J. A. Holstein, 1997, *The New Language of Qualitative Method*, Ox-

ford University Press.

Gusfield. J., 1995, "The Scholarly Tension: Graduate Craft and Undergraduate Imagination," A. F. Gary ed., *A Second Chicago School?* , The University of Chicago Press.

Kendon, A., 1977, *Studies in the Behavior of social interaction*, Indiana University.

———, 1988, "Goffman's Approach to Face-to-Face Interaciton," P. Drew & A. Wootton eds., *Erving Goffman: Exploring the Interaction Order*, Polity Press.

Lemert. C., & A. Branaman ed., 1997, *The Goffman Reader*, Blackwell.

Lidz. V., 2007, "Interview on the Universities in the US from 1950 to Contemporary," by N. Hayami.

Lofland, J., 1980, "Early Goffman: Style, Structure, Substance, Soul," J. Ditton, ed., *The View from Goffman*, Macmillan.

Manning, P., 1992, *Erving Goffman and Modern Sociology*, Polity Press.

Mead, G. H., 1934, *Mind, Self, and Society: from the standpoint of a social behaviorist*, ed., with introduction. by C. W. Morris, Chicago: University of Chicago Press.（=1995, 河村 望訳『精神・自我・社会』人間の科学社.）

Neumann, J. von, & O. Morgenstern, 1944, *Theory of Games and Economic Behavior*, Princeton University Press.

Parsons, T., 1937, *The Structure of Social Action*, Free Press.（=1976-89, 稲上 毅・厚東洋輔訳『社会的行為の構造』（1）-（5）木鐸社.）

———, 1951, *The Social System*, New York: Free Press.（=1974, 佐藤 勉訳『社会体系論』青木書店.）

Rawls, A. W., 2002, *Ethnomethodology's Program: working out Durkheim's aphorism*, Garfinkel, H. ; edited and introduced by A. W. Rawls, Rowman & Littlefield.

———, 2003, "Orders of Interaction and Intelligibility: Intersections between Goffman and Garfinkel by Way of Durkheim," Trevino A. J. ed., *Goffman's Legacy*, Rowman & Littelefield Publishers, Inc.

Ritzer, G., 1999, *Enchanting a Disenchanted World: revolutionizing the means of consumption*, 2 nd ed., Pine Forge Press.

Scheff, T. J., 2006, *Goffman Unbound! : A New Paradigm for Social Science*, Paradigm Publishers.

Schmitt, R. L., 1985, "Negative and Positive Keying in Natural Contexts: Preserving the Transformation Concept from Death through Conflation," *Sociological Inquiry*, 55（4）: 383-401.

Schutz, A., 1964, *Collected Papers II: Studies in Social Theory*, edited and introduction by A. Brodersen, Martinus Nijhoff, The Hague.（=1991, 渡部 光・那須 壽・西原和久訳『社会理論の研究』マルジュ社.）

———, 1974, *Der sinnhafte Aufbau der sozialen Welt*, Springer（=1982, 佐藤嘉一訳

『社会的世界の意味構成』木鐸社.)
Shilling, C., 1993, *The Body and Social Theory*, Sage Publications.
————, 2005, *The Body in Culture, Technology and Society*, Sage Publications.
Smith. G., 2006, *Erving Goffman*, Routledge.
Travers, A., 1999, "Non-person and Goffman: Sociology under the Influence of Literature," G. Smith ed., *Goffman and Social Organization*, Rootledge.
Trevino, A. J. ed., 2003, *Goffman's Legacy*, Rowman & Littelefield Publishers, Inc.
Turner, B. S., 1991, "Recent Development in the Theory of the Body," M. Featherstone, M. Hepworth, and B. S. Turner eds., *The Body: Social Process and Cultural Theory*, Sage, 1-35.
————, 1996, *The Body and Society: Exploration in Social Theory*, Second ed, Sage.（=1999, 小口信吉・藤田弘人・泉田 渡・小口孝司訳『身体と文化――身体の社会学試論』文化書房博文社.）
Verhoeven, C., 1993, "An Interview with Erving Goffman, 1980," *Research on Language and Social Interaction*, 26（3）: 317-348.
Watson, R., 1999, "Reading Goffman on Interaction," G. Smith ed., *Goffman and Social Organization*, Rootledge.
Williams. S. J & G. Bendelow, 1998a, *The Lived Body: Sociological Themes, Embodied Issues*, Routledge.
————, 1998b, *Emotions in Social Life: Critical Themes and Contemporary Issues*, Routledge.
Winkin, Y., 1998, *Erving Goffman "Les moments et leurs hommes"*, Editions du Seuil.（=1999, 石黒 毅訳『アーヴィング・ゴフマン』せりか書房.）
Wrong, D., 1961, "Over Socialized Conception of Man in Modern Sociology," *American Sociological Review*, 26（2）: 183-199.

## 「第2章」参照文献

Abott, A., 1999, *Department and Discipline*, University of Chicago Press.（=2011, 松本 康・任雪飛訳『社会学科と社会科学』ハーベスト社.）
Atkinson, P., 1989, "Goffman's Poetics," *Human Studies*, 12（1-2）: 59-76.
Becker, H., 1998, *Tricks of the Trade*, University of Chicago Press.（=2012, 進藤雄三・宝月 誠訳『社会学の技法』恒星社厚生閣.）
Brandy H. & D. Collier eds., 2004, *Rethinking Social Inquiry*, Rowman & Littlefield.（=2008, 泉川泰博・宮下明聡訳『社会科学の方法論争』勁草書房.）
Burke, K., [1935] 1984, *Permanence and Change*, 3rd. ed., University of California Press.
Bynum, J. & C. Pranter, 1984, "Goffman," *Free Inquiry in Creative Sociology*, 12: 95-99.

Ditton, J. ed., 1980, *The View from Goffman*, Macmillan.

Drew P. & A. Wootton eds., 1988, *Erving Goffman*, Polity Press.

Fine, G. & D. Martin, 1990, "A Partisan View," *Journal of Contemporary Ethnography*, 19（1）: 89-115.

Fine, G., P. Manning & G. Smith, 2000, "Introduction", G. Fine & G. Smith eds., *Erving Goffman: Sage Masters of Modern Social Thought*, vol. 1 , Sage, ix-xliv.

藤田結子・北村 文編，2013，『現代エスノグラフィー』新曜社.

船津 衛，1977，「ケネス・バークのドラマティズム」『人文研究』29（10）: 800-822.

George, A. L. & A. Bennet, 2005, *Case Studies and Theory Development in the Social Science*, MIT Press.（＝2013，泉川泰博訳『社会科学のケース・スタディ』勁草書房.）

Giddens, A., 1987, *Social Theory and Modern Sociology*, Polity Press.（＝1998，藤田弘夫監訳『社会理論と現代社会学』青木書店.）

Glaser B. & A. Strauss, 1967, *The Discovery of Grounded Theory*, Aldine.（＝1996，後藤 隆・大出春江・水野節夫訳『データ対話型理論の発見』新曜社.）

樋口昌彦，2002，「E・ゴフマンのパフォーマンス」『ソシオロジ』46（2）: 73-88.

Holyoak, K. J. & P. Thagard, 1995, *Mental Leaps*, MIT Press.（＝1998，鈴木宏昭・河原哲雄監訳『アナロジーの力』新曜社.）

Hughes, E., [1971] 1993, *The Sociological Eye*, Transaction.

Jacobsen, M. H. ed., 2010, *The Contemporary Goffman*, Routledge.

King G., R. Keohane & S. Verba, 1994, *Designing Social Inquiry*, Princeton University Press.（＝2004，真渕勝監訳『社会科学のリサーチ・デザイン』勁草書房.）

Lofland, J., 1980, "Early Goffman: Style, Structure, Substance, Soul," J. Ditton, ed., *The View from Goffman*, Macmillan.

Manning, P., 1992, *Erving Goffman and Modern Sociology*, Stanford University Press.

西川知亨，2003，「ゴフマンの『ドラマトゥルギー論』」中野正大・宝月 誠編『シカゴ学派の社会学』世界思想社，306-314.

Platt, J., 1995, "Research Methods and the Second Chicago School," G. A. Fine ed., *A Second Chicago School?* , University of Chicago Press.

———, 1999, *A History of Sociological Research Methods in America*, 1920-1960, 2 nd ed., Cambridge University Press.

Ragin, C., 2004, "Turning the Tables," H. Brady & D. Collier eds., *Rethinking Social Inquiry*, Rowman & Littefield.

佐藤信夫，1978，『レトリック感覚』講談社.

Scheff, T., 2003, "The Goffman Legacy," A. J. Treviño ed., *Goffman's Legacy*, Rowman & Littlefield, 50-70.

Schegloff, E., 1988, "Goffman and the Analysis of Conversation," P. Drew & A. Wootton eds., *Erving Goffman: Exploring the Interaction Order*, Polity Press.

Shapin, S., 1996, *The Scientific Revolution*, Chicago University Press.（=1998, 川田勝訳『科学革命とは何だったのか』白水社.）

Smith, G. ed., 1999, *Goffman and Social Organization*, Routledge.

Smith, G., 2006, *Erving Goffman*, Routledge.

Smith, G. & M. H. Jacobsen, 2010, "Goffman's Textuality," M. H. Jacobsen, ed., *The Contemporary Goffman*, Routledge, 119-146.

高城和義, 1992,『パーソンズとアメリカ知識社会』岩波書店.

Trevino, A. ed., 2003, *Goffman's Legacy*, Rowman & Littlefield.

内田 健, 1995,「『ゴフマネスク』とは何か？」『人間科学研究』8（1）: 25-35.

薄井 明, 2011,「ゴフマン社会学の脱皮の跡」『北海道医療大学看護福祉学部紀要』18: 67-76.

Verhoeven, J., 1993, "Interview with Erving Goffman, 1980," *Research on Language and Social Interaction*, 26（3）: 317-348.

渡辺克典, 2004,「相互行為儀礼論の射程」『現代社会理論研究』14: 173-183.

Warner, L. & P. Lunt, 1941, *The Social Life of a Modern Community*, Yale University Press.

Watson, R., 1999, "Reading Goffman on interaction," G. Smith ed., *Goffman and Social Organization*, Routledge, 138-155.

Weber, M., 1905, "Kritische Studien auf dem Gebiet der kulturwissenschaftlichen Logik,"（=1998, 祇園寺則夫・祇園寺信彦訳『歴史学の方法』講談社.）

Williams, R., 1998, "Understanding Goffman's Methods," P. Drew and A. Wootton eds., *Erving Goflman: Exploring the Interaction Order*, Polity Press.

Winkin, Y., 1988, *Les moments et leurs hommes*, Seuil.（=1999, 石黒 毅訳『アーヴィング・ゴッフマン』せりか書房.）

## 「第３章」参照文献

芦川 晋, 1997a,「リアリティの機能と差異――初期ゴフマンの記述を支えているもの」『早稲田大学大学院文学研究科紀要』42（1）: 63-71.

――――, 1997b,「ゴフマンにみる親密性／公共性の問題――公共圏への親密性の浸透」（第69回日本社会学会大会報告配布草稿）.

――――, 1998-99,「自尊心・感情・アイデンティティ――ゴッフマンの記述を組織する期待と自己の構造（上）（下）」『ソシオロジカル・ペーパーズ』7-8: 1-25

――――, 2007,「日常世界と組織」西原和久・保坂　稔編『〈入門〉グローバル化時代の新しい社会学』新泉社.）

Bateson, G., 1972, *Steps to an Ecology of Mind*, Harper & Row.（=2000, 佐藤良明訳『精神の生態学　改訂第２版』新思索社.）

――――, 1979, *Mind and Nature*, Brickman.（=2001, 佐藤良明訳『精神と自然――生

きた世界の認識論　改訂版』新思索社.）

Bettelheim, B., 1960, *The Infomed Heart*, Free Press.（＝1975, 丸山修吉訳『鍛えられた心――強制収容所における心理と行動』法政大学出版会.）

Bourdieu, Pierre, 1980, *Le sens pratique*, Minuit.（＝1988, 今村仁司・港 道隆訳『実践感覚 1』みすず書房.）

Ellias, N., 1994, *The Established and The Outsiders: Asociological Enquiry into Community Problems*, 2 nd ed., Sage.（＝2009, 大平 章訳『定着者と部外者――コミュニティの社会学』法政大学出版会.）

Garfinkel, H., 1956, "Conditions of Successful Degradation Ceremonies," *American Journal of Sociology*, 61-65.

———, 1963, "A conception of, and experiments with, 'trust' as a condition of stable concerted actions," O. J. Harvey ed., *Motivation and social interaction*, Ronald Press, 187-238.

———, 1967, *Studies in Ethnomethodology*, Polity Press.

Goodwin, M. H., 1990, *He-said-she-said: Talk as social organization among black children*, Indiana University Press.

花輪和一, 2000,『刑務所の中』青林工藝舎.

木村 敏, 2005,『あいだ』ちくま学芸文庫.（原本, 弘文堂, 1988）

串田秀也, 2006,『相互行為秩序と会話分析――「話し手」と「共 - 成員性」をめぐる参加の組織化』世界思想社.

Lyman, S. M. & M. B. Scott, 1968, "Accounts," *American Sociological Review*, 33（1）: 46-62.

Luhmann, N., 1964, *Funktionen und Folgen formaler Organisation*, Berlin: Duncker & Humblot.

———, 1965, *Grundrechte als Institution*, Duncker & Humbolt.（＝1989, 今井弘道・大野達司訳『制度としての基本権』木鐸社.）

———, 1973, *Vertrauen: Ein Mechanismus der Reduktion sozialer Komplexität*（2. erweierte Aufl. ed.）, Ferdinand Enke Verlag.（＝1990, 大庭健・正村俊之訳『信頼』勁草書房.）

———, 1984, *Soziale Systeme: Grundriß einer allgemeinen Theorie*, Suhrkamp.（＝1993／1995, 佐藤 勉監訳『社会システム理論（上）（下）』恒星社厚生閣.）

中河伸俊, 2010,「『自己』への相互行為論アプローチ――経験的探求に有効な組織化のために」『大阪府立大学 人文学論集』28.

MacIntyre, A., [1981] 1984, *After Virtue: A Study of Moral Theory*, Notre Dame Press.（＝1993, 篠崎 榮訳『美徳なき時代』みすず書房.）

大庭 健, 1997,『自分であるとはどんなことか――完・自己組織システムの倫理学』勁草書房.

Sacks, H., 1972, "On the analyzability of stories by children," J. J. Gumperz & D.

Hymes eds., *Directions in sociolinguistics: The ethnography of communication*, Holt, Reinhart and Winston, 329-345.

Scheff, T. J., 1966, *Being Mentally Ill: A Sociological Theory*, Aldine.（＝1979, 市川孝一・真田孝昭訳『狂気の烙印――精神病の社会学』誠心書房.）

Schegloff, E. A., 1988, "Goffman and the Analysis of Conversation," P. Drew and A. Wootton eds., *Erving Goffman: Exploring the Interaction Order*, Polity Press.

Schegloff, E. A., G. Jefferson, & H. Sacks, 1977, "The preference for self-correction in the organization of repair in conversation," *Language*, 53（2）: 361-382.

Schutz, A., 1932, *Der Sinn Aufbau der Sozial Welt: Eine Einlaitung in der verstehende Soziologie*, Springer.（＝1982, 佐藤嘉一訳『社会的世界の意味構成』木鐸社.）

――――, 1976, *Collected Papers* 2, Martin Nijhoff.（＝1991, 渡部 光・那須 壽・西原和久訳『社会理論の研究――アルフレッド・シュッツ著作集3』マルジュ社.）

Sennett, R., 1976, *The Fall of Public Man*, Knopf.（＝1991, 北山克彦訳『公共性の喪失』晶文社.）

Sharrock, W. & B. Anderson, 1991, "Epistemology: professional skepticism," G. Button ed., *Ethnomethodology and the human sciences*, Cambridge University Press.

Simmel, G., 1908, *Soziologie*, Duncker & Humblot.（＝1994, 居安 正訳『社会学』白水社.）

――――, 1917, *Grundfragen der Soziologie: Individuum und Gesellschaft*.（＝［1966］1979, 清水幾太郎・阿閉吉男訳『社会学の根本問題』岩波文庫.）

Sudnow, D., 1967, *Passing on: the Social Organization of Dying*, Prentice-Hall.（＝1992, 岩田啓靖・山田富秋・志村哲郎訳『病院でつくられる死――「死」と「死につつあること」の社会学』せりか書房.）

Watson, R., 1998, "Ethnomethodology, Consciousness and Self," *Journal of Consciousness Studies*, 5（2）: 202-223.

Wieder, D. L., 1974, "Telling the Code," R. Turner ed., *Ethnomethodology*, Penguin.（＝1987, 山田富秋他訳「受刑者コード」『エスノメソドロジー――社会学的思考の解体』せりか書房.）

## 「第4章」参照文献

Billig, M., 1999a, "Whose Terms? Whose Ordinariness ? Rhetoric and Ideology in Conversation Analysis," *Discourse & Society*, 10（4）: 543-582.

――――, 1999b, "Conversation Analysis and claims of naivety," *Discourse & Society*, 10（4）: 572-576.

Butler, J., 1990, *Gender Trouble*, Routledge.（＝1999, 竹村和子訳『ジェンダー・トラブル――フェミニズムとアイデンティティの錯乱』青土社.）

Coulter, J. & E. D. Persons 1990, "The Praxiology of Perception: Visual Orientations and Practical Action", *Inquiry*, 33: 251-272.

Fenstermaker, S. & C. West 2002, *Doing Gender, Doing Deference: Inequality, Power, and Institutional Change*, Routelege.

Garfinkel, H., 1967, "Passing and the Managed Achievement of Sex Status in an 'intersexed person' part 1 an abridge version," *Studies in Ethnomethodology*, Prentice-Hall: 116-185.（=1987, 山崎敬一〔抄訳〕「アグネス，彼女はいかにして女になりつづけたか――ある両性的人間の女性としての通過作業とその社会的地位の操作的達成」山田富秋他訳『エスノメソドロジー――社会学的思考の解体』せりか書房，217-295.）

戸崎美和・カイザー雪，2011，『TOKYO BOIS！』飛鳥新社.

Kessler, S. & W. MacKenna, 1978, *Gender: An Ethnomethodological Approach*, The University of Chicago Press.

小宮友根，2002，「成員カテゴリー・結合の論理・性別秩序――『性差別のエスノメソドロジー』再考」『現代社会理論研究』12: 147-160.

――――, 2005，「『価値判断』の分析可能性について――社会学における記述と批判」『年報社会学論集』18: 241-251.

――――, 2007，「規範があるとは，どのようなことか」前田泰樹・水川喜文・岡田光弘編『エスノメソドロジー――人びとの実践から学ぶ』新曜社，99-120.

Lynch, M., 2000, "Ethnomethodology and the Logic of Practice," T. R. Schatzki, K. K. Cetina & E. V. Savigny eds., *The Practice Turn in Contemporary Theory*, Routledge: 131-148.（=2000, 椎野信雄訳「エスノメソドロジーと実践の論理」『情況 現代社会学の最前線［3］実践 - 空間の社会学：他者・時間・関係の基層から』情況出版，51-77.）

Rogers, M. F. 1992a "They all were passing: Agnes, Garfinkel, and Company", *Gender & Society* 6（2）: 169-191.

――――, 1992b, "Resisting the Enormous Either/or: A Response to Bologh and Zimmerman," *Gender & society* 6（2）: 207-214.

Sacks, H., 1972a, "An Initial Investigation of the Usability of Conversational Data for Doing Sociology," Sudnow, D. ed., *Studies in Social Interaction*, Free Press, 31-74.（=1989, 北澤 裕・西阪 仰訳「会話データの利用法――会話分析事始め」G. サーサス・H. ガーフィンケル・H. サックス・E. シェグロフ『日常性の解剖学――知と会話』マルジェ社，93-173.）

――――, 1972b, "On the Analyzability of Stories by Children," J. G. Gumperz, & D, Hymes, ed., *Direction in Sociolinguistics: The Ethnography of Communication*, Basil Blackwell, 325-345.

――――, 1992, *Lectures on Conversation*, Basil Blackwell.

坂本佳鶴恵，1987，「E. Goffman の『自己』呈示論――状況準拠の相互作用論」『社会心理学評論』6 : 109-112.

Schegloff, E., 1982, "Between Micro and Macro: Contexts and Other Connections," J. Alexander, B. Giesen, R. Munch, & N. Smelser eds. *The Micro-Macro Link*, University of California Press, 207-234.（=1998, 石井幸夫訳「ミクロとマクロの間」石井他編訳『ミクロ－マクロリンクの社会理論』新泉社, 139-178）.

———, 1997, "Whose Text? Whose Context?" *Discourse & Society*, 8（2）: 165-187.

———, 1998, "Reply to Wetherall", *Discourse & Society*, 9（3）: 413-416.

———, 1999a, "'Schegloff's text' as 'Billing's data': A Critical Reply", *Discourse & Society*, 10（4）: 558-572.

———, 1999b, "Naivety vs. Sophistication or Discipline vs. Self-Indulgence: A Rejoinder to Billing," *Discourse & Society*, 10（4）: 557-582.

Speer, S., 2005, "The Interactional Organization of the Gender Attribution Process," Sociology, 39（1）: 67-87.

———, 2007, "Suppose you couldn't go any further with treatment, what would you do?' Hypothetical questions in interactions between psychiatrists and transsexual patients." A. Hepburn & S. Wiggins eds., *Discursive Research in Practice: New Approaches to Psychology and Interaction*, Cambridge University Press, 182-199.

———, 2009, "Passing as a transsexual woman in the gender identity clinic," M. Wetherell ed., *Theorizing Identities and Social Action*, Palgrave Macmillan, 116-138.

———, 2010a. "Pursuing views and testing commitments: The role of 'worst case' hypothetical questions in the psychiatric assessment of transsexual patients," A. Freed and S. Ehrlich eds., *Why do you ask? The function of questions in institutional discourse*, Oxford University Press, 133-158.

———, 2010b, "Key Researcher: Susan Speer on why I study trans," V. Clarke, S. J. Ellis, E. Peel, & D. W. Riggs eds., *Lesbian, Gay, Bisexual, Trans & Queer Psychology: An Introduction*, Cambridge University Press, 89-90.

———, 2011, "On the role of reported, third party compliments in passing as a 'real' woman," S. A. Speer & E. Stokoe eds., *Conversation and Gender*, Cambridge University Press, 155-182.

Speer S. A. & C. Parsons, 2006, "Gatekeeping Gender: Some Features of the Use of Hypothetical Questions in the Psychiatric Assessment of Transsexual Patients," *Discourse and Society*, 17（6）: 785-812.

Speer, S. A. & R. Green, 2007, "On passing: The interactional organization of appearance attributions in the psychiatric assessment of transsexual patients," V. Clarke and E. Peel eds., *Out in Psychology: Lesbian, Gay, Bisexual, Trans and Queer Perspectives*, Wiley, 335-368.

Speer. S. A. & Stokoe. E., 2011, *Conversation and Gender*, Cambridge University

Press.

鶴田幸恵，2009，『性同一性障害のエスノグラフィ——性現象の社会学』ハーベスト社.

上谷香陽，2001，「性別に関わる諸現象の偶有性と秩序性」『現代社会理論研究』11: 148-161.

渡辺潤，1981，「『らしさ』のコミュニケーション」『新聞学』 6 : 34-48.

Wetherell, M., 1998, "Positioning and Interpretative Repertories: Conversation Analysis and Post-Structuralism in Dialogue," *Discourse & Society*, 9 （3）: 387-412.

West, C. & D. H., Zimmerman, 1991, "Doing Gender", Lorbor, J & S, A, Farrell ed., *The Social Construction of Gender*, Sage, 13-37.

Zimmerman, D. H., 1992, "They were all doing gender but they were't all passing: Comment on Rogers," *Gender & Society*, 6 （2）: 192-197.

Zimmerman, D. H. & C. West, 1975, "Sex Roles, Interruptions and Silences in Conversation," B. Thorne & N. Henley eds., *Language and sex: Difference and dominance*, Newbury House Publishers: 105-126.

## 「第５章」参照文献

秋谷直矩，2008，「高齢者介護施設にみる会話構造——日常生活支援における自／他の会話分析」『保健医療社会学論集』19（2）: 56-67.

Bolden, G., 2013, "Unpacking 'self': Repair and epistemics in conversation," *Social Psychology Quarterly*, 76（4）: 314-342.

Brown, P. & S. C. Levinson, 1987, *Politeness: Some Universals in Language Usage*. Cambridge University Press.

Cmerjrkova, S. & C. L. Prevignano, 2003, "On Conversation Analysis: An interview with Emanuel Schegloff," C. L. Prevignano & P. J. Thibault eds., *Discussing Conversation Analysis: The Work of Emanuel Schegloff*, John Benjamins, 11-55.

Goodwin, C., 1981, *Conversational Organization: Interaction between Speakers and Hearers*, Academic Press.

Goodwin, M. H., 1980, "Processes of Mutual Monitoring Implicated in the Production of Description Sequences," *Sociological Inquiry*, 50（3-4）: 303-317.

Heath, C., 1988, "Embarrassment and Interactional Order," P. Drew & A. Wootton eds., *Erving Goffman: Exploring the Interaction Order*, Polity Press, 156-160.

Helm, D., 1982, "Talk's Form: Comments on Goffman's Forms of Talk," *Human Studies*, 5 （2）: 156.

Heritage, J., 2001, "Goffman, Garfinkel, Conversation Analysis," M. Wetherell, S. J. Taylor and S. J. Yates eds., *Discourse Theory and Practice: A Reader*, Sage, 47-57.

————, 2008, "Conversation Analysis as Social Theory," B. Turner ed., *The New Blackwell Companion to Social Theory*, Blackwell, 300-320.

Heritage, J. & S. Clayman, 2010, *Talk in Action: Interactions, Identities, and Institutions*, Wiley.

Heritage, J. & G. Raymond, 2005, "The Terms of Agreement: Indexing Epistemic Authority and Subordination in Talk-in-interaction," *Social Psychology Quarterly*, 68（1）: 15-38.

Heritage, J. & T. Stivers, 2012, "Conversation Analysis in Sociology," J. Sidnell & T. Stivers eds., Handbook of Conversation Analysis. Wiley-Blackwell, 659-673.

Holtgraves, T., 1992, "The Linguistic Realization of Face Management: Implications of Language Production and Comprehension, Person Perception, and Cross-Cultural Communication," *Social Psychology Quarterly*, 55（2）: 141-159.

Kendon, A., 1988, "Erving Goffman's Approach to the Study of Face-to-face Interaction," P. Drew & A. Wootton eds., *Erving Goffman: Exploring the Interaction Order*, Polity Press, 14-40.

———, 1990, *Conducting Interaction: Patterns of Behavior in Focused Encounters*, Cambridge University Press.

串田秀也, 1999,「助け船とお節介――会話における参与とカテゴリー化に関する一考察」好井裕明・山田富秋・西阪 仰編『会話分析への招待』世界思想社, 124-147.

———, 2006,『相互行為秩序と会話分析：「話し手」と「共－成員性」をめぐる参加の組織化』世界思想社.

Lerner, G. H., 1996, "Finding 'Face' in the Preference Structures of Talk-in-interaction," *Social Psychology Quarterly*, 59（4）: 303-321.

Lynch, M., 1993, *Scientific Practice and Ordinary Action: Ethnomethodology and Social Studies of Science*, Cambridge University Press.（=2012, 水川喜文・中村和生訳『エスノメソドロジーと科学実践の社会学』勁草書房.）

Manning, P., 1989, "Ritual Talk," *Sociology*, 23（3）: 365-385.

———, 1991, "Drama as Life: The Significance of Goffman's Changing Use of the Theatrical Metaphor," *Sociological Theory*, 9（1）: 70-86.

Maynard, D. W. & D. H. Zimmerman, 1984, "Topical Talk, Ritual, and the Social Organization of Relationships," *Social Psychology Quarterly*, 47（4）: 301-316.

Mondada, L., 2012, "Talking and Driving: Multiactivity in the Car," *Semiotica*, 191: 223-256.

西阪 仰, 2013,「二つで一つ――複合活動としての足湯活動」西阪 仰・早野 薫・須永将史・黒嶋智美・岩田夏穂『共感の技法――福島県における足湯ボランティアの会話分析』勁草書房, 13-28.

Peräkylä, A. & M-L. Sorjonen eds., 2012, *Emotion in Interaction*, Oxford University Press.

Pomerantz, A., 1978, "Compliment Responses: Notes on the Cooperation of Multiple Constraints," J. N. Schenkein ed., *Studies in the Organization of Conversational In-*

*teraction*, Academic Press, 79-112.

Psathas, G., 1995, *Conversation Analysis: The Study of Talk-in-Interaction, Sage Publication Inc.* (＝1998, 北澤 裕・小松栄一訳『会話分析の手法』マルジュ社.)

Rawls, A. W., 1987, "The Interaction Order Sui Generis: Goffman's Contribution to Social Theory," *Sociological Theory*, 5 (2) : 136-149.

———, 1989, "Language, Self, and Social Order: A Reformulation of Goffman and Sacks," *Human Studies*, 12: 147-172.

———, H., 1972, "Notes on Police Assessment of Moral Character," D. Sudnow ed. *Studies in Social Interaction*, Free Press, 280-293.

———, 1984, Notes on Methodology, J. M. Atkinson and J. Heritage eds., *Structures of Social Action: Studies in Conversation Analysis*, Cambridge University Press. 21-27.

Sacks, H., 1992, *Lectures on Conversation, Vol.* 1, Blackwell.

Sacks, H. & E. A. Schegloff, 2002, "Home Position," *Gesture*, 2 (2) : 133-146.

Sacks, H., E. A. Schegloff & G. Jefferson, 1974, A Simplest Systematics for the Organization of Turn-taking for Conversation, *Language*, 50: 696-735. (＝2010, 西阪仰訳「会話のための順番交替の組織――最も単純な体系的記述」西阪仰『会話分析基本論集――順番交替と修復の組織』世界思想社, 7-153.)

阪本俊生, 1991,「トークと社会関係」安川一編『ゴフマン世界の再構成――共在の技法と秩序』世界思想社, 101-128.

Schegloff, E. A., 1967, *The First Five Seconds: The Order of Conversational Openings*, Unpublished Ph.D. Dissertation.

———, 1987, "Between Macro and Micro: Contexts and Other Connections," J. Alexander, B. Giesen, R. Munch & N. Smelser, eds., *The Micro-macro Link*, University of California Press, 207-234. (＝1998, 石井幸夫訳「ミクロとマクロの間――コンテクスト概念による接続策とその他の接続策」石井他編訳『ミクロ - マクロ・リンクの社会理論』新泉社, 139-178.)

———, 1988, "Goffman and the Analysis of Conversation," P. Drew & A. Wootton eds., *Erving Goffman: Exploring the Interaction Order*, Polity Press, 89-135.

———, 1991, "Reflections on Talk and Social Structure," D. Boden & D. H. Zimmerman eds., *Talk and Social Structure: Studies in Ethnomethodology and Conversation Analysis*, Polity Press, 44-71.

———, 1992, "Introduction," *Lectures of Conversation*, vol. 1, Blackwell, ix-lxii.

———, 1996a, "Turn Organization: One Intersection of Grammar and Interaction," E. Ochs, E. A. Schegloff & S. A. Thompson eds., *Interaction and Grammar*, Cambridge University Press, 52-133.

———, 1996b, "Confirming Allusions: Toward an Empirical Account of Action," *American Journal of Sociology*, 104: 161-216.

———, 1998, "Body Torque," *Social Research*, 65（3）: 535-596.

———, 2004, "Answering the Phone," G. H. Lerner ed., *Conversation Analysis: Studies from the First Generation*, Amsterdam/Philadelphia: John Benjamins, 63-107.

———, 2007, *Sequence Organization in Interaction: A Primer in Conversation Analysis, vol* 1, Cambridge University Press.

———, 2009, "One Perspective on Conversation Analysis: Comparative Perspectives," J. Sidnell ed., *Conversation Analysis: Comparative Perspectives*, Cambridge University Press, 357-406.

Sharrock, W., 1999, "The Omnipotence of the Actor: Erving Goffman on 'The Definition of the Situation'," G. Smith ed., *Goffman and Social Organization: Studies in a Sociological Legacy*, Routledge, 119-157.

椎野信雄，2007,『エスノメソドロジーの可能性――社会学者の足跡をたどる』春風社.

Sidnell, J., 2010, *Conversation Analysis: An Introduction*, Wiley-Blackwell.

Sidnell, J. & T. Stivers, eds., 2012, *The Handbook of Conversation Analysis*, Blackwell.

Silverman, D., 1998, *Harvey Sacks: Social Science & Conversation Analysis*, Polity Press.

Smith, G., 2003, "Ethnomethodological Readings of Goffman," J. Trevino ed., *Goffman's Legacy*, Rowman and Littlefield, 254-283.

Speer, S. A., 2012, "The Interactional Organization of Self-praise: Epistemics, Preference Organization, and Implications for Identity Research," *Social Psychology Quarterly*, 75（1）: 52-79.

Stivers, T. & J. Sidnell, 2005, "Introduction: Multimodal Interaction," *Semiotica*, 156（1/4）: 1-20.

Stivers, T., L. Mondada, & J. Steensig, eds., 2011, *The Morality of Knowledge in Conversation*, Cambridge University Press.

Streeck, J., 2009, *Gesturecraft: The Manu-facture of Meaning*, John Benjamins.

Streeck, J., C. Goodwin & C. LeBaron, eds., 2011, *Embodied Interaction: Language and Body in the Material World*, Cambridge University Press.

Sudnow, D., 2001, *Ways of the Hand: A Rewritten Account*, MIT Press.

平 英美，1993,「会話分析と Goffman（I）」『大阪教育大学紀要 第 II 部門 社会科学・生活科学』41（2）: 89-103.

Watson, R., 1983, "Goffman, Talk, and Interaction: Some Modulated Responses," *Theory, Culture and Society*, 2（1）: 103-108.

Watson, R., 1999, "Reading Goffman on Interaction," G. Smith ed., *Goffman and Social Organization: Studies in a Sociological Legacy*, Routledge, 138-155.

安川 一，1991,「会話と自己――相互行為のフレイム分析：ノート」『亜細亜大学国際関係紀要』1（1）: 257-285.

Zimmerman, D. H. & M. Pollner, 1970, "The Everyday World as a Phenomenon," J. D.

Douglas ed., *Understanding Everyday Life: Towards a Reconstruction of Sociological Knowledge*, Routledge & Kegan Paul, 80–103.

## 「第 6 章」参照文献

Bateson, G., 1972, *Steps to an Ecology of Mind*, New York: Ballantine Books.（＝1986, 佐伯泰樹他訳『精神の生態学（上）』思索社.）

Bloland, H. G., 1982, "Opportunities, Traps, and Sanctuaries: A Frame Analysis of Learned Societies," *Urban Life*, 11: 79–105.

Bouissac, P., 1990, "Incidents, Accidents, Failures: The Representation of Negative Experience in Public Entertainment." S. H. Riggins ed., *Beyond Goffman: Studies on Communication, Institution and Social Interaction*, Mouton de Gruyter, 409–456.

Caillois, R., 1958, *Les jeux et les homes*, Gallimard.（＝1971, 多田道太郎・塚崎幹夫訳『遊びと人間』講談社.）

Francis, D. J., & Stephen Hester, 2004, *An Invitation to Ethnomethodology: Language, Society and Interaction*. Sage.（＝2014, 中河伸俊・岡田光弘・是永 論・小宮友根訳『エスノメソドロジーへの招待——言語・社会・相互行為』ナカニシヤ出版.）

Gamson, W. A., B. Fireman & S. Rytina, 1982, *Encounter with Unjust Authority*, The Dorsey Press.

Gamson, W. A., D. Croteau, W. Hoynes, & T. Sasson, 1992, "Media Images and the Social Construction of Reality," *Annual Review of Sociology*, 18: 373–393.

Gonos, G., 1977, "'Situation' versus 'Frame': The 'Interactionist' and 'Structuralist' Analyses of Everyday Life," *American Sociological Review*, 42: 854–867.

Garfinkel, H., 1967, "Passing and the Managed Achievement of Sex Status in an Intersexed Person, Part 1" *Studies in Ethnomethodology*. Prentice-Hall.（＝1987, 山崎敬一訳「アグネス，彼女はいかにして女になり続けたか」山田富秋他編訳『エスノメソドロジー——社会学的思考の解体』せりか書房，215–295.）

Gitlin, T., 1980, *The Whole World is Watching: Mass Media in the Making and Unmaking of the Left*, The University of California Press.

Goodwin, M. H., 1990, *He-Said-She-Said: Talk as Social Organization among Black Children*, Indiana University Press.

平田誠一郎，2009,「指揮者のドラマトゥルギー——M・カーゲルの音楽劇『フィナーレ』を題材に」『ソシオロジ』165: 37–52.

Hickrod, L. J. H., & R. L. Schmitt, 1982, "A Naturalistic Study of Interaction and Frame," *Urban Life* 11: 55–77.

本郷正武，2007,『HIV／AIDS をめぐる集合行為の社会学』ミネルヴァ書房.

Kahneman, D., and A. Tversky, 1981, "The Framing of Decisions and the Psychology of Choice," *Science*, 211: 453–458.

鬼界彰夫，2003,『ウィトゲンシュタインはこう考えた』講談社.

König, T., 2008, "Frame Analysis: Theoretical Preliminaries," http://www.ccsr.ac.uk/methods/publications/frameanalysis/.

Levi, K., 1981, "Becoming a Hit Man: Neutralization in a Very Deviant Career," *Urban Life*, 10: 47-63.

Kristeva, J., 1970, *Le Text du Roman*, The Hague: Mouton（＝1985, 谷口 勇訳『テクストとしての小説』国文社.）

Maynard, D. W., 1984, *Inside Plea Bargaining: The Language of Negotiation*, Plenum Press.

中河伸俊，1999,「転身歌唱の近代――流行歌のクロス＝ジェンダード・パフォーマンスを考える」北川純子編『鳴り響く性――日本のポピュラー音楽とジェンダー』勁草書房，237-270.

難波功士，2003,「ユース・サブカルチャー研究における状況的パースペクティブ――戦後日本社会を題材として」『関西学院大学社会学部紀要』95: 107-121.

西阪 仰，1992,「参与フレームの身体的組織化」『社会学評論』43（1）: 58-73.

大森荘蔵，1999,「言語ゲームはゲームか」『大森荘蔵著作集 9巻 時は流れず』227-244.［ただし初出は1989］.

大村英昭，1996,「死の社会学――フレーム分析に向けて」井上俊他編『ライフコースの社会学』岩波書店，167-188.

酒井泰斗・浦野 茂・前田泰樹・中村和生編著，2009,『概念分析の社会学――社会的経験と人間の科学』ナカニシヤ出版.

Scheff, T. J., 2006, *Goffman Unbound! : A New Paradigm for Social Science*, Paradigm.

Schutz, A., 1962, *Collected Papers I: The Problem of Social Reality*. Martinus Nijhoff.（＝1985, 渡辺光・那須壽・西原和久訳『アルフレッド・シュッツ著作集第2巻――社会的現実の問題［II］』マルジュ社.）

Sharron, A., 1981, "Frame Paralysis: When Time Stands Still," *Social Research*, 48: 500-520.

Snow, D. A., E. B. Rochford, S. K. Worden, & R. B. Benford, 1986, "Frame Alignment Processes, Micromobilization and Movement Participation," *American Sociologist Review*, 51: 464-481.

Staniland, K. & G. Smith, 2013, "Flu Frames," *Sociology of Health & Illness*, 35: 309-324.

高橋裕子，2002,『「女らしさ」の社会学――ゴフマンの視角を通して』学文社.

Tannen, D., 1979, "What's in a Frame?: Surface Evidence for Underlying Expectations," R. Freedle ed., *New Directions in Discourse Processing*, Ablex, 137-181.

トンプソン，リー，1986,「プロレスのフレーム分析」杉山光信他編『叢書・社会と社会学 第3巻 身体の政治技術』新評論，185-211.

Tuchman, G., 1978, *Making News: A Study in the Construction of Reality*, Free Press.

（＝1991, 鶴木眞・桜内篤子訳『ニュース社会学』三嶺書房.）
薄井 明, 2013,「ゴフマンの『隠れジンメリアン』疑惑――従来のゴフマン理解の見直し」『北海道医療大学看護福祉学部紀要』20: 7-20.

## 「第7章」参照文献

Clayman, S. & J. Heritage, 2002. *The news interview: Journalists and public figures on the air*, Cambridge University Press.
Goodwin, M. H., 1990, *He-said-she-said: Talk as social organization among Black children*. Indiana University Press.
Hayano, K., 2011, "Claiming epistemic primacy: yo-marked assessments in Japanese," Tanya Stivers et al. eds., *The morality of knowledge in conversation*. Cambridge University Press, 58-81.
南 保輔, 2008,「徹子が黙ったとき――テレビトーク番組の相互作用分析」『コミュニケーション紀要』20: 1-76.
――――, 2011,「ロボットラボにおけるコミュニケーション――意思決定と教育コミュニケーション」『コミュニケーション紀要』22: 1-22.
Watanabe, M. & Y. Minami, 2010, "A Social Psychological Study of Japanese Politeness Strategies in Comparison with English: Polite Form and Frame Shift," Paper presented at the 5th International Symposium on Politeness, in Basel. July 2.

## 「第8章」参照文献

赤星陸治, 1926,『安全第一ビルヂング讀本』.（復刻収録：1985,『丸ビルの世界』かのう書房.）
長谷川瀏, 1933,『掏摸の検挙』松華堂書店.
法務省法務総合研究所編, 2014,『犯罪白書　平成26年版』.
警察実務研究会編, 2007,『職務質問』立花書房.
国家地方警察本部編, 1951,『警察教科書　犯罪捜査篇』.
国家公安委員会警察庁編, 2010,『平成22年版　警察白書』.
Lévi-Strauss, C., 1955, *Tristes tropiques*, Plon.（＝［1977］2001, 川田順造訳『悲しき熱帯』中央公論新社.）
Lofland, L. H., 1973, *A World of Strangers: Order and Action in Urban Public Space*, Basic Books.
――――, 1998, *The Public Realm: Exploring the City's Quintessential Social Territory*, Aldine De Gruyter.
三菱電機株式会社社史編纂室編, 1982,『三菱電機社史』三菱電機.
永井良和, 2011,『スパイ・爆撃・監視カメラ』河出書房新社.

日本防犯設備協会，2006,『協会創立20年の歩み』.
小木新造・熊倉功夫・上野千鶴子校注，1990,『日本近代思想体系23　風俗　性』岩波書店.

## 「第9章」参照文献

天田城介，2003,『〈老い衰えゆくこと〉の社会学』多賀出版.（増補改訂版：2010,『〈老い衰えゆくこと〉の社会学』多賀出版.）
――――, 2004,『老い衰えゆく自己の／と自由――高齢者ケアの社会学的実践論・当事者論』ハーベスト社.（第二版：2015,『老い衰えゆく自己の／と自由――高齢者ケアの社会学的実践論・当事者論』ハーベスト社.）
――――, 2008,「老い衰えゆくことをめぐる人びとの実践とその歴史――私たちが自らを守らんがために現われてしまう皮肉かつ危うい事態について」上野千鶴子・大熊由紀子・大沢真理・神野直彦・副田義也編『ケアすること』（『ケア――その思想と実践』第2巻）岩波書店，173-198.
――――, 2010,「底に触れている者たちは声を失い，声を与える――〈老い衰えゆくこと〉をめぐる残酷な結び目」宮内洋・好井裕明編『〈当事者〉をめぐる社会学――調査での出会いを通して』北大路書房，121-139.
――――, 2011,『老い衰えゆくことの発見』角川学芸出版.
――――, 2014,「水膨れしていく精神医療市場――幸福な奴隷の幸せを感受する世界を生きる支援を受容してしまうこと」『現代思想』42-43: 107-121.
Parsons, T., 1951, *The Social System*.（=1974, 佐藤 勉訳『社会体系論』青木書店.）
Shalin, D. N., 2013, "Goffman on Mental Illness: Asylums and 'The Insanity of Place' Revisited," *Symbolic Interaction*, 37（1）: 122-144.
高城和義，2002,『パーソンズ――医療社会学の構想』岩波書店.

## 「第10章」参照文献

Bargiela-Chiappini, F., 2003, "Face and politeness: new（insights）for old（concepts）," *Journal of Pragmatics*, 35: 1453-1469.
Brown, P. & S. C. Levinson, 1987［1978］, *Politeness: Some Universals in Language Usage*, Cambridge University Press.（=2011, 田中典子監修，田中典子・斉藤早智子・津留毅・鶴田庸子・日野壽憲・山下早代子訳『ポライトネス――言語使用における，ある普遍現象』研究社.）
Eelen, G., 2001, *A Critique of Politeness Theories*, St Jerome Publishing.
Kiyama S., K. Tamaoka & M. Takiura, 2012, "Applicability of Brown and Levinson's Politeness Theory to a Non-Western Culture: Evidence From Japanese Facework Behaviors," *SAGE Open*, October-December.

Radcliffe-Brown. A. R., 1952, *Structure and Function in Primitive Society*, Cohen & West.（=2002, 青柳まちこ・蒲生正男訳『未開社会における構造と機能』新泉社.）
滝浦真人, 2005,『日本の敬語論——ポライトネス理論からの再検討』大修館書店.
———, 2008,『ポライトネス入門』研究社.
———, 2013,『日本語は親しさを伝えられるか』（そうだったんだ！　日本語）岩波書店.
山下 仁, 2007,「グローバリゼーションと敬語研究」『ことばと社会』三元社, 10: 136-158.

## 「第11章」参照文献

Brown, P. & S. C. Levinson, 1987, *Politeness: Some Universals in Language Usage*, Cambridge University Press.
Duff, P. A., 2012, "Second Language Socialization," A. Duranti, E. Ochs, & B. B. Schieffelin eds., *The handbook of language socialization*, Blackwell, 564-586.
Duranti, A., & S. P. Black, 2012, "Language Socialization and Verbal Improvisation," A. Duranti, E. Ochs, & B. B. Schieffelin eds., *The handbook of language socialization*, Blackwell, 443-463.
Duranti, A., E. Ochs & B. B. Schieffelin eds., 2012, *The Handbook of Language Socialization*, Wiley-Blackwell.
Giddens, A., 1984, *The Constitution of Society: Outline of the Theory of Structuration*, University of California Press.
Goodenough, W., 1981, *Culture, language and society*, Benjamin Cummings.
Goodwin, C., 1994, "Professional Vision," *American Anthropologist*, 96（3）: 606-633.
———, 2000, "Action and embodiment within situated human interaction," *Journal of Pragmatics*, 32: 1489-1522.
———, 2003, "The semiotic body in its environment," J. Coupland & R. Gwyn, eds., *Discourses of the body*. Palgrave Macmillan, 19-42.
Goodwin, M. H., 1990, *He-Said-She-Said: Talk as Social Organization among Black Children*, Indiana University Press.
———, 2006, *The Hidden Life of Girls: Games of Stance, Status, and Exclusion*, Blackwell.
Gratier, M. & G. Apter-Danon, 2009, "The Improvised Musicality of Belonging: Repetition and Variation in Mother-Infant Vocal Interaction," S. Malloch & C. Trevarthen, eds., *Communicative Musicality: Exploring the Basis of Human Companionship*, Oxford University Press, 301-327.
Heritage, J., 2005, "Conversation Analysis and Institutional Talk," K. L. Fitch & R. E. Sanders eds., *Handbook of Language and Social Interaction*, Lawrence Erlbaum,

103-147.
Hymes, D., 1964, "Introduction: Toward Ethnographies of Communication," *American Anthropologist*, 66 (6): 1-34.
Hymes, D., 1972, "Models of the Interaction of Language and Social Life," J. Gumperz & D. Hymes eds., *Directions in Sociolinguistics: The Ethnography of Communication*, Holt, Rinehart and Winston, 35-71.
Kusserow, A., 2004, *American Individualisms: Child Rearing and Social Class in Three Neighborhoods*, Palgrave Macmillan.
Markus, H. & S. Kitayama, 1991, "Culture and the Self: Implications for Cognition, Emotion, and Motivation," *Psychological Review*, 98: 224-253.
Mead, G. H., 1934, *Mind, Self, and Society: From the Standpoint of a Social Behaviorist*, University of Chicago Press. (=1995, 河村望訳『精神・自我・社会』人間の科学社.)
Nonaka, A. M., 2012, "Language Socialization and Language Endangerment," A. Duranti, E. Ochs, & B. B. Schieffelin eds., *The handbook of language socialization*, Blackwell, 610-630.
Ochs, E., 1988, *Culture and Language Development: Language Acquisition and Language Socialization in a Samoan Village*, Cambridge University Press.
Ochs, E. & C. Izquierdo, 2009, "Responsibility in Childhood: Three developmental trajectories," *Ethos*, 37 (4): 391-413.
Philips, S. U., 1983, *The Invisible Culture: Communication in Classroom and Community on the Warm Springs Indian Reservation*, New York: Longman.
Schegloff, E., 2007, *Sequence Organization in Interaction: A Primer in Conversation Analysis, vol.* 1. Cambridge University Press.
Takada, A., 2012, "Pre-verbal Infant-Caregiver Interaction," A. Duranti, E. Ochs, & B. B. Schieffelin eds., *The handbook of language socialization*. Blackwell, 56-80.
高田 明, 2013,「行為の堆積を知覚する――グイ／ガナのカラハリ砂漠における道探索実践」片岡邦好・池田佳子編『コミュニケーション能力の諸相――変移・共創・身体化』ひつじ書房, 97-128.
Takada, A., (forthcoming) "Education and learning during social situations among the Central Kalahari San," B. Hewlett & H. Terashima eds., *Social Learning and Innovation in Contemporary Hunter-Gatherers: Evolutionary and Ethnographic Perspectives*. Springer.
谷 泰編, 1997,『コミュニケーションの自然誌』新曜社.
Whiting, B., 1978, "The Dependency Hang-Up and Experiments in Alternative Life Styles," M. J. Yinger & S. J. Cutler eds., *Major Social Issues: A Multidisciplinary View*, Free Press.

# あとがき

ゴフマンの社会学に関心を寄せる若い世代の渡辺が，ゴフマンを読み続けてきた期間だけは長い中河に，世代を縦断する共同研究の場を作って，このきわめて独創的な社会学者の遺産に，再びスポットライトをあてる作業に取り組めないかと打診したのは，もう5年以上も前のことだった。それが，本書の企画の出発点になった。

ほどなく，中河，渡辺，平英美（後に事情があってリタイアした）の3人が中心になって，2010年度の関西社会学会大会を受け皿にテーマセッション（「ゴフマンの方法論を再点検する――ゴフマンは「使える」のか」）が組織された。そして，そこでの報告や討議の成果が，この論集の構成と執筆予定者についての素案作りにつながった。翌2011年には，執筆予定のメンバーを核にした公開の研究会が2度開かれ（大阪府立大学で2月に，および立命館大学で7月に），そうした場での意見交換を踏まえて，各章が執筆された。つまり，この種の論集への通常の寄稿より大きな手間と負担を，執筆者の皆さんにはおかけした。もちろん，それに見合うだけの成果が得られたと，編者両名は確信している。

ここで少し，中河の個人的な感慨を披瀝するわがままをお許しいただきたい。ゴフマンの本を読み続けた期間だけは長いと上に書いたが，そもそもの馴れ初めは，30年以上前の大学院生時代に仲間と，右も左も分からずに始めた『フレーム分析』の読書会だった。当時はまだ新しい本だった同書を一通り読み通したあと，2，3年かけてゴフマンの全著作読破の“行”を実施（ただし当時まだ入手不能だった博士論文を除く），勢い余ってケネス・バークの『*Permanence and Change*』を読んだりもした。読んで自分たちなりに分かったり分からなかったりすることと，後の打ち上げが楽しみで，会のメンバーから，ゴフマン関連のアウトプットはあまり出なかった（串田秀也と永井良和が『ソシオロジ』に１本ずつ論文を書き，宮脇幸生がやはり同誌に，エスノメソドロジー寄りの立場から『*Forms of Talk*』の批判的な書評を書いただけだったと記憶する)。「そのうちゴフマンについての本を，皆で出そう」という大言壮語は，打ち上げの酒席の肴のひとつにすぎなかった。そんなふうに，がつがつせずのんびり顔でいられた文系大学院の“古きよき時代”が，いま想えば気恥ずかしくも懐かしい。

その後も，少なくとも私自身に関していえば，そうやって仕入れたゴフマンを自分なりに使う試みは，あまりうまくはいかなかった。しかし，それなりに甲羅を経て，諸々のいわゆる社会学理論の布置連関が分かるにつれて，デュルケム～ゴフマンの流れこそが，社会学主義(「社会的事実」を sui generis なものとみる立場）の正統だと強く思うようになった（アン・ロールズのような論者なら，デュルケム～ガーフィンケルの流れこそがそうだ，というだろうが)。デュルケムの社会学主義に欠けていたのは，相互行為とその場面（ゴフマン語でいうなら“状況”）への目配りなのだが，それをデュルケム自身の議論に即して補正する手がかりもなくはなかった。『宗教生活の原初形態』における儀礼の重要性の強調がそれで，そして，そのことにきわめて早い時期に気づいていたのが，他ならぬゴフマンだった。

社会学の理論史がそんなふうに見え始めると，“ゴフマンについての本”というまだ嘴が黄色かったころの大言壮語に，斯界を退くまでに何らかの“落とし前”をつけたくなってきた。渡辺の誘いは，だから渡りに船だった。昔の読書会仲間からは結局永井と私しか寄稿していないが，私にとって本書はひそかに，そうした昔のカムラッドシップの記念碑（あるいは自身の“若かったとき”への墓碑銘？）のようなものであったりする。

この論集を形にするにあたって，多くの方々の手助けや援助を受けた。とりわけ，執筆に入る以前の，関西社会学会大会のテーマセッションや大阪府大・立命館大での研究会で，報告者や討論者として貴重なお知恵を提供してくださった魁生由美子，田間泰子，野澤豊一の各氏，そして，編集作業の過程で重要な助言をいただいた酒井泰斗，戸江哲理の両氏に，深く謝意を示したい。また，新曜社の担当編集者の高橋直樹氏には，企画段階から一貫して，本書の狙いや意義を深く理解しての助言と励ましを頂いただけでなく，途中で思わぬ事情から進行が滞り並々ならぬご苦労をおかけしたにもかかわらず，忍耐強くバックアップしてくださったことに，心からお礼を申し上げたい。

「はじめに」でも書いた通り，本書がこの国での，ゴフマンの社会学の実用への関心を呼び覚ます“誘いの水”になることを，願ってやまない。

2015年 4 月

中河伸俊

# 索　引

◆た　行



◆な　行



◆は　行

◆ま　行



◆や　行



◆ら　行



◆わ　行

## 著者紹介

速水奈名子（はやみ・ななこ）**【担当：第1章】**
神戸大学大学院文化学研究科文化社会学科博士課程修了。博士（学術）。現在，明治国際医療大学医学教育研究センター准教授。専門は理論社会学，身体の社会学。論文に「ゴッフマン理論とガーフィンケルのエスノメソドロジー――相対的理解をめざして」中村文哉編『行為論からみる社会学』（2020年，晃洋書房）など。

芦川　晋（あしかわ・しん）**【担当：第3章】**
早稲田大学大学院文学研究科博士課程単位取得満期退学。現在，中京大学現代社会学部准教授。専門は，理論社会学，社会思想。論文に「コミュニケーションにおける「伝達の意図」とその「理解」について――ポール・グライス再訪」『社会学年誌』50（2009年）など。

鶴田幸恵（つるた・さちえ）**【担当：第4章】**
東京都立大学大学院社会科学研究科博士課程修了。博士（社会学）。現在，千葉大学文学部行動科学コース社会学専修准教授。専門はコミュニケーション論，ジェンダー論。著書に『性同一性障害のエスノグラフィ』（2009年，ハーベスト社）など。

平本　毅（ひらもと・たけし）**【担当：第5章】**
立命館大学大学院社会学研究科博士課程後期課程修了。博士（社会学）。現在，京都府立大学文学部和食文化学科准教授。専門は会話分析。論文に「他者を「わかる」やり方にかんする会話分析的研究」『社会学評論』62（2）：153-171.（2011年）など。

南　保輔（みなみ・やすすけ）**【担当：第7章】**
カリフォルニア大学サンディエゴ校博士課程修了。Ph.D.（社会学・認知科学）。現在，成城大学文芸学部マスコミュニケーション学科教授。専門はビデオ相互作用分析，質的社会調査法。編著に『ダルクの日々――薬物依存者たちの生活と人生』（2013年，知玄舎）など。

永井良和（ながい・よしかず）**【担当：第8章】**
京都大学大学院文学研究科博士後期課程学修退学。現在，関西大学社会学部教授。専門は都市社会学，大衆文化論。著書に『スパイ・爆撃・監視カメラ』（2011年，河出書房新社），編著に『占領期生活世相誌資料Ⅰ　敗戦と暮らし』（2014年，新曜社）など。

天田城介（あまだ・じょうすけ）**【担当：第９章】**
立教大学大学院社会学研究科社会学専攻博士課程修了。博士（社会学）。現在，中央大学文学部教授。専門は臨床社会学，歴史社会学。著書に『〈老い衰えゆくこと〉の社会学』（2003年→〔増補改訂版〕2010年，多賀出版），『老い衰えゆくことの発見』（2011年，角川学芸出版）など。

滝浦真人（たきうら・まさと）**【担当：第10章】**
東京大学大学院人文科学研究科博士課程中退。修士（文学）。現在，放送大学教養学部・大学院文化科学研究科教授。専門は言語学（語用論），日本語学。著書に『日本の敬語論 ポライトネス理論からの再検討』（2005年，大修館書店）など。

高田　明（たかだ・あきら）**【担当：第11章】**
京都大学大学院人間・環境学研究科一貫制博士課程修了。京都大学博士（人間・環境学）。現在，京都大学大学院アジア・アフリカ地域研究研究科・准教授。専門は人類学，アフリカ地域研究。著書に『Narratives on San ethnicity: The cultural and ecological foundations of lifeworld among the !Xun of north-central Namibia』（2015年，Kyoto University Press & Trans Pacific Press）など。

## 編者紹介

中河伸俊（なかがわ・のぶとし）**【担当：はじめに・第6章】**
京都大学大学院文学研究科博士後期課程単位取得退学。博士（文学）。現在，関西大学総合情報学部教授，大阪府立大学名誉教授。専門は社会問題の社会学，文化社会学，社会学理論。著書に『社会問題の社会学』（1999年，世界思想社），共編著に『方法としての構築主義』（2013年，勁草書房），本書に関連する論文として，「談話標識としての笑いと「お笑い」――フレーム分析の実用のための試行的検討」『同志社社会学研究』20：1-17.（2016年）など。

渡辺克典（わたなべ・かつのり）**【担当：はじめに・第2章】**
名古屋大学大学院環境学研究科博士後期課程単位取得満期退学。博士（社会学）。現在，徳島大学大学院社会産業理工学研究部准教授。専門は医療社会学，相互行為論，歴史社会学。共著に榊原賢二郎編『障害社会学という視座（2019年，新曜社）など。

**触発するゴフマン**
やりとりの秩序の社会学

初版第1刷発行　2015年5月22日
初版第4刷発行　2023年7月2日

編　者　中河伸俊・渡辺克典

発行者　塩浦　暲

発行所　株式会社　新曜社
101-0051　東京都千代田区神田神保町3-9
電話（03）3264-4973（代）・FAX（03）3239-2958
e-mail：info@shin-yo-sha.co.jp
URL：http://www.shin-yo-sha.co.jp/

印刷所　亜細亜印刷
製本所　積信堂


ISBN978-4-7885-1431-7　C3036